国家社科基金
GUOJIA SHEKE JIJIN HOUQI ZIZHU XIANGMU
后期资助项目

关学《中庸》学研究

On the Guan School's Study of
The Doctrine of the Mean

李敬峰 著

北京师范大学出版集团
BEIJING NORMAL UNIVERSITY PUBLISHING GROUP
北京师范大学出版社

图书在版编目（CIP）数据

关学《中庸》学研究 / 李敬峰著. —北京：北京师范大学出版社，
2024.2
国家社科基金后期资助项目
ISBN 978-7-303-29458-9

Ⅰ.①关…　Ⅱ.①李…　Ⅲ.①《中庸》－研究　Ⅳ.①B222.15

中国国家版本馆 CIP 数据核字（2023）第 211483 号

营　销　中　心　电　话　010-58805385
北京师范大学出版社
主题出版与重大项目策划部

GUANXUE ZHONGYONGXUE YANJIU

出版发行：北京师范大学出版社　www.bnupg.com
　　　　　北京市西城区新街口外大街 12-3 号
　　　　　邮政编码：100088
印　　刷：北京盛通印刷股份有限公司
经　　销：全国新华书店
开　　本：710 mm×1000 mm　1/16
印　　张：15.75
字　　数：280 千字
版　　次：2024 年 2 月第 1 版
印　　次：2024 年 2 月第 1 次印刷
定　　价：68.00 元

策划编辑：刘　溪　　　　　责任编辑：刘　溪
美术编辑：王齐云　　　　　装帧设计：王齐云
责任校对：陈　民　　　　　责任印制：马　洁　赵　龙

国家社科基金后期资助项目
出 版 说 明

后期资助项目是国家社科基金设立的一类重要项目，旨在鼓励广大社科研究者潜心治学，支持基础研究多出优秀成果。它是经过严格评审，从接近完成的科研成果中遴选立项的。为扩大后期资助项目的影响，更好地推动学术发展，促进成果转化，全国哲学社会科学工作办公室按照"统一设计、统一标识、统一版式、形成系列"的总体要求，组织出版国家社科基金后期资助项目成果。

全国哲学社会科学工作办公室

目　　录

绪 论

众所周知，关学由北宋张载始创，以其在思想上推崇气学、在学风上躬行礼教、在旨趣上注重践履、在学脉上条贯秩然而享誉学界，并在与思想史上不同学派的融通交流中成为具有全国性影响的理学学派。考察这一地域学派全国化典范的生成与建构，我们尽可以从社会史、文化史、思想史等视角去追问和探究，但无论如何，经学史的角度是我们绝对不能忽略的，缘由即在于关学同样是以"依经立说"①的方式开启它的建构史的，《宋史》早就有洞见地指出关学宗师张载之学乃是"以《易》为宗，以《中庸》为体"②的，钱穆先生同样认为张载思想还是"得力于《易》和《中庸》"③，晚清关学大儒贺瑞麟较为具体地说："张子得力于《中庸》"④，林乐昌先生更进一步指出，相比于《周易》，《中庸》则"为张载理学纲领的确立提供直接证据"⑤，也是"张载建构理学体系所依据的关键文本"⑥。这就将《中庸》在张载学术体系当中的地位凸显出来。这些判定并非臆测之言。我们知道，张载 21 岁拜见范仲淹，范仲淹授予其《中庸》一书，此举扭转了张载的人生道路和学术方向。尔后他"观《中庸》义二十年"⑦，《中庸》遂成为其学术体系，尤其是形上理论建构的重要依据。门人、后学秉承张载遗志，针对《中庸》注经解经，形成著述宏富、新见纷呈、特色鲜明、成就斐然的《中庸》学系统。基于此，本书借助于"关学文库"出版所提供的扎实史料，首次整体而系统地考察关学《中庸》学，意在有史料、有观点、有主线、有关切地呈现关学《中庸》学的整体面貌和学术特质，以期从一个重要侧面揭示关学建构的文本依据和思想源泉，以及其对《中庸》学史乃至宋明理学主流精神和核心价值的贡献所在。

---

① 马宗霍：《中国经学史·文字学发凡》，王婧之、蔡梦麒点校，长沙，湖南师范大学出版社，2018 年，第 216 页。
② （元）脱脱等：《宋史》，北京，中华书局，1985 年，第 12724 页。
③ 钱穆：《宋明理学概述》，北京，九州出版社，2010 年，第 43 页。
④ （清）贺瑞麟：《贺瑞麟集》，王长坤、刘峰点校整理，西安，西北大学出版社，2015 年，第 954 页。
⑤ 林乐昌：《论〈中庸〉对张载理学建构的特别影响》，《哲学与文化》2018 年第 9 期。
⑥ 林乐昌：《论〈中庸〉对张载理学建构的特别影响》，《哲学与文化》2018 年第 9 期。
⑦ （宋）张载：《张子全书》，林乐昌编校，西安，西北大学出版社，2015 年，第 85 页。

一、研究现状

《中庸》学作为传统经学的重要构成部分与作为地域学术典范的关学在中国学术史上均具有非常重要的影响和地位，它们独特的学术价值亦早已引起前辈学者的关注和肯定，相关问题的研究在当下儒学研究中也属显题。国内外学界基于不同的研究目的、视角、方法，形成多种研究进路，取得一定数量的研究成果。下面我们先简要梳理《中庸》学的流变，再进而延及对关学《中庸》学研究动态的考察，从而明晰前辈学者的积淀以及本书所要突破和努力的领域与方向。

（一）《中庸》源流

"《中庸》者，群经之统会枢要"①，黎立武此语极为直白地将《中庸》在经书体系中的地位揭示出来。实际上，《中庸》地位的"升格"经历了一个十分复杂的历史过程，横跨唐、宋、元三朝。众所周知，《中庸》最早见于司马迁《史记·孔子世家》的记载，后戴圣编撰《礼记》，将其作为是书的第三十一篇。之后到宋代，学界对其多是零星片段的研究，系统性的注解并不多。依时代而论，主要有郑玄的《礼记注·中庸》，其最为后人引用称道的就是对"中庸"的解释，他认为是书乃是"记中和之为用"之书，而"庸"就是"用"，"中庸"即"用中"之意。郑玄对《中庸》篇名的解释主导和规范着学者对《中庸》的理解，颇具典范意义。到南朝时期，则产生了最早的单本注解，即戴颙（377—441）的《中庸传》，惜乎不存，已难以窥其样貌和主旨，陈来先生依据是时玄学流行的学术思潮②以及戴颙曾注过《逍遥游》，推断其《中庸传》可能受到道、玄的深刻影响。③ 接踵而至的是"知崇经术"④的梁武帝所作的《中庸讲疏》，惜乎也佚失不见，但依据其对佛教的推崇和信仰，其《中庸讲疏》应多少有佛学的底色，是以佛解儒还是以儒解佛，已不可详考。再到后来唐代孔颖达《礼记正义·中庸》和李翱作《中庸疏》，且尤以李翱之作最具代表性，原因就在于他着力掘发的"性情"思想扭转了解读《中庸》的重心和方向，并为宋代学者所遥承。欧阳修就称赞其《复性书》乃"《中庸》之义疏尔"⑤。转至北宋，

---

① 《中庸古本（及其他三种）》，北京，中华书局，1991年，第5页。

② 皮锡瑞曾指出："南方玄学不行于北魏"，"北重经学不杂玄学"，这就是说在南北朝时期，南朝重视玄学，北方重经学。[（清）皮锡瑞：《经学历史》，周予同注释，北京，中华书局，1959年，第170页。]

③ 陈来：《〈中庸〉的地位、影响与历史诠释》，《东岳论丛》2018年第11期。

④ （清）皮锡瑞：《经学历史》，周予同注释，北京，中华书局，1959年，第179页。

⑤ （宋）欧阳修：《欧阳修全集》，李逸安点校，北京，中华书局，2001年，第1049页。

《中庸》的地位开始获得实质性和跨越式的提升，尤以宋仁宗给新科进士赐《中庸》一书最具代表性。上有所好，下必甚焉，这就从上至下形成了一股推重《中庸》的学术思潮。我们可从朱彝尊的《经义考》所列各个朝代《中庸》注的单篇数量得到直接的印证。据朱彝尊考证，《中庸》单篇注在北宋以前只有 5 种，宋代则有 58 种，元代有 14 种，明代 57 种，清代 11 种，① 由此可见，《中庸》学的发展的确应该以北宋为分水岭，之前是缓慢发展，之后则是进入快速发展的轨道。其中的原因也是清楚明白的：一是统治者自上而下地直接倡导；二是《中庸》本身内含的性情思想适应儒学对抗佛老的现实需要；三是佛学的刺激和影响。② 而后经过北宋五子的表彰（程颐说："《中庸》乃孔门传授心法。"③ 张载说：《中庸》"出于圣门，无可疑者"。④）《中庸》在形式和地位上开始与《论语》《孟子》和《大学》相提并论，⑤ 并被朱熹在淳熙九年（1182 年），正式合刊为四书，至此《中庸》完成了"《中庸》由《礼记》之一'篇'向《四书》之一'书'的转移"⑥。后在元仁宗延祐二年（1315 年），诏定"明经、经疑二问，《大学》《中庸》《孟子》和《论语》内出题，并用朱氏《章句集注》"⑦，自此，《中庸》与其他三书正式成为元、明、清三朝的科举程式，进入官方哲学序列，成为士子必读之书，彻底完成它的升格历程，诚如钱穆先生所说："自朱子以来八百年，《四书》成为中国人人之必读之书，其地位已越出在五经之上。"⑧最后，随着晚清科举制度的取消，《中庸》亦相应失去了官学的地位，成为与功名无关，与身心修养相切的儒家代表性的经典之一。从上述《中庸》的演进和发展历程可以看出，《中庸》明显有四个阶段的变化：单篇之《中庸》、《礼记》之《中庸》、"四书"之《中庸》和科举之《中庸》。

---

① （清）朱彝尊、翁方纲、罗振玉：《经义考·补正·校记》，北京，中国书店，2009 年，第 1046 页。

② 就此来讲，夏长朴先生在《论〈中庸〉兴起与宋代儒学发展的关系》中曾有详细的论证，载彭林主编：《中国经学》第二辑，桂林，广西师范大学出版社，2007 年，第 131～187 页。

③ （宋）程颢、程颐：《二程集》，王孝鱼点校，北京，中华书局，1981 年，第 411 页。

④ （宋）张载：《张子全书》，林乐昌编校，西安，西北大学出版社，2015 年，第 85 页。

⑤ 《宋史》记载："仁宗明道初年，程颢及弟颐实生，及长，受业周氏，已乃扩大其所闻，表章《大学》《中庸》二篇，与《语》《孟》并行，于是上自帝王传心之奥，下至初学入德之门，融会贯通，无复余蕴。"［（元）脱脱等：《宋史》，北京，中华书局，1985 年，第 12710 页。］

⑥ 杨少涵：《〈中庸〉升格的三个标志》，《中国社会科学报》2017 年 4 月 18 日。

⑦ （明）宋濂等：《元史》，北京，中华书局，1976 年，第 2019 页。

⑧ 钱穆：《朱子学提纲》，北京，生活·读书·新知三联书店，2002 年，第 180 页。

"古经之厄，莫甚于《大学》。"①相比同出于《礼记》且聚讼纷纭的《大学》，辐辏于《中庸》的争议就要少得多。对于《中庸》来说，最为基本的争议就是作者、成书的年代以及文本结构。就作者来讲，目前学界主要有三种代表性的观点：一是司马迁最早言及的"子思作《中庸》"②，后郑玄、二程、朱熹等皆力主此说；二是非子思所作，如欧阳修、崔述、钱穆等皆有类似主张，欧阳修认为《中庸》所言"自诚明"与孔子思想不类③，崔述明确指出《中庸》"必非子思所作"④；三是部分为子思所作，如冯友兰先生就持此观点。他说："中段似为子思原来所作之《中庸》，即《汉书·艺文志》儒家中之《子思》二十三篇之类……首末二段，乃后来儒者所加，即《汉书·艺文志》'凡礼十三家'中之《中庸说》二篇之类也。'今天下车同轨'等言，皆在后段，更可见矣。"⑤就成书的年代来讲，认定为子思所作的当然是主张其成书于战国时期。而认定非子思所作的，根据《中庸》里面的"车同轨、书同文"一语，则主张其为晚出之作，应成书于西汉时期。主张部分为子思所作，部分为子思门人所作的，则认为其成书年代应在战国晚期到西汉初年这一阶段，跨度较大。就文本结构来讲，最早述及《中庸》篇章结构的是《汉书·艺文志》，据载"《中庸说》二篇"，这就告诉我们《中庸》是由两篇内容构成的。后戴圣编纂《礼记》将其并为一篇。据南宋王柏说：

> 偶见西汉《艺文志》有曰"《中庸说》二篇"，颜师古注曰"今《礼记》有《中庸》一篇"，而不言亡其一也。惕然有感，然后知班固时尚见其初为二也，合而乱之，其出于小戴氏之手乎？⑥

当然，也有不认同此类观点的，如清代的王鸣盛就提出异议：

> 《汉志》载《中庸说》二篇，与上《记》百三十一篇，各为一条，则今之《中庸》，乃百三十一篇之一，而《中庸说》二篇，其解诂也。不知何人所作。惜其书不传。师古乃云："今《礼记》有《中庸》一篇，亦

---

① （清）翁方纲：《翁方纲纂四库提要稿》，吴格整理，上海，上海科学技术文献出版社，2005年，第52页。
② （汉）司马迁：《史记》，北京，中华书局，1982年，第1946页。
③ （宋）欧阳修：《欧阳修全集》，北京，中华书局，2001年，第675页。
④ （清）崔述：《洙泗考信余录》，北京，商务印书馆，1937年，第56～57页。
⑤ 冯友兰：《中国哲学史》上册，北京，中华书局，1961年，第447～448页。
⑥ （宋）王柏：《许鲁斋集》，北京，中华书局，1985年，第92页。

非本《礼经》",盖此之流;反以《中庸》为《说》之流。师古虚浮无当,往往如此。①

王鸣盛认为《汉书》所载的《中庸说》与《礼记》的《中庸》并不是同一文本,《中庸说》是对《中庸》的"解诂"。而戴震则采取中立的立场,主张"《汉志》之《中庸说》二篇,与《礼记》之《中庸》异同莫考"②。当代学人徐复观亦主张"今日之《中庸》,原系分为两篇。上篇可以推定出于子思,其中或也杂有他的门人的话。下篇则是上篇思想的发展。它系出于子思之门人,即将现《中庸》编定成书之人"③。梁涛则依据出土文献,进一步佐证这一观点,他说:"今本《中庸》是经过后人改动的,'诚明'与'中庸'原来各自独立,并非一个整体。"④郭沂则认为《中庸》包括记言的部分(孔子语),为古本《中庸》,其余为《子思逸篇》,包括全书纲要、君子之道、修身、诚和圣人等五篇。⑤ 日本学者武内义雄主张第二章至第十九章为原始的《中庸》,为子思所作,首章以及二十章以后由子思学派所作。⑥ 而另一日本学者重泽俊郎则认为第二章至第十九章为《中庸古经》,其他部分为《中庸新经》。⑦ 从上述环绕于《中庸》文本的争议问题可知,判断《中庸》非子思所作的观点已为学界所排除。目前相持并存的观点就是《中庸》全部为子思所作和部分为子思所作。而这两种观点又可以用"其为思孟学派的作品"进行通合。因此,可以这么说,"今本《中庸》既包含了子思对孔子思想的继承,又可看出其对孔子思想的发展。在流传注疏的过程中,亦杂入了秦汉后世的思想"⑧,故可以"笼统视为一部孔门后学述孔子之学的

---

① (清)王鸣盛:《蛾术编》,北京,商务印书馆,1958年,第107页。
② (清)戴震:《戴震全书》(八),合肥,黄山书社,1994年,第302页。
③ 徐复观:《中国人性论史(先秦篇)》,上海,上海三联书店,2001年,第105页。
④ 梁涛:《郭店竹简与思孟学派》,北京,中国人民大学出版社,2008年,第276页。
⑤ 郭沂:《郭店竹简与先秦学术思想》,上海,上海教育出版社,2001年,第430~436页。
⑥ 〔日〕武内义雄:《子思子考》,江侠庵:《先秦经籍考》(中),上海,商务印书馆,1931年,第121~123页。
⑦ 转引自〔日〕佐藤将之:《"建构体系"与"文献解构"之间:近代日本学者〈中庸〉思想研究》,《政大中文学报》2011年第16期。
⑧ 王晓薇:《北宋〈中庸〉学研究》,河北大学博士学位论文,2005年,第9页。李祥俊教授亦有相近的论述:"包括《大学》在内的《礼记》一书编定于西汉宣帝时期,后世的学者多主张《大学》等的思想渊源于先秦儒学,尤其是出于孔门'七十子'及其后学,但又不可避免地受到所编定的西汉时期儒学思想的影响,因此,我们可以把《大学》看作是西汉儒家学者对先秦儒学的一个总结、整理,其中主体思想应该出于先秦儒学,但又体现出汉武帝'独尊儒术'之后西汉儒家对儒学精神的理解。"(李祥俊:《〈大学〉"八条目"的义理结构与价值前提辨析》,《安徽师范大学学报》2018年第1期。)

文本"①。

（二）关学《中庸》学的研究动态

关学是由张载始创，并在与不同时期思想流派的交流、融通中动态地发展的与张载学脉相承之关中理学。从宋代直至清末民初，在八百余年的时间跨度中，关学历经北宋的酝酿与开创、南宋金元的变革与低沉、明代的变异与中兴、清代的延续与总结，最终在晚清民国牛兆濂那里终结。《中庸》是张载关学建构的经典依据之一，《宋史》称其学"以《中庸》为体"，门人后学秉其遗志，针对《中庸》注经解经，形成极为丰富的《中庸》学诠释系统。主要有张载的《礼记说·中庸》、吕大临的《中庸解》、王恕的《石渠意见·中庸》、马理的《四书注疏·中庸》（佚失）、杨爵的《中庸解》（佚失）、单允昌的《中庸说》（佚失）、吕柟的《四书因问·中庸》、冯从吾的《疑思录·读中庸》、王徵的《学庸书解》、李二曲的《四书反身录·中庸》、王心敬的《江汉书院讲义·中庸》、孙景烈的《四书讲义·中庸》、刘绍攽的《四书凝道录·中庸》、王吉相的《四书心解·中庸》、王巡泰的《四书札记·中庸》、张秉直的《四书集疏附证·中庸》、康吕赐的《读中庸日录》、孙迺琨的《中庸集义》和《中庸全篇讲义》等 20 余部。以此足见《中庸》在关学经学体系中的卓绝地位，这从清儒贺瑞麟以"道法《中庸》"②来定位张载关学宗旨可以得到直接的印证。

尽管张载关学《中庸》学的独特价值早已引起前辈学者如龚杰、朱汉民、肖永明等的肯定和关注，然囿于过往关学史料散乱、关学是否有史以及张载学术定位的分歧，截至目前学界已有的个案、断代乃至整体的《中庸》学研究涉及关学学者的仍是寥寥无几，更遑论专题性、贯通性的研究。从当前较为薄弱的研究成果来看，主要呈现出经学文献整理和哲学义理诠释两种典型的研究进路，取得了以下三方面学术成就。

（1）文献搜集与整理取得重大突破。典籍的搜集与整理无疑是进行学术研究的重要前提。关学《中庸》学文献的整理一直寓于学者文集的整体整理之中，经历了从单一整理阶段到集成式整理阶段的过程。单一整理阶段侧重关学史上代表人物文集的考辨和点校，如章锡琛整理的《张载集》，陈俊民整理的《蓝田吕氏遗著辑校》《李颙集》以及其汇编而成《关学经典集成》，赵瑞民整理的《泾野子内篇》，林乐昌辑考的张载《礼记说·中庸》，周春健的《宋元明清〈四书〉学编年》考辨部分关学学者的成书时间

---

① 伍振勋：《先秦〈中庸〉文本的形成及解读问题》，《台大中文学报》2016 年第 52 期。
② （清）贺瑞麟：《贺瑞麟集》，王长坤、刘峰点校整理，西安，西北大学出版社，2015年，第 389 页。

和卷目篇幅等；集成式整理阶段起步较晚，但成果丰硕，注重关学文献全面和系统的考证和编纂的成果中，最为典范的莫如刘学智、方光华主编的"关学文库"，整理了 28 位学人的 33 部文集，极大地完善和丰富了关学《中庸》学的文献库，带来诸多研究契机。

（2）典范人物的《中庸》学研究取得一定成绩。当前学界主要以理学的话语和视角，着重阐释关学学者《中庸》注本蕴含的哲学义理，聚焦在关学典范学者如张载、吕大临等身上，成果形式以单篇论文为主，相对少而精（截至 2023 年 8 月，不足 10 篇）。学界仅有的张载《中庸》学的直接研究成果如林乐昌、郑熊、陈瑞新、李昌年、卢艳晗和吴强等的论文，从性、诚、为学宗旨、天道、工夫等方面来揭示张载的《中庸》学思想；关于吕大临《中庸》研究的直接成果如刘丰、高华夏、王楷、王晓薇等的论文，从中、性等角度揭示吕大临的《中庸》学。需要特别指出的是专著，如王晓薇的《宋代〈中庸〉学研究》、郑熊的《宋儒对〈中庸〉的研究》、马越的《明代后期〈中庸〉学研究》、孙建伟的《清代〈中庸〉学研究》、杨少涵的《中庸哲学研究》等并未涉及关学学者的《中庸》学研究。间接研究成果如龚杰的《张载的〈四书〉学》较早尝试从四书学的角度探究张载的哲学体系，为研究关学《中庸》学发出先声；朱汉民、肖永明合著的《宋代四书学与理学》指出张载最早并提四书，详细分析张载诠释四书所显露的"性与天道""人性""道德修养"等核心思想；萧咏爕的《吕柟〈四书因问〉之研究》围绕理气、心性、修养工夫以及诠释特色等展开分析；赵吉惠《李二曲〈四书反身录〉对传统儒学的反省与阐释》从修己之学、性命之学、适用之学三个角度定位李二曲四书学的学术性质；朱康有和葛荣晋的《论李二曲心解四书》凸显二曲诠释四书的"心解"方法。

（3）厘清关学学术断代问题。进入近现代以来，关学研究围绕关学是否有史以及在何处结束这一根基性问题争议不断。侯外庐先生主张"北宋亡后，关学就渐归衰熄"[①]；龚杰先生则更为激进，主张关学"上无师承，下无继传"[②]，关学在张载以后即中绝不续。张岂之先生主张"关学是由张载创立并于宋元明清时期，一直在关中地区传衍的地域性理学学派"[③]，陈俊民先生则认为关学是"宋明理学思潮中由张载创立的一个重要独立学派，是宋元明清时代今陕西关中的理学"[④]，刘学智先生则主张

---

①　侯外庐主编：《中国思想通史》第四卷（上），北京，人民出版社，1959 年，第 545 页。
②　龚杰：《张载评传》，南京，南京大学出版社，1996 年，第 206 页。
③　张岂之：《总序》，刘学智：《关学思想史》，西安，西北大学出版社，2015 年，第 1 页。
④　陈俊民：《张载哲学思想及关学学派》，北京，人民出版社，1986 年，第 1 页。

"关学史的发展同整个宋明理学发生、发展和衰落的历史具有同步性……关学史事实上已经延伸到清末民国"①，而林乐昌先生主张"关学只经历了宋、明、清三个时期，其六百年的历史既有断绝也有接续"②，并将关学的下限定在晚清刘光蒉那，主张其"是关学近代转型的完成者"③。而随着"关学文库"的出版，学界虽然在传统关学何处结束仍有分歧，并将会继续探讨下去，但基本解决了关学研究中的基础性问题，确定了关学学术的"合法性"，开创了关学研究的新局面。

以上学界所取成就对于丰富和推进关学《中庸》学研究具有重要的开拓性、示范性价值和意义。然而，目前学界尚无关学《中庸》学的专题性研究，究其因主要有三。一是围绕关学在何处终结所产生的分歧。如有主张在宋代终结的，有主张在清初李二曲那终结的，亦有主张在晚清刘古愚那终结的，更有主张在民国牛兆濂那终结的，还有主张应定在牛兆濂的弟子李铭诚、刘古愚弟子张元勋那终结的。这些分歧在某种程度上直接影响学界对关学的研究。二是关学《中庸》学史料散乱，缺乏系统梳理，即使是"关学文库"亦主要收录典范人物的《中庸》学著作，仍有大部分学人的著作未被点校整理。三是《中庸》本身的思想复杂难解。如朱子就说"《中庸》之书难看"④，明儒廖纪亦称"此书义理渊奥，人所难造"⑤，这很大程度上影响了学者研究的热情和积极性，并制约了研究的广度和深度，影响了相关成果的丰富性和多元性。

就当前相对薄弱的研究成果来看，略存如下不足。

（1）个案研究广度不够，全面系统研究尚无。目前学界关于关学学者《中庸》学的直接性研究主要集中在张载、吕大临二人身上，其他关学学者虽有大量的《中庸》学著作得以保存，但学界尚未对其进行专门性的研究，且部分著作尚未系统性梳理，以致关学《中庸》学的总体面貌及学术特征仍较模糊。如张载的《中庸》学著作，虽有陈瑞新予以辑录，但尚不完整，仍需借助大量的史料进行补充。其他学者如王巡泰、张秉直、康吕赐、刘绍攽等的《中庸》学著作，尚无点校，少有涉足，现存的版本错误繁多，需要参校整理，以便研究。

（2）思想深度尚显不足，重要问题仍存争议。围绕典范人物的研究水

---

① 刘学智：《自序》，《关学思想史（增订本）》，西安，西北大学出版社，2020年，第7页。

② 林乐昌主编：《关学源流》，西安，陕西师范大学出版社，2020年，第14页。

③ 林乐昌主编：《关学源流》，西安，陕西师范大学出版社，2020年，第266页。

④ （宋）黎靖德编：《朱子语类》，王星贤点校，北京，中华书局，1986年，第1479页。

⑤ （明）廖纪：《中庸管窥》序，《四库全书存目丛书》编纂委员会编：《四库全书存目丛书·经部一五六》，济南，齐鲁书社，2002年，第599页。

平已经达到一定的高度，但或因辑录张载的《中庸》学资料不全，或站在朱子的角度衡定吕大临的《中庸解》而导致对两者思想揭示得不够深刻、全面，同时这些研究在张载、吕大临思想的来源，天道与人道，中和问题，与关学、洛学的关系诸方面仍存在诸多分歧，尚未完全厘清关学《中庸》学多元化和复杂化的经学样态。

（3）侧重静态的哲学立场，方法视角相对单一。关学《中庸》学是动态的、发展的、活的历史存在，以往学术史有限的研究以平面、静态的方式展开，将思想从具体的环境中抽离出来，缺乏整体和动态的研究，忽视关学《中庸》学思想演变的历史性和逻辑性。同时学科交叉方法使用不够，未能将关学《中庸》学从关学学术史的研究中剥离出来，亦没有动态深入探索其建构的曲折历程及其内外因。

由如上梳理和研判不难看出，关学《中庸》学研究尚处于"零敲碎打"阶段，诸多重要问题尚待解决和突破。基于此，本书以动态整体的视角，着眼于经典诠释与思想演进，学派争鸣与问题论辩之间的相互依存、相互影响，将关学《中庸》学的研究在总体宏观上推进和局部微观上深化，力图从经典诠释的视角认识和理解关学形成与演进的过程、方式、路径和特点。

二、研究取向

以往学界对关学《中庸》学的研究无疑为本书的开展奠定了良好的学术基础，但在研究思路、方法和内容等方面仍有深入探究的空间，这更是本书突破前贤的落脚点所在。

在研究思路上，本书首先将关学《中庸》学视为一个动态发展的整体，将其置于关学学术思想演进和《中庸》学诠释史流变的双重脉络之下，从文献学、经学史和思想史相结合的角度，对关学《中庸》学进行较为全面系统的分析、提炼和总结；既密切注意学术思想的变迁对于关学《中庸》学发展的宏观影响，又重点从不同的视域考察主要的《中庸》学成果，揭示关学《中庸》学在诠释方法、哲学义理、主导问题等方面对关学宗师张载、理学、心学等《中庸》学的继承、融合、突破和发展，从中把握关学《中庸》学相关哲学问题的理论演进，进一步揭示出由此而形成的关学思想的逻辑脉络、主导问题和话语系统，力图更为丰满、更为厚重、更加贴近历史原貌地展现关学《中庸》学的演进历程和发展轨迹，凸显关学《中庸》学的学术价值，确立关学《中庸》学在《中庸》学史中的地位。

在研究方法上，以往关学《中庸》学的研究多是静态的、零星的，多是"搭上西方的某种哲学的架子来安排我们的材料"①，也就是借鉴西方哲学范畴论的架构来裁剪关学学者的《中庸》学资料，难免落入削足适履的窠臼，这就难以有效地把握关学学者《中庸》学的旨趣和特质。有鉴于此，本书主要采用以下三种研究方法。

（1）历时态研究法：以动态的视角考察关学《中庸》学在不同时期的诠释主题、理论旨趣、主导问题和学术特质等的变化，勾勒出纵向的发展脉络。

（2）比较研究法：基于关学汇通诸派的特质，在研究中既注重比较关学与其他学术流派《中庸》学的异同，亦比较关学学者之间《中庸》学的共性与分歧。

（3）学术史研究与思想史研究相结合、文献诠释与学术思想分析相结合、阐释与时代相结合、宏观与微观相结合，统合文内文外，多视域地进行思想研究，以呈现关学《中庸》学的多维面相。

在研究史料上，关学从北宋开创到民国牛兆濂处终结，跨越八百余年，形成大师辈出、多元发展的关学《中庸》学面貌，形成一大批丰富的《中庸》学经解著作。本书所择取的史料主要有三。一是关学学者的《中庸》学著作，主要有张载的《礼记说·中庸》、吕大临的《中庸解》、王恕的《石渠意见·中庸》、吕柟的《四书因问·中庸》、冯从吾的《疑思录·读中庸》、王徵的《学庸书解》、李二曲的《四书反身录·中庸》、王心敬的《江汉书院讲义·中庸》、孙景烈的《四书讲义·中庸》、刘绍攽的《四书凝道录·中庸》、王吉相的《四书心解·中庸》、王巡泰的《四书札记·中庸》、张秉直的《四书集疏附证·中庸》等20余部。二是关学学者的文集和其他注经之作。关学学者的《中庸》学著作并非孤立存在的，他们的文集、经解仍包含与其《中庸》学密切相关的内容，将之纳入考察可以整全地展现学者的《中庸》学面貌。三是充分借鉴《宋元学案》《全宋文》《明儒学案》等史料，并突破学科壁垒，广泛采用文、史材料，通过文、史来补充和佐证哲学，力求在更为厚实的史料中寻绎出关学《中庸》学的思想体系以及理论蕴涵。很显然，这种方法在具体的研究中有助于我们获得新知，得出新论。除此之外，也积极吸收和利用现当代学界的研究成果，争取在前人既有的积淀上，循着前人的足迹，将关学《中庸》学的研究打开一个新的视界，推进到一个新的高度，从而激活关学的研究。

在研究旨趣上，本书意在通过对关学《中庸》学全面而系统的勾勒。

---

① 徐复观：《徐复观全集·青年与教育》，北京，九州出版社，2014年，第177页。

首先，深化对关学建构的文本依据与学术渊源的理解，厘清《中庸》在关学思想建构中的实际地位和作用。其次，以个案透视传统关学从宋至清末民初的演进历程。不同历史时期的关学学者对《中庸》的诠释既是他们融贯义理、创获新知、建构关学的重要方式，更是关学演进趋势的具体展现。以《中庸》为切入点，探究他们在经典诠释中如何推动关学不断生成、更新和演化，从而管窥关学从北宋开创到清末民初终结的演进轨迹和发展历程。再次，充实和拓展关学乃至宋明理学的研究。张载、吕大临、李二曲等是理学史上著名的理学家，而王恕、马理、韩邦奇、冯从吾、刘古愚、孙迺琨、牛兆濂等，流行的宋明理学史著作着墨甚少。本书扩大研究对象，考察学者《中庸》注本，发掘重要思想和典型人物，既能充实关学研究，亦能在一定程度上拓展宋明理学的研究对象和内容。最后，力图把握《中庸》学的普遍内涵和多样形态。关学《中庸》学不是孤立发展的，是随着《中庸》学史的变迁、发展而不断演变、重构、形成的地域形态的学术思想，不仅涵具和体现《中庸》学史的一般特征，亦别具和呈现区域学术形态的特质。通过揭示关学《中庸》学的理论旨趣、诠释方法、主导问题和学术取向等，彰显关学《中庸》学的守常与变通，因循与创获。

需要特别指出的是，在体例架构上，依据关学由北宋开创，至晚清民国终结的演进历史，以及关学《中庸》学经解著作遗存和分布的状况，本书依循历史和逻辑相结合的方法，按照宋代关学《中庸》学、金元关学《中庸》学、明代关学《中庸》学、清代关学《中庸》学和民国关学《中庸》学五分而又连为一体的方式逐次展开，首先从每一时期的典型个案入手，再由此总结这一时代的关学《中庸》学的共性特质，并在其他地域学派《中庸》学的参照下，关照关学《中庸》学的产生、发展和演进的学术脉络，尤其是其创获与不足，从而贴近历史地展现关学《中庸》学的学术面貌。

要之，本书是学界首次系统而全面地考察关学《中庸》学的专著，依照历史和逻辑相结合的方法，根据关学《中庸》学著作的分布和佚存，划分为宋、金元、明、清和民国五个阶段，并由点带面，在尽可能地展现每一位关学学者《中庸》学旨趣和面貌基础上，寻绎出关学《中庸》学的学术特质、主导问题和现实关怀，既凸显作为地域形态的关学《中庸》学的个性，又摸准关学《中庸》学涵具的《中庸》学史以及学术史的共性，尤其是厘清这种个性与共性之间的关系。从而厘定关学《中庸》学在《中庸》学史上的地位和价值。

第一章　北宋：关学《中庸》学的始创

宋儒王应麟说："自汉儒至于庆历间，谈经者守训诂而不凿……陆务观曰：'唐及国初学者不敢议孔安国、郑康成，况圣人乎！'自庆历后，诸儒发明经旨，非前人所及。"①另一南宋学者吴曾亦引《国史》之语："庆历以前，学者尚文辞，多守章句注疏之学。"②这就是说，以北宋庆历年间为界线，庆历之前的经学仍恪守汉唐经学章句训诂之余韵，而之后的经学则别开生面，走向义理经学。关学宗师张载不仅深受这一经学新风的熏陶，反过来又陶铸这一经学新风。张载遍注群经，摆落汉唐注疏，试以"心解"之法，直求经书义理，成为北宋义理经学的典范。张载早逝，门人四散，唯有弟子吕大临有系统的《中庸》解经之作遗留下来。换言之，关学《中庸》学在北宋的注经之作并不丰富，甚至是寥寥无几。更为重要的是，张载虽表彰《中庸》，但尚未将《中庸》从《礼记》中独立出来。而到其弟子吕大临那，则有所改观，他将《中庸》从《礼记》中单独拈出，专作《中庸解》，进一步提升和拔擢《中庸》的地位，推进《中庸》与"四书"中的其他三书并行，为后来"四书"在朱子那正式集结导夫先路。基于此，我们可将此阶段定位为关学《中庸》学的酝酿与草创阶段，其最显著的特征就是以义理解《中庸》，推进《中庸》与《论语》《孟子》《大学》的融会贯通，从而为此后关学《中庸》学的建构提供思想的源泉和诠释的蓝本。

第一节　心解《中庸》、由明至诚：张载的《礼记说·中庸》

张载对《中庸》的解读，并不像《论语》和《孟子》那样，有单独的文本。而是存于其《礼记说》中，也就是说张载还没有把《中庸》单独抽出来进行注解。张载的《礼记说》亦早已佚失，林乐昌先生辑佚《中庸》注解43条③，为我们把握张载诠释《中庸》的理论旨趣和学术特质提供了一个基

---

① （宋）王应麟：《困学纪闻》，栾保群、田松青校点，上海，上海古籍出版社，2015年，第291页。
② （宋）吴曾：《能改斋漫录》卷二，上海师范大学古籍整理研究所编：《全宋笔记》（第五编）第三册，郑州，大象出版社，2012年，第35页。
③ （宋）张载：《张子全书》，林乐昌编校，西安，西北大学出版社，2015年，第384～392页。

础文本。钱穆曾指出："横渠著书亦多本《易》、《庸》。"①这相比于《宋史》所说的"以《易》为宗，以《中庸》为体，以孔、孟为法"②显得更加具体和集中，凸显出《周易》《中庸》对张载学术体系建构的影响之巨。而在两者当中，又以《中庸》的影响最为特别。③ 我们知道，张载21岁时就受范仲淹指点，研读《中庸》，后来又反复研究二十余年。他说："某观《中庸》义二十年，每观每有义，已长得一格。"④由此可见张载对《中庸》的研习之深，关注之久。总体而言，张载对《中庸》的基本定位是"出于圣门，无可疑者"⑤，也就是将其看作圣门不容置疑之经典。这就一定程度上提升和拔擢了《中庸》的地位。更为重要的是，他指出了研读《中庸》的方法，即"须句句理会，其言互相发明，纵其间有命字未安处，亦不足为学者之病"⑥，这成为后世学者赖以遵循的治经方法。就张载《中庸》诠释的旨趣和特质来讲，主要有三。

一、形塑张载学术纲领

徐复观曾指出《中庸》首三句"是全书的总纲领，也可以说是儒学的总纲领"⑦。徐复观此言不虚，精确地道出"天命之谓性，率性之谓道，修道之谓教"在《中庸》乃至儒学中的地位。张载的《中庸》诠释亦极为重视这三句，他没有像汉唐儒那样进行章句训诂考证，而是直接给出简易直接的四句话：

> 由太虚，有天之名；由气化，有道之名；合虚与气，有性之名；合性与知觉，有心之名。⑧

这四句话与《中庸》首三句的对应关系，朱子曾给予明确的说明：

> "由太虚有天之名，合虚与气有性之名。""天命之谓性"，管此两

---

① 钱穆：《宋代理学三书随劄》，北京，生活·读书·新知三联书店，2002年，第211页。
② （元）脱脱等：《宋史》，北京，中华书局，1985年，第12724页。
③ 林乐昌：《论〈中庸〉对张载理学建构的特别影响》，《哲学与文化》2018年第9期。
④ （宋）张载：《张子全书》，林乐昌编校，西安，西北大学出版社，2015年，第85页。
⑤ （宋）张载：《张子全书》，林乐昌编校，西安，西北大学出版社，2015年，第85页。
⑥ （宋）张载：《张子全书》，林乐昌编校，西安，西北大学出版社，2015年，第91~92页。
⑦ 徐复观：《中国人性论史（先秦篇）》，上海，上海三联书店，2001年，第102页。
⑧ （宋）张载：《张子全书》，林乐昌编校，西安，西北大学出版社，2015年，第384页。

> 句。"由气化有道之名","率性之谓道",管此一句。"合性与知觉有
> 心之名",此又是天命谓性,这正管此一句。①

朱子此言简明扼要地将张载之言与《中庸》前三句的对应关系揭示出来。
我们先来看第一句的意思。第一句的特色在于用"太虚"来重新解释"天",
将"天"的内涵重新拉回到超然的境地,从而为后面的"道""性"和"心"确
立终极的依据。同时,"太虚"也成为张载哲学体系中的最高范畴,这从
其"太虚者,天之实也,万物取足于太虚"②中能够得到直接的反映。第
二句"由气化,有道之名",这句与第一句是顺承关系,主要讲的是"道"
与"天""气"的关系,学术史上对此理解较为恰当的应该是林乐昌的观点,
他指出:"'道'既不可单独归结为'气'或'气化',也不可单独归结为'天'
或'太虚',它是'太虚'与'气'的统一体。"③笔者认同林乐昌先生的观点。
第三句"合虚与气,有性之名",这句的意思是说"性"是由"虚"和"气"构
成的,更明确来讲,就是由"天地之性"和"气质之性"这两层性论构成的。
前者来源于天,纯善无恶;后者来源于气化,善恶相杂。张载对"性"的
这一界定成为后世学者论"性"的基本范式。第四句"合性与知觉,有心之
名",意思是说"心"包含本性和知觉两个方面,缺一不可,"性"决定
"心",而"心"的功能则表现为"知觉",表现为"情",这实际也与其主张
的"心统性情"思想是一致的。张载这四句涉及本体、天道、心性,涵盖
张载整个哲学体系的核心概念和范畴,将其视为张载的学术纲领,无论
在文献还是学理上都是有据可依的。

二、指明为学进路

张载去世之后,被其门人私谥为"明诚夫子"。④ 这就透露出张载之
学的一个重要特质:重视"明"与"诚"。我们知道,《中庸》当中有相当篇
幅探讨了"诚、明"的问题,张载在注解时说:

> 自诚明者,先尽性以至于穷理也,谓先自性理会来,以至穷理;
> 自明诚者,先穷理以至于尽性也,谓先从学问理会,以推达于天

---

① （宋）黎靖德编:《朱子语类》,王星贤点校,北京,中华书局,1986 年,第 1431 页。
② （宋）张载:《张子全书》,林乐昌编校,西安,西北大学出版社,2015 年,第 262 页。
③ 林乐昌:《论〈中庸〉对张载理学建构的特别影响》,《哲学与文化》2018 年第 9 期。
④ （宋）朱熹:《朱子全书》第 12 册,朱杰人、严佐之、刘永翔主编,上海,上海古籍出版
　社;合肥,安徽教育出版社,2002 年,第 998 页。

性也。①

张载用"穷理"和"尽性"来解释"诚"和"明"，无疑是比较有创见的。在张载看来，自诚明，是先充分发挥人的天性，达到真实无妄的境界，然后再去穷究事物的道理，而自明诚则是先穷事物的道理，再达至真实无妄的境界，从而推至天性。前者属于圣人之学，后者属于贤人之学。张载此解就将"自诚明"和"自明诚"的区分凸显出来，但这并不是说他对两者同等视之，相反，他更为看重"自明诚"这种为学进路，他说：

> 须知"自诚明"与"自明诚"者有异……某自是以仲尼为学而知者，某今亦窃希于明诚，所以勉勉安于不退。②
> 学者须是穷理为先，如此则方有学。③

张载非常强调为学的次序问题，他以孔子为榜样，认为像孔子这样的圣人也是学而知之者，故他主张为学须首先强调"自明诚"的第一性地位，强调作为"穷理"的"明"的首出性，这或许能够解释门人将其谥号定为"明诚夫子"而非"诚明夫子"的缘由。实际上，张载本人的学术进路恰恰是遵循着"自明诚"这种下学而上达的工夫性质落实和展开的。④ 他在解释《中庸》"尊德性而道问学"时说：

> 今且只将尊德性而道问学为心，日自求于问学者有所背否，于德性有所懈否。此义亦是博文约礼，下学上达。以此警策一年，安得不长？每日须求多少为益？知所亡，改得少不善。此德性上之益。⑤

张载不仅将"尊德性"与"道问学"视为同时并进之工夫，同时也将其看作"下学上达"之工夫，日积月累，自有长进之处。由上可见，张载的工夫进路是"下学而上达"式的，遵循着步步着实的方式以期渐入圣域，他的这一进路深刻影响着程朱理学一系，后来张载之学被纳入进程朱理学框架内，亦正好折射出张载为学的旨趣。

① （宋）张载：《张子全书》，林乐昌编校，西安，西北大学出版社，2015年，第390页。
② （宋）张载：《张子全书》，林乐昌编校，西安，西北大学出版社，2015年，第267页。
③ （宋）张载：《张子全书》，林乐昌编校，西安，西北大学出版社，2015年，第390页。
④ 关于对张载"自诚明"与"自明诚"的理解，详参米文科：《"自诚明"何以可能：张载思想中的"自诚明"与"自明诚"问题》，《唐都学刊》2014年第2期。
⑤ （宋）张载：《张子全书》，林乐昌编校，西安，西北大学出版社，2015年，第391页。

三、重视"心"

晚明大儒刘宗周比较有洞见地指出："《大学》言心不言性，心外无性也。《中庸》言性不言心，性即心之所以为心也。"①刘宗周所言确实符合《中庸》的实际情况。揆诸《中庸》文本，确实不涉及一个"心"字，这个中缘由当然是众说纷纭，难有定论，而这不是本书所要探讨的重点，故此处不复赘言。张载在诠释《中庸》时，反倒是多处言及"心"，主要有：

例1：合性与知觉，有心之名。②

例2：舜之心未尝去道，故好察弥言。③

例3：圣人之心则直欲尽道，事则安能得尽。④

例4：以责人之心责己则尽道，所谓"君子之道四，丘未能一焉"者也。以爱己之心爱人则尽仁，所谓"施诸己而不愿，亦勿施于人"者也。⑤

例5：盖人经历险阻艰难，然后其心亨通。⑥

例6：以心求道，正犹以己知人，终不若彼自立，彼为不思而得也。⑦

例7：大其心则能体天下之物，物未有体，则心为有外。世人之心，止于闻见之狭。圣人尽性，不以见闻梏其心，其视天下无一物非我，孟子谓"尽心则知性、知天"以此。天大无外，故有外之心不足以合天心。⑧

例8：今且只将尊德性而道问学为心。⑨

张载的《中庸》注解一共辑录有43条。在这仅有的43条中，有8条都是用"心"来解释《中庸》经文的。尤其是张载在解释时，很多情况下都超越了文本的内容，最具代表性的就是张载对《中庸》首章的诠释，他的"合虚

---

① （明）刘宗周：《刘宗周全集》第3册，吴光主编，杭州，浙江古籍出版社，2012年，第412页。

② （宋）张载：《张子全书》，林乐昌编校，西安，西北大学出版社，2015年，第384页。

③ （宋）张载：《张子全书》，林乐昌编校，西安，西北大学出版社，2015年，第385页。

④ （宋）张载：《张子全书》，林乐昌编校，西安，西北大学出版社，2015年，第387页。

⑤ （宋）张载：《张子全书》，林乐昌编校，西安，西北大学出版社，2015年，第387页。

⑥ （宋）张载：《张子全书》，林乐昌编校，西安，西北大学出版社，2015年，第389页。

⑦ （宋）张载：《张子全书》，林乐昌编校，西安，西北大学出版社，2015年，第389页。

⑧ （宋）张载：《张子全书》，林乐昌编校，西安，西北大学出版社，2015年，第390页。

⑨ （宋）张载：《张子全书》，林乐昌编校，西安，西北大学出版社，2015年，第391页。

与性，有心之名"实际上溢出了首章的文本内容，属于他的创造性诠释。再如例7"大其心"对《中庸》"唯天下之诚"的诠释亦是经文当中不曾言及的。我们需要追问的是，张载何以开始如此大范围地用"心"来解释《中庸》经文呢？这实际上是受时代思潮影响使然，也就是李祥俊教授指出的："汉唐儒家经学主要讨论的也是性情问题，心的问题没有得到充分展开。受到佛教心性论的影响，心的问题在儒家人性论中逐渐得到凸显，儒家人生哲学的根基由汉唐时期的人性论向宋明时期的心性论转换，对心的论述逐渐超过对人性的论述。"①

由上可知，张载在《中庸》诠释上的主要贡献就在于：一是表彰和提升《中庸》地位；二是抛弃汉唐注疏之学，开创"心解"释经；三是强调"自明诚"的工夫进路，突出下学工夫的重要性；四是凸显"心"和"中"的地位。张载诠释《中庸》所透显出的这些特质多为门人后学所承继，成为关学《中庸》学的基本标识。

第二节 以中为体、求中为要：吕大临的《中庸解》

吕大临（1040—1093），字与叔，陕西蓝田人。作为张载高弟及二程门下四大弟子之一，因其思想的纯粹，受到二程的极力称许以及朱子的高度褒扬，这在关、洛门下众弟子当中是极其难见的。②吕大临先拜师张载，后受业二程，身兼发扬关、洛二学派之重任，他勇担此道，在经典诠释以及义理阐释方面，多有发明，甚至有的学者将其置于牟宗三先生所划分的儒学三系之一——五峰蕺山系之首（此系为儒学正宗）③，这足以说明吕大临在哲学史上的地位。吕大临一方面秉承乃师张载推崇《中庸》的治经、解经传统④，另一方面迎合时代思潮，"迨有宋儒研求性道，

---

① 李祥俊：《道通于一——北宋哲学思潮研究》，北京，北京师范大学出版社，2006年，第431页。

② 朱子对二程众多弟子多有批评，他说："游杨谢诸公当时已与其师不相似，却似别立一家。"[（宋）黎靖德编：《朱子语类》，王星贤点校，北京，中华书局，1986年，第2557页。]但对吕大临则评价道："吕与叔惜乎寿不永！如天假之年，必所见又别。程子称其'深潜缜密'，可见他资质好，又能涵养。某若只如吕年，亦不见得到此田地矣。"[（宋）黎靖德编：《朱子语类》，王星贤点校，北京，中华书局，1986年，第2560页。]

③ 文碧方：《关洛之间——以吕大临思想为中心》，北京，中华书局，2011年，第24页。

④ 张载二十一岁时拜访范仲淹，范仲淹指点其读《中庸》，随后潜心《中庸》累年，他曾自述道："某观《中庸》义二十年，每观每有义，已长得一格。"[（宋）张载：《张子全书》，林乐昌编校，西安，西北大学出版社，第85页。]《宋史》明确指出其乃是"以《中庸》为体"。[（元）脱脱等：《宋史》，北京，中华书局，1985年，第12724页。]《中庸》是张载关学建构的重要经典依据，为门人后学所承继，成为关学的一贯传统。

（《中庸》）始定为传心之要，而论说亦遂日详"①，专作《中庸解》②以彰其意。他的《中庸解》成就之高，不仅一度被当时学界误认为是程颢所作③，同时也对朱子《中庸》学的定型产生直接的影响。然当前学界对其少有专题性的研究，多是按照预设的理学范畴论的框架对其零碎裁剪，无法整体把握吕大临《中庸解》的思想精华、诠释特质和学术影响。因此，回归文本，通观全书，围绕其《中庸解》的核心要旨——"中"，层层剖析，揭示核心主旨以及由此反观朱子《中庸》学思想的来源就显得尤为必要。

一、以"中"为形上本体

较之以往儒学，北宋儒学更为注重建构形上本体以辟佛立儒，以至于不少学者皆有"本体"之焦虑，且尤以"北宋五子"最为典范。而位居张载、二程与朱子之间的吕大临，继续探索和深化儒学的心性本体论，借诠释《中庸》刻意凸显"中"之形上本体的地位，他说：

> 中者，道之所由出。④
> 盖中者，天道也，天德也。⑤
> 圣人之学，以中为大本。虽尧、舜相授以天下，亦云"允执其中"。⑥
> "大本"，天心也，所谓中也。⑦

徐复观先生曾指出："'中'为儒家思想中之重要观念，而《中庸》一书'中'

① （清）纪昀总纂：《四库全书总目提要》，石家庄，河北人民出版社，2000年，第929页。
② 吕大临关于《中庸》的著作有两篇——《礼记解·中庸》与《中庸解》，两篇皆是其从学二程之后所作，且《中庸解》是对《礼记解·中庸》的改本，内涵相差不大。详参文碧方：《关洛之间——以吕大临思想为核心》，北京，中华书局，2011年，第9～11页。
③ 胡宏在《题吕与叔〈中庸解〉》中称"有张焘者，携所藏明道先生《中庸解》以示之，师圣笑曰：'何传之误？此吕与叔晚年所为也'"。［（宋）吕大临等：《蓝田吕氏集》，曹树明点校整理，西安，西北大学出版社，2015年，第1005页。］
④ （宋）吕大临等：《蓝田吕氏集》，曹树明点校整理，西安，西北大学出版社，2015年，第468页。
⑤ （宋）吕大临等：《蓝田吕氏集》，曹树明点校整理，西安，西北大学出版社，2015年，第84页。
⑥ （宋）吕大临等：《蓝田吕氏集》，曹树明点校整理，西安，西北大学出版社，2015年，第470页。
⑦ （宋）吕大临等：《蓝田吕氏集》，曹树明点校整理，西安，西北大学出版社，2015年，第117页。

之观念实重于'庸'之观念。"①徐复观所言不虚，"中"在《中庸》一书中确实占有重要地位，在某种程度上揭示《中庸》的核心精神与主旨，但少有学者将其上升至本体之境。而吕大临则做出突破性的尝试，他将《中庸》之"中"的地位无限拔高，与天道、天德、天心这些一向被视为至高无上的范畴地位等同，这就赋予"中"客观独立的实体性，视其为形上本体，为圣人之学的根本，为圣贤代代相授之道。吕大临在宋儒中别具一格，将"中"确立为形上本体，我们从其自述中可见一斑：

> 大临昔者既闻先生君子之教，反求诸己，若有所自得，参之前言往行，将无所不合。由是而之焉，似得其所安，以是自信不疑，拳拳服膺，不敢失坠。②

由上可见，吕大临认为己说是闻听张载之教以及自己反复思考得出来的，并对此自信不疑。不唯如此，朱子也明确指出：

> 吕与叔云："圣人以中者不易之理，故以之为教。"如此，则是以中为一好事，用以立教，非自然之理也。先生曰："此是横渠有此说。所以横渠没，门人以'明诚中子'谥之。"③

可见朱子亦认为吕大临之说渊源有自，直承张载。实际上，推崇和重视"中"是张载关学的一贯传统④，只是张载并未将其作为形上本体来对待，吕大临则推进师说，将"中"作为独立之实体，拔高至本体之境。也就是说，在吕大临这里，"中"在词性上是名词，在内容上则指向形而上的本体。吕大临此说一出，在当时即遭到程颐的强烈反对，程颐说：

> "中者，道之所由出"，此语有病……中即道也。若谓道出于中，则道在中外，别为一物矣……不偏之谓中。道无不中，故以中形道。

---

① 徐复观：《学术与政治之间》，上海，华东师范大学出版社，2009年，第192页。
② （宋）吕大临等：《蓝田吕氏集》，曹树明点校整理，西安，西北大学出版社，2015年，第470页。
③ （宋）黎靖德编：《朱子语类》，王星贤点校，北京，中华书局，1986年，第2561页。
④ 对于关学重视"中"的缘由，文碧方先生认为是与关学重视礼分不开的，礼的作用就是"无过与不及"，就是"中"。文先生之分析实为确论，笔者认同此说。（参见文碧方：《关洛之间——以吕大临思想为中心》，北京，中华书局，2011年，第190～191页。）

若谓道出于中，则天圆地方，谓方圆者天地所自出，可乎?①

吕大临是直接将"中"作为至高无上的本体，而程颐则认为吕氏此说有病，因为"中"本身就是"道"的状态，"道"无不"中"，"中"只能作为形容词来描述道。若依吕氏之说，则不仅将"中"与"道"判分为二，且将"中"置于"道"之上，这就消解了"道"的至高无上性，无疑是床上叠床，屋上架屋。对程颐的批驳，吕大临辩解道："由中而出者莫非道，所以言道之所由出也，与'率性之谓道'之义同，亦非道中别有中也。"②也就是说，吕大临本意并不是要割裂"道"与"中"，说"道出于中"只不过是模仿"率性之谓道"的句式，因为"率性之谓道"就是"道出于性"的意思。吕大临的这种辩解至终不能为程颐所接受。实际上，两者分歧的根本就在于"中"是否具有实体的意涵，以及"中"与"天道"的体用关系，程颐持明确的否定态度，坚持"道"体"中"用，而吕大临显然是肯定的，但他也并不否认"天道""天性"等作为最高范畴的存在，只是沿袭孟子、程颢一系的圆融、直觉型的思路，将这些最高范畴等同、打通为一，这一方面发出陆王心学的先声，另一方面也在根本上与程颐、朱子一系的理性、架构型的理学进路区别开来。总之，吕大临通过对《中庸》"中"的强调和重构，不仅成为程门乃至哲学史上的别具特色的理论，也确立起其《中庸》哲学体系的逻辑起点。

二、以"中"统摄心性

《中庸》首章所探讨的"中和"问题因其与心性论的密切关涉，故而在北宋道学重构心性论的学术热潮③中得到格外的重视，成为当时学界的公共学术话语。吕大临不仅积极参与到此学术思潮之中，且由他与程颐所引起的"中和"之辨更是引起此后学者的反复争辩。吕大临在确立"中"为形上本体后，首先将其与"心"联系起来，他说：

情之未发，乃其本心，元无过与不及，所谓"物皆然，心为甚"，

---

① （宋）吕大临等：《蓝田吕氏集》，曹树明点校整理，西安，西北大学出版社，2015 年，第 468~469 页。

② （宋）吕大临等：《蓝田吕氏集》，曹树明点校整理，西安，西北大学出版社，2015 年，第 468 页。

③ 李祥俊先生指出："心性论是儒、佛二教的核心义理，并且在其发展过程中不断得到凸显。北宋时期，心性论构成当时各派学说关注的中心问题。"（李祥俊：《道通于一——北宋哲学思潮研究》，北京，北京师范大学出版社，2006 年，第 60 页。）

所取准则以为中者，本心而已。①

在这里，吕大临认为本心即是"喜怒哀乐"之情未发之时，是"无过与不及"，亦是"中"。他进一步借"赤子之心"来表述"心"与"中"的关系：

> 理之所自出而不可易者，是为中，赤子之心是已；尊其所自出而不丧，则其立至矣。②
>
> 喜怒哀乐之未发，则赤子之心。当其未发，此心至虚，无所偏倚，故谓之中。以此心应万物之变，无往而非中矣。孟子曰："权然后知轻重，度然后知长短，物皆然，心为甚。"此心度物，所以甚于权衡之审者，正以至虚无所偏倚故也。有一物存乎其间，则轻重长短皆失其中矣，又安得如权如度乎？故大人不失其赤子之心，乃所谓允执其中也。③

"赤子之心"最先由孟子提出，主要指"爱父母之心，具有确定的伦理意义"④。而吕大临则借此以释《中庸》，认为"喜怒哀乐未发"之时，就是"赤子之心"，显然已经超越孟子的原意。吕大临认为此"赤子之心"空灵至虚，不偏不倚，这就是所谓"中"，所谓"理之所自出而不可易者"。以此"赤子之心"应接万事，则自然皆中，合乎义理。他以孟子所讲"权""度"为例，认为如有一物存于"赤子之心"中，则权衡度物必然失"中"。因此，大人应该保有这与生俱来的"赤子之心"，这就是"允执厥中"（允执其中）之意。我们再通过其与程颐的辩论来进一步彰显其思想的特色，程颐辩道：

> "喜怒哀乐未发谓之中。"赤子之心，发而未远于中，若便谓之中，是不识大本也。⑤

---

① （宋）吕大临等：《蓝田吕氏集》，曹树明点校整理，西安，西北大学出版社，2015年，第86页。
② （宋）吕大临等：《蓝田吕氏集》，曹树明点校整理，西安，西北大学出版社，2015年，第118页。
③ （宋）吕大临等：《蓝田吕氏集》，曹树明点校整理，西安，西北大学出版社，2015年，第469页。
④ 陈来：《宋明理学》，上海，华东师范大学出版社，2004年，第282页。
⑤ （宋）吕大临等：《蓝田吕氏集》，曹树明点校整理，西安，西北大学出版社，2015年，第469页。

赤子之心可谓之和，不可谓之中。①

程颐认为"赤子之心"是已发，故不能谓之"中"，只能言"和"，这实际上与《中庸》首章经文中"发而皆中节，谓之和"原意相一致。受程颐影响，吕大临改变前说：

大临始者有见于此，便指此心名为中，故前言"中者，道之所由出"也。今细思之，乃命名未当尔。此心之状，可以言中，未可便指此心名之曰中。②

在此，他不再坚持"中"与"心"直接等同为一的观点，而改为描述心之体的状态，也就是所谓"以中形心"，由以"中"名"心"走向以"中"形"心"。需要指出的是，吕大临始终未改变"赤子之心"为"未发"的观点，他说："大临以赤子之心为未发，先生以赤子之心为已发……大临初谓赤子之心，止取纯一无伪，与圣人同。恐孟子义亦然，更不曲折。"③吕大临认为他以"赤子之心"为未发，是有经典依据的，是取孟子"本心"之纯粹无伪之意。由此可见，他在对"中"与"心"的关系上基本是顺着孟子的思想在推衍。而程颐则坚持"赤子之心"为已发，既然是"已发"，就只能说是"和"，不能说是"中"，后虽改变前说，认为"心"有未发和已发两种状态，但仍不能认同大临以"中"状"心"之体的主张。

在"中"与"性"的关系上，他说：

盖中者，天道也，天德也，降而在人，人禀而受之，是之谓性。《书》曰："惟皇上帝，降衷于下民。"《传》曰："民受天地之中以生。"此人性所以必善，故曰："天命之谓性。"④

如前所述，吕大临将"中"与天道，天德相等同，将其拔高至本体的地位，

① (宋)吕大临等：《蓝田吕氏集》，曹树明点校整理，西安，西北大学出版社，2015年，第470页。
② (宋)吕大临等：《蓝田吕氏集》，曹树明点校整理，西安，西北大学出版社，2015年，第469页。
③ (宋)吕大临等：《蓝田吕氏集》，曹树明点校整理，西安，西北大学出版社，2015年，第470～471页。
④ (宋)吕大临等：《蓝田吕氏集》，曹树明点校整理，西安，西北大学出版社，2015年，第84页。

人秉受此"中"以为性，如此"中"就成为至高无上的本体，同时与"性"成为异名同实的概念范畴，他明确提出"中即性"，他说：

> 中即性也。在天为命，在人为性，由中而出者莫非道，所以言道之所由出也。①
>
> "天命之谓性"，即所谓中。②
>
> 性与天道，一也。天道降而在人，故谓之性。③
>
> 所谓中者，性与天道也。④

吕大临认为"中"就是"性"，就是"天道"，从天的角度而言是命，从人的角度而言则为性，是道的根源。吕大临以此将传统儒学的"性"上升到天道本体的高度，达至"中"的境界，继续推动儒学心性论的形而上建构。对此，其师程颐亦给予激烈批判：

> "中即性也"，此语极未安。中也者，所以状性之体段。（若谓性有体段亦不可，姑假此以明彼。）如称天圆地方，遂谓方圆即天地可乎？方圆既不可谓之天地，则万物决非方圆之所出……若只以中为性，则中与性不合……中止可言体，而不可与性同德……又如前论"中即性也"，已是分而为二，不若谓之性中。（性中语未甚莹）⑤

程颐认为吕氏的"中即性"之说有不妥之处，"中"只能作为形容词来描述"性"之体段，而不能与"性"处在同等地位，就如同"天圆地方"，"圆"与"方"只能用来形容"天"与"地"，而不能将"方""圆"等同于"性"，吕氏此说恰恰落入此窠臼，将"中"与"性"分而为二，不如"性中"更为合适，虽

① （宋）吕大临等：《蓝田吕氏集》，曹树明点校整理，西安，西北大学出版社，2015年，第468页。
② （宋）吕大临等：《蓝田吕氏集》，曹树明点校整理，西安，西北大学出版社，2015年，第84页。
③ （宋）吕大临等：《蓝田吕氏集》，曹树明点校整理，西安，西北大学出版社，2015年，第454页。
④ （宋）吕大临等：《蓝田吕氏集》，曹树明点校整理，西安，西北大学出版社，2015年，第85页。
⑤ （宋）吕大临等：《蓝田吕氏集》，曹树明点校整理，西安，西北大学出版社，2015年，第468～471页。

然此语仍非最佳。① 总而言之，程颐和吕大临在"中"与"心性"的关系上很难契合，因为吕大临始终坚持的是"本心即性"的思路，始终将"中"理解为"本心"的状态，理解为"性"，以"中"来融摄贯通心、性；而在程颐那，"心"并不是"本心"，而是知觉形下之"心"，不可能与"性"在同一层次上，因此其对"中"的定位并不如在吕大临哲学体系中那么高高在上。可见，两者对"心性"理解的差异已经初显"理本论"与"心本论"的分歧，至后来的朱子、陆王则将这一分歧推扩和彰显出来。

三、以"求中"为工夫

儒学所论本体，非一现成之物，须通过在心性上做工夫去达至。吕大临以"中"统摄心、性，那么如何来贯通心、性、天道呢，如何将这应然之理变为实然之态，这就需要到心、性上去做工夫，也就是去求"中"。吕大临说：

> 人莫不知理义当无过不及之谓中，未及乎所以为中也，喜怒哀乐未发之前，反求吾心，果何为乎？《易》曰："寂然不动，感而遂通天下之故。"《语》曰："子绝四：毋意，毋必，毋固，毋我。"《孟子》曰："大人者，不失赤子之心。"此言皆何谓也？……此所谓性命之理，出于天道之自然，非人私知所能为也。故推而放诸四海而准，前圣后圣若合符节，故曰"喜怒哀乐之未发谓之中"。②
>
> 求之此心而已。此心之动，出入无时，何从而守之乎？求之于喜怒哀乐未发之际而已。③

吕大临认为"无过不及"就是中，故应该在喜怒哀乐未发之时去求此大本之体，《周易》《论语》和《孟子》所言皆是性命之理，而这些皆源于天道，非人所能干预，而这就是所谓"喜怒哀乐之未发谓之中"。至于为何要去求"中"，吕大临从内外两方面进行分析，从内在来说，之所以要在未发之际求，是因为未发之时，心体昭昭自在，无私欲遮蔽，而已发之际，

---

① 《朱子语类》载："铢曰：'然则谓性中可乎？'曰：'此处定有脱误，性中亦说得未尽。'"[（宋）黎靖德编：《朱子语类》，王星贤点校，北京，中华书局，1986 年，第 1512 页。] 朱子认为程颐的"性中"说有脱误之处。
② （宋）吕大临等：《蓝田吕氏集》，曹树明点校整理，西安，西北大学出版社，2015 年，第 86~87 页。
③ （宋）吕大临等：《蓝田吕氏集》，曹树明点校整理，西安，西北大学出版社，2015 年，第 470 页。

心则出入无时，无从所守，故要在未发之际去求之。从外在效果来说，吕大临说：

> 虽圣人以天下授人，所命者不越乎此，岂非中之难执难见乎？岂非道义之所从出乎？后世称善治天下者无出乎尧舜禹，岂非执中而用之，无所不中节乎？无过无不及，民有不和，世有不治者乎？圣人之治天下，犹不越乎执中，则治身之要，舍是可乎？故苟得中而执之，则从欲以治，四方风动，精义入神，利用出入可也。故曰"中者，天下之大本。"自中而发，无不中节，莫非顺性命之理而已，莫非庸言庸行而已。①

> 圣人之学，不使人过，不使人不及，立喜怒哀乐未发之中以为之本，使学者择善而固执之，其学固有序矣。学者盍亦用心于此乎？用心于此，则义理必明，德行必修，师友必称，州里必誉，仰企于上古，可以不负圣人之传，俯达于当今，可以不负朝廷之教养。世之有道君子，乐得而亲之，王公大人，乐闻而取之。②

吕大临认为"中"是圣人传授的内容，实际上就是韩愈所说的"道统"，只是吕大临没有明确用此表达。尧舜禹之所以能善治天下，皆因为执"中"，圣人之治天下不过如此。因此，执中不仅是治身之要，同时亦可实现明义理、修德行，可以被师友称，州里举，有道君子乐于亲近，王公大人乐用之，仰望于上古，不负圣人之传，俯察当今，不负朝廷教养的外王效果。吕大临实际上认为，通过"求中"可以达至"内圣外王"的儒家终极目的。既然求"中"有如此多的实效，为什么人不能直接现实地拥有"中"呢？吕大临分析道：

> 盖均善而无恶者，性也，人所同也；昏明强弱之禀不齐者，才也，人所异也。诚之者，反其同而变其异。③

> 然人应物，不中节者常多，其故何也？由不得中而执之，有私意小知挠乎其间。故理义不当，或过或不及，犹权度之法不精，则

---

① （宋）吕大临等：《蓝田吕氏集》，曹树明点校整理，西安，西北大学出版社，2015年，第87页。

② （宋）吕大临等：《蓝田吕氏集》，曹树明点校整理，西安，西北大学出版社，2015年，第83~84页。

③ （宋）吕大临等：《蓝田吕氏集》，曹树明点校整理，西安，西北大学出版社，2015年，第108页。

称量百物，不能无铢两分寸之差也。①

立己与物，私为町畦。胜心横生，扰扰不齐。②

吕大临认为，人不能拥有"中"，来自两方面的原因：一是先天所禀赋的混浊之气；二是后天私意、小智横阻其间，故造成理义呈现偏差，失去"中"节。吕大临的分析实际上符合大多数宋明理学家对人性的分析，借鉴佛教两层存在论，发明"气质之性"，从先天、后天两个方面较好地解决人与人之间现实人性的差异。"中"如同权度之法，必须毫厘不差，方能称量万物。因此，欲达至"中"，就必须有针对性地做"变化气质""克己"之功，他说：

喜怒哀乐之未发，无私意小知挠乎其间，乃所谓空，由空然后见乎中，实则不见也。若子贡聚见闻之多，其心已实如货殖焉，所蓄有数，所应有期，虽曰富有，亦有时而穷，故"亿则屡中"，而未皆中也。③

君子所贵乎学者，为能变化气质而已。德胜气质，则柔者可进于强，愚者可以进于明；不能胜气质，则虽有志于善，而柔不能立，愚不能明。④

吕大临认为学者一方面要克去己私，克除私意小智，使心体空灵，不着一物；另一方面要变化气质，克去气质之偏，以使天命之性流行无碍，如此柔可变强，愚可变明。吕大临的工夫针对先天与后天之病使人心达到"空"的境界，如此方能见"中"。他认为孔门弟子子贡之心为货殖之类所实，故并不能皆"中"。总之，吕大临强调"求中"与道南学派一样，皆是发展程颢之学，直接从本体入手，去追求大本之体，体现出"明体而达用"的工夫进路，而与程朱一系的"下学而上达"之路径相区分。

① （宋）吕大临等：《蓝田吕氏集》，曹树明点校整理，西安，西北大学出版社，2015年，第87页。
② （宋）吕大临等：《蓝田吕氏集》，曹树明点校整理，西安，西北大学出版社，2015年，第754页。
③ （宋）吕大临等：《蓝田吕氏集》，曹树明点校整理，西安，西北大学出版社，2015年，第86~87页。
④ （宋）吕大临等：《蓝田吕氏集》，曹树明点校整理，西安，西北大学出版社，2015年，第108页。

四、朱子对吕大临《中庸》学思想的扬弃

吕大临的《中庸解》虽然不限于对"中"的诠释，但其侧重点实际上是围绕"中"建构起从本体到心性再到工夫的《中庸》哲学体系。因卓然自成一家，受到《中庸》学研究的集大成者朱熹的格外重视。在程门后学中，注《中庸》者大有人在，但朱熹唯独对吕大临的《中庸解》赞赏有加，他说："吕与叔《中庸》，皆说实话也。"[1]又说："吕与叔《中庸义》，典实好看。"[2]虽如此，朱子在建构《中庸》学时，并未完全盲从，而是审慎、扬弃对待。从承继的角度而言，主要体现在以下几方面。①直接引用：在朱子《中庸章句》中，直接引用吕氏之解的有五处之多，《中庸》第二十章有四处，第二十九章一处。②间接认同：如朱子在对"中"进行释名时，就融合吕大临"中者，无过与不及"和"不倚之谓中"以及程颐"不偏之谓中"的说法，释"中"为"不偏不倚，无过不及之名"。

从批判的角度而言，朱子亦是围绕吕大临所阐发的"中"与"心""性"的关系以及与此相关联的"求中"工夫进行集中批判。他首先对吕大临《中庸解》中的以"赤子之心"为"未发"、为"中"的观点进行了批评：

> 问："赤子之心，莫是发而未远乎中，不可作未发时看否？"曰："赤子之心，也有未发时，也有已发时。今欲将赤子之心专作已发看，也不得。赤子之心，方其未发时，亦与老稚贤愚一同，但其已发未有私欲，故未远乎中耳。"[3]

> 吕说大概亦是，只不合将"赤子之心"一句插在那里，便做病。赤子饥便啼，寒便哭，把做未发不得。如大人心千重万折，赤子之心无恁劳攘，只不过饥便啼、寒便哭而已。[4]

在此，朱子既不认同吕大临的"赤子之心"为"未发"之论，亦不接受程颐"赤子之心"为"已发"的观点，他综合二者，认为"赤子之心"既有"未发"时，如"纯一无伪"，又有"已发"时，如"饥啼渴饮"。由此可见吕大临此说对朱子的深刻影响。

而对于吕氏《中庸解》中的"中即性"之说，朱子有如下看法。

---

[1]　（宋）黎靖德编：《朱子语类》，王星贤点校，北京，中华书局，1986年，第2560页。
[2]　（宋）黎靖德编：《朱子语类》，王星贤点校，北京，中华书局，1986年，第2561页。
[3]　（宋）黎靖德编：《朱子语类》，王星贤点校，北京，中华书局，1986年，第1341页。
[4]　（宋）黎靖德编：《朱子语类》，王星贤点校，北京，中华书局，1986年，第2505页。

问："吕氏言：'中则性也。'或谓此与'性即理也'语意似同。铢疑不然。"先生曰："公意如何？"铢曰："理者，万事万物之道理，性皆有之而无不具者也。故谓性即理则可。中者，又所以言此理之不偏倚、无过不及者，故伊川只说'状性之体段'。"曰："'中'是虚字，'理'是实字，故中所以状性之体段。"①

朱子在与学生关于吕大临的"中即性"的讨论中，同意学生"中即性"不同于"性即理"之论，亦认同程颐对吕大临的批评，认为"中"只是虚词，不能作独立的实体词来看待，而理则是具有实在内容的概念，故"中"只能作为形容词来描述"性"之体段。后朱熹对此稍有改变："问：'吕与叔问中处，"中者道之所从出"，某看吕氏意如何？'曰：'性者，道之所从出云尔。"中，即性也"，亦是此意。只是名义未善，大意却不在此。'"②较之先前的批评，朱子对吕大临之论已经多有回护，认为只是命名不当，意思却不在于此。

而对于吕大临所注重的"求中"工夫，朱子则进行激烈批评：

言察，便是吕氏求中，却是已发。如伊川云："只平日涵养便是。"③

未发之前，则宜其不待著意推求，而瞭然心目之间矣；一有求之之心，则是便为已发，固已不得而见之，况欲从而执之，则其为偏倚亦甚矣，又何中之可得乎？且夫未发已发，日用之间，固有自然之机，不假人力。方其未发，本自寂然，固无所事于执……此为义理之根本，于此有差，则无所不差矣。此吕氏之说，所以条理紊乱，援引乖剌，而不胜其可疑也。④

朱子首先认为吕氏"未发之前，心体昭昭俱在，说得亦好"，但对其在未发之时求中则始终不能默契于心，他认为未发之时，寂然不动，无事可执，又如何去得"中"，故不可着意去求，只能如程颐所说的"平日涵养即

---

① （宋）黎靖德编：《朱子语类》，王星贤点校，北京，中华书局，1986年，第1512页。
② （宋）黎靖德编：《朱子语类》，王星贤点校，北京，中华书局，1986年，第2504页。
③ （宋）黎靖德编：《朱子语类》，王星贤点校，北京，中华书局，1986年，第1509页。
④ （宋）朱熹：《朱子全书》第6册，朱杰人、严佐之、刘永翔主编，上海，上海古籍出版社；合肥，安徽教育出版社，2002年，第563页。

是"，因此他认为吕氏之说条理紊乱，援引错误，故可疑之处甚多。朱子基本是延承程颐的思路对吕大临进行批评，但在深度上有所推进。实际上，朱子不仅对吕大临，对同样主张"未发以心体中"的道南学派亦多所批评。可见，朱子对深受程颢之学影响的吕大临、杨时一系直从本体入手的为学进路始终不能认同，折射出直觉主义和理性主义的差异和分歧。

小　结

"中国哲学家取历史或经典诠释方式阐发义理，其每一时代思想系统之差异，乃由于其所注重经典之不同和诠释原则之变化。"[1]北宋时期正是经典内容与诠释原则发生剧烈变革的时期，在北宋《中庸》学滥觞之际，吕大临的《中庸解》独具特色，卓然自成一家，他紧紧围绕"中"展开诠释，从本体到心性，再到工夫，自始至终皆贯穿"中"，既有对关学思想的坚守，亦有对洛学思想的接受，更有自己的独立思考，可谓是融合关、洛思想的典范之作。他的《中庸解》诠释特色主要体现在：①摆落汉唐注疏，注重以义理解经；这虽然是北宋经学的主流特质，但吕大临的努力继续推动和强化北宋经学诠释向义理范式的转变。②围绕"中"展开诠释，以"中"为大本之体，统领本体、心性和工夫，这种诠释进路在《中庸》学史上独成一家。③理在解语内。朱子说："程先生《经解》，理在解语内。某集注《论语》，只是发明其辞，使人玩味《经》文，理皆在《经》文内。"[2]朱子在对比其与程颐的解经方式时，总结出两条不同的诠释路径，即"理在解语内"与"理在《经》文内"。吕大临的《中庸解》是在转投洛学时所作，深受程颐解经风格的影响[3]，在诠释《中庸》时，以己意解经之风明显，不同于朱子力图遵循经文原意，在最大程度上保持客观之解经态度，但其也吸收吕氏《中庸解》透显出的部分"义理"思想。更为重要的是，吕大临《中庸解》中关于"中和"思想的探讨，不仅使"中和"成为二程之后，朱熹之前道学的核心话语，更是间接影响朱子"中和新说"的形成。[4]

总而言之，由张载和吕大临所开创的北宋关学《中庸》学形塑关学的

---

[1] 李景林：《教化的哲学——儒学思想的一种新诠释》，哈尔滨，黑龙江人民出版社，2006 年，第 31 页。

[2] （宋）黎靖德编：《朱子语类》，王星贤点校，北京，中华书局，1986 年，第 438 页。

[3] 程颐自述云："《中庸》书却已成。"但是此条小注却补充道："陈长方见尹子于姑苏，问《中庸解》。尹子云：'先生自以为不满意，焚之矣。'"〔（宋）程颢、程颐：《二程集》，王孝鱼点校，北京，中华书局，1981 年，第 175 页。〕由此可知，程颐曾注解《中庸》，后因不满意焚之。

[4] 参见刘学智：《朱熹"中和新说"与关学关系探微》，《哲学研究》2015 年第 12 期。

文本依据和义理结构，通过跨文本诠释，推进《中庸》与《论语》《孟子》《大学》的并行以及义理的一体化，尤其是奠定关学《中庸》学的诠释方法和义理旨趣，范导关学《中庸》学的走向和趋势，使得关学《中庸》学沿着义理经学的方向推扩开来。

第二章　金元：关学《中庸》学的萎靡

宋室南渡，关中地区相继被纳入金、元帝国的版图之中，尤其是金灭北宋，直接引发士大夫的大量南迁，导致关中地区以身体道者群体的急速衰减，再加上南北隔绝以及金代推崇"苏学"①，在这些因素的综合影响下，关中地区学术的传承和延续不容乐观，更遑论对经典的注解和推阐。在这样惨淡的时代境遇下，一方面关学传承者寥寥无几，这可从冯从吾的《关学编》仅载录金元 9 位学人直接反映出来；另一方面就是金元时期关学并无一本系统的《中庸》注经之作，但这并不是说他们就对《中庸》毫不关注，在他们的文集中，多有对《中庸》文本的引证和推阐。鉴于金元关学乃是关学学术史中不可或缺的一环，故仍列此章，以窥其涯略。

第一节　金元关学的定位

至少在中华人民共和国成立之前，关学是否有史并没有引起学界的关注和争论，它一直被当作一个不证自明的问题来对待。而近现代以来，学界围绕关学是否有史以及在何处结束这一根基性问题争议不断。侯外庐先生主张"北宋亡后，关学就渐归衰熄"②，龚杰先生则更为激进，主张关学"上无师承，下无继传"③，关学在张载以后即中绝不续。张岂之先生主张"关学是由张载创立并于宋元明清时期，一直在关中地区传衍的地域性理学学派"④；陈俊民先生则认为"关学是宋明理学思潮中由张载创立的一个重要独立学派，是宋元明清时代今陕西关中的理学"⑤；刘学智先生则主张"关学史的发展同整个宋明理学发生、发展和衰落的历史具有同步性……关学史事实上已经延伸到清末民国"⑥；而林乐昌先生主张

---

① 冯从吾说："洛闽之学惟行于南，北方之士惟崇眉山苏氏之学。"[(明)冯从吾：《元儒考略》卷一，顺德龙氏知服斋刊本，1896 年，第 1 页。]翁方纲说："程学行于南，苏学行于北。"[(清)翁方纲：《石洲诗话》，北京，人民文学出版社，1998 年，第 162 页。]

② 侯外庐主编：《中国思想通史》第四卷(上)，北京，人民出版社，1959 年，第 545 页。

③ 龚杰：《张载评传》，南京，南京大学出版社，1996 年，第 206 页。

④ 张岂之：《总序》，《关学思想史》，西安，西北大学出版社，2015 年，第 1 页。

⑤ 陈俊民：《张载哲学思想及关学学派》，北京，人民出版社，1986 年，第 1 页。

⑥ 刘学智：《自序》，《关学思想史(增订本)》，西安，西北大学出版社，2020 年，第 7 页。

"关学只经历了宋、明、清三个时期，其六百年的历史既有断绝也有接续"①，并将关学的下限定在晚清刘光蕡那，主张其"是关学近代转型的完成者"②；张莉博士亦主张"金元无关学"③。而随着"关学文库"的出版，学界虽然对于传统关学在何处结束仍有分歧，但基本解决了关学研究中的基础性问题，确定了关学学术的"合法性"，开创了关学研究的新局面。但必须注意的是，以上诸位学人的争议中，还隐含着这样一个问题，即金元是否有关学的问题。对于这一问题，明代的冯从吾，清代的王心敬、李元春、贺瑞麟等在编纂和增补《关学编》的时候，皆以续列学人的方式变相地承认金元关学的存续。明儒余懋衡则直白地说："关中故文献国，自横渠迄今又五百余岁矣，山川深厚，钟为儁彦，潜心理学，代有其人。"④清儒贺瑞麟亦以"代不乏人"⑤来书写关学的传承，清儒刘得炯亦有相近论述，他说："自宋至明，代有传人。"⑥从这些例举可见，多数学者认为关学是一个连续存在的学术流派。但是，清儒全祖望的论述则直接冲击和挑战着已有的论断，他说：

> 关学之盛，不下洛学，而再传何其寥寥也？亦由完颜之乱，儒术并为之中绝乎？⑦
>
> 关、洛陷于完颜，百年不闻学统，其亦可叹也！⑧
>
> 关陕沦亡后，横渠学统湮。⑨

在全祖望看来，关学在宗师张载在世之时，其盛况并不逊色于洛学，但由于金兵南侵，横渠学统中绝，甚至出现百年不闻学统的惨淡局面。那

---

① 林乐昌主编：《关学源流》，西安，陕西师范大学出版社，2020年，第14页。

② 林乐昌主编：《关学源流》，西安，陕西师范大学出版社，2020年，第266页。

③ 张莉：《明代关学三原学派研究》，陕西师范大学博士学位论文，2021年，第30页。

④ （明)余懋衡：《关学编》序，(明)冯从吾：《关学编(附续编)》，陈俊民、徐兴海点校，北京，中华书局，1987年，第121页。

⑤ （清)贺瑞麟：《贺瑞麟集》，王长坤、刘峰点校整理，西安，西北大学出版社，2015年，第69页。

⑥ （清)刘得炯：《关学编》序，(明)冯从吾：《关学编(附续编)》，陈俊民、徐兴海点校，北京，中华书局，1987年，第124页。

⑦ （清)黄宗羲、全祖望：《宋元学案》，陈金生、梁运华点校，北京，中华书局，1986年，第6页。

⑧ （清)黄宗羲、全祖望：《宋元学案》，陈金生、梁运华点校，北京，中华书局，1986年，第18页。

⑨ （清)王梓材、冯云濠：《宋元学案补遗》，沈芝盈、梁运华点校，北京，中华书局，2012年，第1901页。

么，全祖望的论断是否有根据呢？这需要我们先明晰全祖望论断中所牵涉的历史背景。众所周知，宋自建国，边患就一直存在，先与辽和西夏对峙，后又与金对峙，至靖康二年，金灭北宋，关中地区沦为金地，且由于其自古为军事重镇的地位，故一直处在战火纷扰之中，这就直接导致人口的急剧减少，士人更是寥若晨星。金代一位县令孔天监欲修复一条水渠，但没有士人可备咨询和帮助，最后只好求助道士杨洞清才得以完成。这一事件直接证明了这一点，① 此外，也可从《关学编》金代仅 1 人入编得到进一步印证。这里必须说明的是，虽然有郝经称赞金代"粲粲一代之典，与唐、汉比隆，讵元魏、高齐之得厕其列也"②，亦有赵翼称"金源一代文物，上掩辽而下轶元"③，但这些赞语所言实际上并不是普遍的现象，至少地处兵家必争之地的关中就是一个例外。这也提醒我们必须注意普遍之下的特殊现象。

转至元代，统治者奉行"以儒治国"的国策。早在窝阔台执政期间，基于"名儒凋丧，文风不振"④的局面，就诏令："所据民间应有儒士，都收拾见数。若高业儒人，转相教授，攻习儒业，务要教育人材……遍诸路一同监试，仍将论及经义、词赋分为三科，作三日程式，专治一科为一经，或有能兼者，但不失文义者为中选。"⑤这是元代历史上第一次设科取士，具有重要的风向标意义。后继之君忽必烈更是"信用儒术，用能以夏变夷，立经陈纪"⑥，他完善官学体制，设立国子学、小学和书院等，明确士子读书"必先《孝经》《小学》《论语》《孟子》《大学》《中庸》，次及《诗》《书》《礼记》《周礼》《春秋》《易》"⑦，这就极大地推动儒学在全国范围内的传播和振兴，关中地区自然也不例外。忽必烈之后的历代君主，奉行推崇儒学的治国方略，进一步加速儒学的兴盛。据元儒欧阳玄说：

> 裕宗皇帝时在东官，赞成崇儒之美。成宗皇帝克绳祖武，锐意文治。诏曰：夫子之道，垂宪万世，有国家者所当崇奉。既而作新

① （金）强造：《孔公渠水利记》，（清）张金吾编纂：《金文最》，北京，中华书局，1990年，第 352～354 页。

② （元）郝经：《郝文忠公陵川文集》，太原，山西古籍出版社，2006 年，第 416 页。

③ （清）赵翼：《廿二史札记校正》，王树民校正，北京，中华书局，2013 年，第 623 页。

④ 《庙学典礼》，《影印文渊阁四库全书》第 648 册，台北，台湾商务印书馆，1986 年，第 325 页。

⑤ 《庙学典礼》，《影印文渊阁四库全书》第 648 册，台北，台湾商务印书馆，1986 年，第 325 页。

⑥ （明）宋濂等：《元史》，北京，中华书局，1976 年，第 377 页。

⑦ （明）宋濂等：《元史》，北京，中华书局，1976 年，第 2029 页。

国学，增广学官数百区，胄监教养之法始备。武宗皇帝焜兴制作，加号孔子为大成至圣文宣王，遣使祠以大牢。仁宗皇帝述世祖之事，弘列圣之规，尊五经，黜百家，以造天下士。我朝用儒，于斯为盛。英宗皇帝铺张巨丽，廓开弥文。明宗皇帝凝情经史，爱礼儒士。文宗皇帝缉熙圣学，加号宣圣。皇考为启圣王，皇妣为启圣王夫人，改衍圣公三品印章。①

从欧阳玄的叙述中可见，元世祖之后的裕宗、成宗、武宗、仁宗、英宗、明宗、文宗皇帝皆对儒学推崇有加，这是金代统治者所无法比拟的，极大地推动儒学在元代的发展。而关中地区在金元之际再次沦为逐鹿之地，"耆献硕儒，半窜死于兵燹之余"②，这就是说，原本士人数量就不充裕的关中，因为战争，宿儒多半死于兵祸，这无疑给关中地区儒学的发展带来毁灭性的打击。虽然有元一代，历任皇帝对儒学推崇有加，但落实到关中地区，却要缓慢得多，呈现出"斯文虽未丧，吾道竟谁伸"③的尴尬情形，更难以与人才鼎盛的江南地区相媲美，这很大一部分原因就是关中地区士人阶层的断裂。故而随着关中地区渐趋从战争的泥沼当中挣脱出来，学术面貌亦略有改观，据载：

> 自昔关辅风土厚完，人材朴茂。洪惟世祖皇帝始以潜藩分地，请命故相廉文正王为宣抚使，乃辟覃怀许公为之提学，以兴庠序，以育贤材，以美风化，其规模宏远矣。当时儒宿，磊落相望。至大德、延祐之际，则有若贞敏、文贞二公者出焉。④

这就是说，关中地区到元大德、延祐之际，儒学已略有规模，出现宿儒相望的情形。这可从冯从吾的《关学编》收录8位学人得到印证。当然，8位学人相比于金代的1人是一种进步，但相对于整个元朝，尤其是江南地区，自然是不值一提。以上就是金、元时期关学发展的学术背景。从这一背景中，我们可以看出全祖望"中绝"的论断也绝不是无的放矢，但

---

① （元）欧阳玄：《欧阳玄集》，陈书良、刘娟校点，长沙，岳麓书社，2010年，第122页。
② （元）萧㪻、同恕、杨奂：《元代关学三家集》，孙学功点校整理，西安，西北大学出版社，2015年，第514页。
③ （金）王寂：《拙轩集》，北京，中华书局，1985年，第18页。
④ （元）赵天爵：《渠庵集》序，（元）萧㪻、同恕、杨奂：《元代关学三家集》，孙学功点校整理，西安，西北大学出版社，2015年，第125页。

似有放大金、元关学颓势的嫌疑。金元时期虽然是关学发展的"黑暗时代"①，但并不能以"中绝"这样绝对性的词来描述，而应该说是"艰难存续"。当然，这里面还牵涉到全祖望说的"横渠学统湮"的问题，也就是说否定金元有关学的其中一个理由就是金元关中地区的学人对横渠之学少有言及，以致出现"学统湮"的问题。而要厘清这一问题，就需要对关学在金元的学术旨趣予以澄清，那就是金元时期"关中学人从宗张载的关学而走向了宗濂洛关闽之理学，尤推崇程朱之学，这成为关学在元代发展的一个新动向"②。具体来讲，在金代统治的很长时间，虽然朱子学在南宋已经崛起，并与陆九渊、叶适鼎足而立，但关中地区固有的尊奉道学的学术传统遭到中绝。朱子学何时传入关中，其准确的时间已不可考，但从皮锡瑞的论述中似可看出梗概：

> 金、元时，程学盛于南，苏学盛于北。北人虽知有朱夫子，未能尽见其书。元兵下江、汉，得赵复，朱子之书始传于北。姚枢、许衡、窦默、刘因辈翕然从之。③

以赵复为元代北方朱子学的先驱可能更多是从学术影响上来讲的，实际上在金代末年北方大儒王若虚、赵秉文已经论及朱子之学，但属于零星式的。赵复传播朱子学虽然与关中没有直接的关联，但从学于他的姚枢、窦默在归隐苏门后，同在此地的许衡与二人讲习论道，共同研习朱子学。许衡弟子虞集曾说："在世祖皇帝时，先正许文正公得朱子四书之说于江汉先生赵氏。"④这里所说的"得"并不是直接获得，而是经由其弟子姚枢溯源至赵复。在1254年，忽必烈受封关中，为教化秦人，特命许衡为京兆教授、提学，据《元史》载：

> 秦人新脱于兵，欲学无师，闻衡来，人人莫不喜幸来学。郡县皆建学校，民大化之。⑤

也正是在此阶段，许衡将朱子学大规模地带入关中，并培养出诸多弟子，

---

① 〔新加坡〕王昌伟：《中国历史上的关中士人（907—1911）》，刘晨译，杭州，浙江大学出版社，2017年，第62页。
② 刘学智：《关学思想史（增订本）》，西安，西北大学出版社，2020年，第224页。
③ （清）皮锡瑞：《经学历史》，周予同注释，北京，中华书局，2004年，第204页。
④ （元）虞集：《道园学古录》，上海，商务印书馆，1937年，第674页。
⑤ （明）宋濂等：《元史》，北京，中华书局，1976年，第3717页。

引导学者研习程朱理学，这"直接影响了此后关学的基本走向"①。柏景伟曾高度肯定许衡在关中传播朱子学之功，他说：

> 关中沦于金、元，许鲁斋衍朱子之绪，一时奉天、高陵诸儒与相唱和，皆朱子学也。②

这里的"奉天""高陵"诸儒主要指的是杨奂、杨天德、杨恭懿等。他们刚刚获闻朱子学，尚处在接受、学习的阶段，思想上难言有创获所在，更多是与许衡重视朱子学中践履一面或者是"尚实"的学术取向保持一致。如杨奂仅存的文集《还山遗稿》中，仍有金代重视章句之学的痕迹，推崇朱子却较少探及朱子学的核心思想，而对着实践履则不惜笔墨。高陵之学以杨天德肇其端，学术上笃信程朱义理，以崇信、传播、讲授朱子学为主，几乎没有对朱子学的义理进行推阐，其子杨恭懿"倡其家学"，亦以弘扬朱子学为务，他的学术造诣与当时主讲关中的许衡分庭抗礼，受到许衡的推许："笃信好学，操履不苟，鲁斋亟称之。"③与奉天诸儒相比，杨恭懿已"耻为章句儒"④，而是更为关注朱子学的义理以及如何践行朱子学。《关学编》曾记载其24岁时获得朱子《四书章句集注》《近思录》等书时的心情：

> 读之喜而叹曰："人伦日用之常，天道性命之妙，皆萃此书。今入德有其门，进道有其途矣。吾何独不可及前修踵武哉！"⑤

杨恭懿以"入德有门，进道有途"来高赞朱子学，这种评价不可谓不高。他积极践行朱子学，开显朱子学的实践面向，以"真知实践、主乎敬义、表里一致"⑥为立身宗旨，并将其落实到具体的人伦日用中。如在其父亲去世之时，他一尊《朱文公家礼》处理后事，反对用世俗的佛教之法。他

---

① 刘学智：《关学思想史（增订本）》，西安，西北大学出版社，2020年，第224页。

② （清）柏景伟：《小识》，（明）冯从吾《关学编（附续编）》，陈俊民、徐兴海点校，北京，中华书局，1987年，第69页。

③ （明）冯从吾：《关学编（附续编）》，陈俊民、徐兴海点校，北京，中华书局，1987年，第20页。

④ （明）冯从吾：《关学编（附续编）》，陈俊民、徐兴海点校，北京，中华书局，1987年，第19页。

⑤ （明）冯从吾：《关学编（附续编）》，陈俊民、徐兴海点校，北京，中华书局，1987年，第19页。

⑥ （明）冯从吾：《关学编（附续编）》，陈俊民、徐兴海点校，北京，中华书局，1987年，第20页。

的笃行礼教赖其卓绝的学术地位使得"三辅士大夫知由礼制自致其亲"①。要之，元代前期的奉天、高陵诸儒对朱子学的推重自不必多言，但展现的多是践履朱子学的面向，在发挥和阐释朱子学上少有创举，这就与南方朱子学已经深度发明、辨析朱子学拉开距离，显示出朱子学初传关中时以遵信、践履为主导的学术样态。

杨奂、杨天德、杨恭懿之后，"接其步武"②的则是萧㪍、同恕，士论并称曰"萧同"。③全祖望对二人高赞道："有元立国，无可称者，惟学术尚未替，上虽贱之，下自趋之，是则洛、闽之沾溉者宏也。如萧勤斋、同榘庵辈，其亦许（衡）、刘（因）之徒乎！"④全氏之言肯定了萧、同二人的传道之功。萧㪍"制行甚高，真履实践……一以洙、泗为本，濂、洛、考亭为据"⑤，这就将其宗本朱子学之意凸显出来。以理、气为例，萧㪍说：

> 惟天生民，理与气具。理也，为仁义礼智之性。气也，为五脏百骸之形。人生而静，性之本也。至大至刚，气之本也。人与天地本一，私欲间之则二。惟静无欲，惟刚无所曲挠。⑥

萧㪍很明显是秉承朱子的理气思想，尤其是朱子的"禀理以为性，禀气以为形"，将"理"作为仁义礼智之性，将"气"作为构成人的质料，两者从内外两面构成完整的人，以此可见萧㪍对朱子的羽翼和推阐。就同恕来讲，他与萧㪍志同道合，同样以承继和弘扬朱子学为务，他"轨辙程朱，履真践实，不为浮靡习"⑦，其学"由程、朱上溯孔、孟，务贯浃事理，以利于行"⑧，

---

① （明）冯从吾：《关学编（附续编）》，陈俊民、徐兴海点校，北京，中华书局，1987年，第 20 页。

② （元）苏天爵：《滋溪文稿》，北京，中华书局，1997年，第 116 页。

③ 张骥：《关学宗传》卷九，王美凤整理编校：《关学史文献辑校》，西安，西北大学出版社，2015年，第 216 页。

④ （清）黄宗羲、全祖望：《宋元学案》，陈金生、梁运华点校，北京，中华书局，1986年，第 3142 页。

⑤ （明）冯从吾：《关学编（附续编）》，陈俊民、徐兴海点校，北京，中华书局，1987年，第 22 页。

⑥ （元）萧㪍、同恕、杨奂：《元代关学三家集》，孙学功点校整理，西安，西北大学出版社，2015年，第 20 页。

⑦ （元）贾仁：《元故奉议大夫太子左赞善榘庵先生同公行状》，（元）萧㪍、同恕、杨奂：《元代关学三家集》，孙学功点校整理，西安，西北大学出版社，2015年，第 369 页。

⑧ （明）冯从吾：《关学编（附续编）》，陈俊民、徐兴海点校，北京，中华书局，1987年，第 23 页。

并对程朱一系的"主敬"思想推崇有加,他向储君献的三条计策,其中之一时就是"主敬",他指出:"先儒言'敬'之一字,圣学所以成始而成终,尧、舜、禹、汤、文、武所谓传恭者,盖如此也。此臣所欲献者二。"①以此可见他对程朱之学的推崇和服膺。从上述分析中可见,金元关学的学术取向确实发生了转变,这也说明部分学者如刘学智先生观察的准确性。

更为重要的是,元代关学大儒在文集当中已经开始大量谈及北宋关学如张载、吕大临的思想,如萧𣂏对张载的《西铭》给予高赞,并对张载的"变化气质"思想进行表彰和推衍,他说:

> 《蓝田吕氏解》曰:"君子所以学者,为能变化气质而已。德胜气质则愚者可进于明,柔者可进于强。不能胜之,则虽有志于学,亦愚不能明,柔不能立而已矣。夫以不美之质,求变而美,非百倍其功,不足以致之。今以卤莽灭裂之学,或作或辍,以变其不美之质,及不能变,则曰天资不美,非学所能变。是果于自弃,其为不仁甚矣。"凡此圣贤大儒所以教人,言虽异而旨则同,而吕氏尤切,故详著之。盖气质、习染、时尚、物欲数者,惟变化气质为难。然既能真识德性之正,自能觉其气质之偏,于日用动静语默间,事事力变之,则是天理之正,所谓"非礼勿视听言动"、"一日克己复礼",吾身过失皆可一举尽扫除矣。②

"变化气质"最早为张载所提及,乃其标志性思想之一。萧𣂏所引正是吕大临对张载"变化气质"思想的阐释,他极力赞扬吕解之妙,实际上也是在变相称赞张载之思想,他认为"变化气质"是最难做到的,必须于日用间用德性来驾驭、克制气质之偏,使其复归于正。他的这种解释虽然没有逾越张载、吕大临之意,却凸显出其对张载核心思想"变化气质"的认可和推崇。和萧𣂏并称为"萧同"的同恕,亦对张载思想极为推崇,他说:

> 予读张子《西铭》:"民吾同胞,物吾与也。凡天下疲癃残疾、鳏寡孤独,皆吾兄弟之颠连而无告者。"呜呼,至哉斯言!乾父坤母,均气同体,厚薄之分虽殊,生生之理则一。人灵于物而可赞化育,

---

① （元）萧𣂏、同恕、杨奂:《元代关学三家集》,孙学功点校整理,西安,西北大学出版社,2015年,第164页。
② （元）萧𣂏、同恕、杨奂:《元代关学三家集》,孙学功点校整理,西安,西北大学出版社,2015年,第56页。

独是心之异耳。是心者何？仁义之心也。有是仁义之心，则凡均气同体而不得其所者，其忍坐视而不为之恤乎？①

同恕表彰张载的《西铭》，并从理气论的视角创造性地解读和发明《西铭》，主张气殊而理一。

综上，从金元关学的学术旨趣，再到金元关学学者对关学宗师核心思想的服膺，无不表明那种以"中绝"来描述金元关学的观点，是值得重新思考的。因此，我们认为金元时期是有关学的存续的，只不过是关学史上的低迷时期。是时仍有学者在延续和传衍关学学脉，他们以承继和弘扬朱子学为务，虽然尚处在学习、接受和羽翼的阶段，整体表现并不出色。他们着重探讨和关注的是如何落实朱子学，凸显出朱子学践履、务实的一面，同时也透显出张载关学的思想底色。

第二节　轨辙程朱，零星推阐：金元关学《中庸》学

金元时期的关学《中庸》学并不像其他时代的《中庸》学那样有专门和系统的经解著作，更多的是对《中庸》的倡导，以及对部分篇章的引用和阐发。我们先来看一下金元时期关学学者的经学取向。金元关学的经学传统渊源有自，早在张载那，就已经对经学表现出浓厚的兴趣，故有"秦人慕经学"②的赞语，并在两方面卓有贡献，一是推进四书间义理的一体化关联；二是开创出"心解"的释经之法。金元关学学者同样承袭关学宗师重视经学的学派风气，如杨奂"高才博学，留心经学"③，"隐而天道性命之说，微而五经百氏之言，明圣贤之出处，辨理欲之消长"④，"出入迁固，然后折衷于吾孔孟之六经"⑤。很明显，杨奂的学问完全是由经学而入，同时也以经学教化弟子。另一学者杨恭懿则是"暇则力学，博综于书，无不究心，而尤邃于《易》、《礼》、《春秋》，思有纂述，耻为章句儒

① （元）萧𣽵、同恕、杨奂：《元代关学三家集》，孙学功点校整理，西安，西北大学出版社，2015年，第138页。
② （清）顾炎武：《顾亭林文选》，华忱之校注，成都，四川人民出版社，1998年，第377页。
③ （元）赵秉文：《与杨焕然先生》，（元）萧𣽵、同恕、杨奂：《元代关学三家集》，孙学功点校整理，西安，西北大学出版社，2015年，第463页。
④ （元）苏天爵：《元朝名臣事略》，姚景安点校，北京，中华书局，1996年，第259页。
⑤ （元）赵复：《杨紫阳文集序》，（元）萧𣽵、同恕、杨奂：《元代关学三家集》，孙学功点校整理，西安，西北大学出版社，2015年，第461页。

而止"①。可以看出，杨恭懿亦反对章句之学，从而与张载的心解经典、义理经学的治经取向保持一致。"萧同"并称的萧㪺和同恕更是"亲承文献之绪余，深居而简出，谅行而慎言，处于家庭则肃然以庄，接于乡党则薰然以和。远近学者之及门也，则授之以经"②。这就将他们受经学熏陶，又以经学教化他人的经历标揭出来。具体而言，萧㪺"博极群书"③，着意推阐经书治世的面向。同恕早在 13 岁时，便以"《书》《经》魁乡校"④。从这些不同个案的叙述中可见，他们共同映衬出关学一贯的"慕经学"的学术特质，尤其是"义理经学"的经学取向。

明确金元关学的整体经学特质后，回到《中庸》学这一具体的经学方向上，金元关学的学者在《中庸》学上主要是引用和评述。首先，就萧㪺来说，他对《中庸》非常重视，经常以此教人，其好友同恕就说："勤斋先生(萧㪺)举子思、孟子相传之要以示济川，岂不曰'可与言而言'？其知济川亦深矣。"⑤下面就例举他对《中庸》部分篇章的解读来一窥其思想主张。他对《中庸》里"中"的思想解释道：

> 闻人之心虚灵，知觉主一身，涵动静，具众理，妙万物。惟圣哲气禀粹精，鉴空而衡平，仁义礼智浑然无倚，曰中德。事物之感，万善攸出，恻隐、羞恶、辞让、是非，应各以物，无过不及，曰时中。惟厥庶民，昏驳攸质，爱自有生。中德既罔，显习尚物，欲乘衅以汩，且昼宵寐，斯须靡宁。心系声色，臭味势利，纷华是诛。便儇巧佞，卑污苟贱，是狃灵府。惟冰炭攸积，彝则曷其存？维先哲戒玩物丧志，期精义以诚身，而凡民覆玩物丧志是求，私欲荼毒，救渴以酏，奚益？……惟昔颜子躬博文约礼，明睿攸烛，乃克有择，拳拳依中德。⑥

---

① (明)冯从吾：《关学编(附续编)》，陈俊民、徐兴海点校，北京，中华书局，1987年，第19页。

② (元)赵天爵：《榘庵集》序，(元)萧㪺、同恕、杨奂：《元代关学三家集》，孙学功点校整理，西安，西北大学出版社，2015年，第125页。

③ (明)冯从吾：《关学编(附续编)》，陈俊民、徐兴海点校，北京，中华书局，1987年，第21页。

④ (明)冯从吾：《关学编(附续编)》，陈俊民、徐兴海点校，北京，中华书局，1987年，第23页。

⑤ (元)萧㪺、同恕、杨奂：《元代关学三家集》，孙学功点校整理，西安，西北大学出版社，2015年，第155页。

⑥ (元)萧㪺、同恕、杨奂：《元代关学三家集》，孙学功点校整理，西安，西北大学出版社，2015年，第16页。

"中"是《中庸》一书的核心要义，朱子认为主要有两层内涵——未发之中和随时之中①，并将其解释为"不偏不倚、无过不及"②。萧斠则主要从三个层次展开推阐。一是《中庸》是"中""庸"两者之德并提，他则单拈出"中德"，认为其意思是"仁义礼智浑然无倚"，这就将"中"作为德的内涵揭示出来，那就是心、性的合一。二是他着重阐发的是"中"的"时中"之义，也就是心、性、情三者的合一，并提出"行止贵时中"③，将其作为出处进退的一个衡量标准。三是保有"中德"的工夫是"博文约礼"。从萧斠的释义中可见，他对朱子是羽翼基础上的推阐，既有恪守，亦有发明。我们再来看他对"致中和"的解释：

> 曰："闻之致中致和，天地位，万物育者，何也？"曰："此圣人之能事，学问之极功，未易言也。若粗言之，不过使天下人之心一静一动，各尽其理尔。人尽其理，则人道立，故天地自位，天地位则万物育，亦犹人心安泰，神志清明，俯仰无愧，则血气和平，肤革丰盈，化化生生，寿考康宁矣。"④

"天地位，万物育"是"中""和"后的境界和效验。因此，萧斠借助朱子之语"学问之极功、圣人之能事"⑤予以评判，也是将其视为工夫后的校验。其意就是首先使人心能够尽性、尽理，然后确立人道，再由心正达至天地之心正，这是体，体立而用行，故"万物育"就是"天地位"后自然而然之事。很明显，萧斠的解释基本是对朱子之意的阐述，没有超出朱子释义的边界。略有不同的是，萧斠将其与"寿考康宁"这种颇具福报意味的内容联系起来，显示出世俗化的一面。

同恕同样极为重视《中庸》，在其文集中多有对《中庸》的引用和评介。首先，他引用《中庸》之文以为己意作支撑和论证：

---

① 《朱子语类》载："至之问：'"中"含二义，有未发之中，有随时之中。'曰：'《中庸》一书，本只是说随时之中。然本其所以有此随时之中，缘是有那未发之中，后面方说"时中"去。'"[(宋)黎靖德编：《朱子语类》，王星贤点校，北京，中华书局，1986 年，第 1480 页。]

② (宋)朱熹：《四书章句集注》，北京，中华书局，1983 年，第 17 页。

③ (元)萧斠、同恕、杨奂：《元代关学三家集》，孙学功点校整理，西安，西北大学出版社，2015 年，第 70 页。

④ (元)萧斠、同恕、杨奂：《元代关学三家集》，孙学功点校整理，西安，西北大学出版社，2015 年，第 49 页。

⑤ (宋)朱熹：《四书章句集注》，北京，中华书局，1983 年，第 18 页。

《中庸》曰："夫孝者，善继人之志，善述人之事者也。"虽然临原之心，元辅能为心矣。临原之迹，元辅其能不复之耶？吾知临原之精爽洋洋乎如在左右，其必曰："孝孙有庆。"世元辅而守之者，尚知勉哉！①

在这段引文中，同恕从具体的事例来为《中庸》文本中的"夫孝者，善继人之志"②进行背书，这事例就是元辅继承祖父惠显卿的孝行。这实际上是双向诠释的，一方面通过具体的事例来详细解释《中庸》这段话；另一方面亦借助《中庸》这段话来为这一事例提供合法性的论据。再如：

中奉大夫、陕西行省参知政事青社王公仲怿，名其所居之室曰"服善"，盖取颜子"择乎中庸，得一善，则拳拳服膺而勿失"以自警省。至矣哉，公之为心也！乃者求记于予。……盖颜子于圣门，始乎视、听、言、动之"请事斯语"，以极乎高坚。前后喟然之叹，未尝一念不以圣人博文约礼、循循之诱为己任。"择乎中庸"，博文也。"得一善则服膺勿失"，约礼也。其曰"语之而不惰"者，不惰此也。其曰"吾见其进也"，进乎此也。曰："如愚"，曰："非助我者。"曰："好学。"曰："贤哉！贤哉！"虽辞有抑扬，要皆喜颜子之能择能守，实有是中庸之德也。③

这一段是对《中庸》第八章的引用和发挥。同恕诠释的特色在于以"博文约礼"来解读这段话："择乎中庸"是"博文"，"得一善则服膺勿失"是"约礼"，颜回之所以能择能守，恰恰是因为其能够"博文约礼"。同恕将《论语》中的"博文约礼"与《中庸》进行跨文本的诠释和解读，有其视角独特的一面，进一步扩展了诠释的视角和维度。

同恕还引用《中庸》关于"诚"的论述来论证己意，他说：

《中庸》有言："至诚之道可以前知。"又言："至诚如神。"夫惟天道真实无妄，故人之真实无妄者始可与议化育之妙，而《禹范》于卜筮必曰："择人而建立之。"盖其学问之功自明而诚，无一毫私伪留于

---

① （元）萧㪺、同恕、杨奂：《元代关学三家集》，孙学功点校整理，西安，西北大学出版社，2015 年，第 154 页。
② （宋）朱熹：《四书章句集注》，北京，中华书局，1983 年，第 27 页。
③ （元）萧㪺、同恕、杨奂：《元代关学三家集》，孙学功点校整理，西安，西北大学出版社，2015 年，第 159～160 页。

心目，乃能合鬼神而一之，彰往察来，洞见朕兆，非偶然也，是岂口耳授受，诞谩无实者所可得而云云哉！求今师学，得吾阴阳教授焦君润之，殆所谓诚者欤？①

这一段仍然是借助《中庸》的"诚"思想来为他所言之事背书。透漏出两个重要的信息：一是同恕极为强调的是"自明诚"而非"自诚明"的一面，也就是下学而上达，通过实手做工夫最后达至人道与天道的一致；二是反对空谈无功，主张笃实践履。以此可见，同恕对《中庸》的引用和评介多与朱子相切。

杨奂对《中庸》亦有深究，当时名儒赵秉文曾与其有过关于赠送《中庸》一书的通信，据载：

> 《论语》未有印者，钦叙西行，不知有余者否？《孟子解》先寄去，《中庸》、《大学》相次了毕，续当寄呈。②

由此书信可知，杨奂对赵秉文的《中庸》注本应当是了解和知悉的，也说明杨奂对《中庸》是有过研究的。在其文集《还山遗稿》中，他对《中庸》言及的并不多，仅有的一处记载：

> 告先师邹国公曰："子之于圣人，其犹天而地之、日而月之欤？学出于《诗》、《书》，道兼乎仁义。至于知易而不言易，知中庸而不言中庸，此又人之所难能也。汤武则待子而义，匡章则待子而孝，纷纷杨墨之徒待子而后黜，其为功用，鸿且著矣！夫岂好辩者哉？奂等去圣人弥远，欲学无师，而复执志不勇，惟神其相之。"③

这段引文并不牵涉对《中庸》文字的具体解释，主要是强调对"中庸之道"的践行。杨奂忧心是时学者知"易"而不能用"易"，知"中庸"而不能用"中庸"，故而导致"中庸之道"难行于世。这里，杨奂描述的就是"知"而不"行"的学术现状，显示出其敏锐的问题意识和真切的现实关怀。

---

① （元）萧㪺、同恕、杨奂：《元代关学三家集》，孙学功点校整理，西安，西北大学出版社，2015年，第207页。
② （元）赵秉文：《与杨焕然先生》，（元）萧㪺、同恕、杨奂：《元代关学三家集》，孙学功点校整理，西安，西北大学出版社，2015年，第463页。
③ （元）萧㪺、同恕、杨奂：《元代关学三家集》，孙学功点校整理，西安，西北大学出版社，2015年，第401页。

　　从对金元关学三位学人对《中庸》的评述来看，他们的《中庸》学主要呈现出以下明显的特质：一是重视经学，却没有系统性的经解著作，多是对《中庸》只言片语的引证和阐释；二是恪守朱子《中庸章句》，显示出强烈的羽翼朱子的经学倾向；三是注经水平整体不高，少有创越之处。而之所以有这样的特质，一个根本的原因就是长期的南北对峙，导致"南北道绝，载籍不相通"①，以致"中原学者不知有所谓四书也"②，这里的四书主要指的是朱子的《四书章句集注》。待元先灭金再灭宋，实现全国统一，竟出现"元平宋而南并于北，经学亦北反并于南"③的情形，这就是说，元代虽是由北方统一南方，但在学术上则是南方的程朱理学占据主导性的学术地位，而这恰恰说明北方理学发展的滞后，这也就解释了金元关学《中庸》学何以没有系统性的注经之作，何以整体水平不高。虽如此，金元关学《中庸》学的接续和传承之功是不容抹杀的，它为关学《中庸》学在明代的中兴至少起到赓续学脉的作用。

---

① （明）宋濂等：《元史》，北京，中华书局，1976 年，第 4314 页。
② 李修生主编：《全元文》，南京，江苏古籍出版社，1998 年，第 265 页。
③ （清）皮锡瑞：《经学历史》，周予同注释，北京，中华书局，2004 年，第 204 页。

第三章　明代：关学《中庸》学的中兴

关学在经历南宋金元的低迷之后，在明代开始逐渐走向复兴，形成大师辈出，学派纷呈，多元发展的关学发展面貌，尤其是《中庸》学的研究亦迎来勃勃生机，产出一大批丰富的《中庸》学经解著作。主要有：王恕的《石渠意见·中庸》、王承裕的《五经四书意见·中庸》（佚失）、马理的《四书注疏·中庸》（佚失）、吕柟的《四书因问·中庸》、杨爵的《中庸解》（佚失）、单允昌的《中庸说》（佚失）、冯从吾的《疑思录·读中庸》、张舜典的《致曲言》、王徵的《学庸书解》、寇慎的《四书酌言·中庸》等，这些学人的《中庸》学著作旨趣不一，体例不同，形成了多元发展的关学《中庸》学格局。

第一节　质疑朱注，矫正流弊：王恕的《石渠意见·中庸》

王恕（1416—1508），字宗贯，号介庵，又号石渠。陕西三原人。正统十三年（1448年）进士，授翰林院庶吉士，历任大理寺左评事、扬州知府、江西布政使、河南巡抚、南京兵部尚书、吏部尚书、太子太傅等，历仕四十余年，上三千余疏，有"两京十二部，独有一王恕"①之称，与马文升、刘大夏并称为"弘治三君子"。年九十三去世，下旨追赠特进、左柱国、太师，谥号"端毅"。王恕半生食禄于朝，未遑他及，以致旧学荒疏，虽"垂老方理会学问"②，搜阅典籍，潜心著述，编有《历代名臣谏议》，著有《石渠意见》《石渠意见拾遗》《玩易意见》《经集格言》等，与其子王承裕为三原学派的代表人物。就《中庸》学著作而言，王恕的《中庸》学著作并没有直接以"中庸"命名，而是以《石渠意见》（84岁著）、《石渠意见拾遗》（86岁著）、《石渠意见补缺》（88岁著）命名，《石渠意见》共四卷，前三卷分别是对《大学》和《中庸》（合为卷一）、《论语》（卷二）和《孟子》（卷三）的注解，《石渠意见拾遗》共上下两卷，上卷是对《中庸》和《孟子》的注

---

① 张骥：《关学宗传》，王美凤编校整理：《关学史文献辑校》，西安，西北大学出版社，2015年，第252页。

② （清）查继佐：《明书》列传卷十一，《二十五别史》第24册，倪志云、刘天路点校，济南，齐鲁书社，2000年，第1797页。

解，而《石渠意见补缺》不分卷，主要是对《论语》和《孟子》的注解。王恕特意交代了他以"意见"命名的缘由和经过：

> 谓之"意见"者，乃意度之见耳，非真知灼见也。盖尝与弘道书院诸生商议可否，不意西安太守华容严君永濬得之，命工刊行，虽欲收藏不可得已。及其已行之后，再阅传注，复得一二，名曰《拾遗》。其后又有所得，名曰《补缺》……恕之述此《意见》也，奚敢与先儒辨论是非，而望后学之我从乎？不过尽一己之责，以塞吾饱食终日无所用心之责耳。[1]

> 今老矣，致仕回家，复理于学。其于传、注发挥明白，人所易知易行者，不敢重复演绎，徒为无益之虚文。至于颇有疑滞，再三体认行不去者，乃敢以己意推之，与诸生言之，评论其可否。诸生皆明理士也，以为可，吾则笔之于书，藏诸私家，以示子孙。以为不可，即当焚之，无惑后学。[2]

在这两段引文中，王恕详细交代了他写作《石渠意见》的心路历程。他用的"意见"二字，实际上是其自谦之词，并非要与先儒辩论，以迫使后学服从于他，只是不忍朱注滞涩不通之处迷惑后学，使学者错乱了工夫门径，故而再三体认，才敢下笔成文。同时他也保持了极其谦逊的态度，那就是若后学认为可以，就留存，不合适，即焚毁。也正是这种注经态度，后世对是书多有称赞。冯从吾说"《石渠意见》，有俾经学"[3]，全祖望尝以"未得尽窥为之恨"[4]，四库馆臣亦高赞其"平实浅显，无所雕饰，如其为人"[5]。从这些不同时期学人的评语可见是书价值之不俗。需要略作说明的是，王恕对《中庸》的注解并不是按照《中庸》的章节逐次注解，而是择取重要篇章进行解释，注释较为零散，不成系统，故此处仍以单本为据，由个案透视王恕对《中庸》的诠释旨趣和学术特质。

---

① (明)王恕：《王恕集》，张建辉、黄芸珠点校整理，西安，西北大学出版社，2015 年，第 20～21 页。
② (明)王恕：《王恕集》，张建辉、黄芸珠点校整理，西安，西北大学出版社，2015 年，第 26 页。
③ (明)冯从吾：《冯从吾集》，刘学智、孙学功点校整理，西安，西北大学出版社，2015 年，第 294 页。
④ (清)全祖望：《全祖望集汇校集注》，朱铸禹汇校集注，上海，上海古籍出版社，2000 年，第 1283 页。
⑤ (清)纪昀总纂：《四库全书总目提要》第 4 册，石家庄，河北人民出版社，2000 年，第 4639 页。

王恕在解释《中庸》时，对朱子学多有质疑和批评，下面依然围绕《中庸》当中的几组核心概念来看一下王恕的态度和取向。如他在诠释《中庸》"戒慎恐惧"章时说：

> 天理人欲相为消长，有天理即无人欲，有人欲即无天理。如何前一段是存天理之本，然后一段是遏人欲于将萌？①

从这段释文中可以看出，王恕显然是针对朱子的注解而发。他认为朱子的解释不合逻辑，既然朱子前面说天理人欲相消长，后又说遏制人欲于萌芽状态，这就形成相互矛盾。王恕的解释显然是对朱子意思的断章取义，并没有掌握朱子的全部要义。在朱子哲学中，他并不是将天理、人欲截然相分，而是认为："人欲便也是天理里面做出来。虽是人欲，人欲中自有天理。"②又说："饮食者，天理也；要求美味，人欲也。"③朱子认为天理和人欲不是截然分开的，而是相互依存的，如果人欲正当即是天理，比如饮食，是天理之当然，但是过度要求美味，就是人欲。由此可见，王恕确然是误解朱子的原意了。无独有偶，在对"诚者自成章"的诠释中，王恕说：

> 诚，实也。言人之心无不实，乃能自成其身。而道之在我者，自无不行矣。《注》："以诚与道对言，以人与物为二事。"《意见》以为，"而"之一字以连上接下，言分而言之，恐非也。④

王恕以"实"释"诚"是对朱子意思的认同与回归，但他认为朱子将"诚"与"道"对立言，将"人"与"物"分为二事则是错误的。我们回到朱子的哲学中，朱子认为："诚者物之所以自成，而道者人之所当自行也。诚以心言，本也；道以理言，用也。"⑤可见，朱子并不是像王恕所说的那样，将"诚"与"道"相对应，"人"与"物"分为二，他认为"诚"是本，"道"是用，体用合一，人之心诚，道才能畅行无碍。唯有人"诚"，才能推己及物，

---

① (明)王恕：《王恕集》，张建辉、黄芸珠点校整理，西安，西北大学出版社，2015年，第124页。
② (宋)黎靖德编：《朱子语类》，王星贤点校，北京，中华书局，1986年，第224页。
③ (宋)黎靖德编：《朱子语类》，王星贤点校，北京，中华书局，1986年，第224页。
④ (明)王恕：《王恕集》，张建辉、黄芸珠点校整理，西安，西北大学出版社，2015年，第147～148页。
⑤ (宋)朱熹：《四书章句集注》，北京，中华书局，1983年，第33～34页。

无"诚"，则心为物左右，物也由此失去其本性。

在诠释《中庸》"鬼神"章时，王恕说：

> 鬼神，盖言应祀之鬼神。为德，如生长万物，福善祸淫，其盛无以加矣。以其无形也，故"视之而弗见"，以其无声也，故"听之而弗闻"。"体物而不可遗"，言鬼神以物为体，而无物不有，如门有门神，灶有灶神，木主为鬼神之所栖是也。然其有感必应，是以使人敬畏而致祭祀。①

张载对"鬼神"解释道："鬼神者，二气之良能也。"②朱子解释道："以二气言，则鬼者阴之灵也，神者阳之灵也。以一气言，则至而伸者为神，反而归者为鬼，其实一物而已。"③可以看出，张载与朱子都从"气"而非"天理"的角度去解释鬼神，认为"鬼神"乃气化而成，朱子推进一步认为，从阴阳二气言，鬼神分属阴阳，从一气言，则二者同属一物。王恕的诠释则异于张载、朱子，他没有从"气"的角度去解释，而是将"鬼神"人格化，认为"鬼神"具有造化万物、决定福祸的性质，且无形无声，有感必应，以物为其载体。可以看出，王恕的诠释已经不同于张载、朱子。

在对《中庸》"尊德性而道问学"章注解时，王恕指出：

> "故君子尊德性而道问学。"《集注》谓："尊德性，所以存心而极乎道体之大。道问学，所以致知而尽乎道体之细。"《意见》谓：以存心致知言之固无容议，如何存心止能极道体之大？致知止能尽道体之细？又以下文致广大、高明、温故、敦厚四者为"存心"之属，尽精微、道中庸、知新、崇礼四者为"致知"之属，恐未稳然。致广大、极高明、敦厚三者谓之存心之属似矣，而温故亦可谓之存心之属乎？尽精微、道中庸、知新谓之"致知"之属似矣，而崇礼亦可谓之"致知"之属乎？此五句乃穷理修德之事，而为凝道之本，不必分存心、致知说。未有不知而能行之者，故"尊德性而道问学，致广大而尽精微"，是穷其大而不遗乎细，"道问学"事也。"极高明而道中庸"，是行欲高而不过乎中，"尊德性"事也。温故而知新，亦道问学也。敦

---

① （明）王恕：《王恕集》，张建辉、黄芸珠点校整理，西安，西北大学出版社，2015年，第125～126页。
② （宋）张载：《张子全书》，林乐昌编校，西安，西北大学出版社，2015年，第3页。
③ （宋）朱熹：《四书章句集注》，北京，中华书局，1983年，第25页。

厚以崇礼，亦尊德性也。①

王恕质疑和反对朱子注解之处主要有两点：一是朱子所说的"存心"只能达至道体之大，"致知"只能尽道体之细，这是需要存疑的。至于差误的原因，王恕并没有详细交代。二是以致广大、极高明、敦厚三者为"存心"的内容自无不可，"温故"则不能作为"存心"的内容；以尽精微、道中庸、知新三者为"致知"的内容当然可以，而崇礼则不能作为"致知"的内容。尤其是用存心、致知来区分这些名目，割裂了儒家一贯、整体之旨。

　　总之，在对《中庸》的诠释中，王恕在"中和""鬼神""诚明""尊德性、道问学"等核心范畴中都对朱子的诠释提出异议，虽然多有不合朱子本意之处，所辩驳的也只是他理解的朱子，但在明初士大夫皆安于朱子学的格局下，其反思和质疑权威、矫正朱子学流弊的精神是值得肯定的。

第二节　依违朱子，慎独为功：吕柟的《四书因问·中庸》

　　《中庸》首章乃全书之体要，它是含本体、工夫、境界于一体的完整系统，其他诸章皆是对首章的具体展开。因此，探究《中庸》首章的内涵具有重要的意义。吕柟作为明代大儒，关于其在哲学史上的地位，黄宗羲高度赞道："关学世有渊源，皆以躬行礼教为本，而泾野先生实集其大成……几与阳明氏中分其盛，一时笃行自好之士，多出先生之门。"②由此可见，吕柟不唯是关学的集大成者，且与王阳明一样，是明代哲学史上举足轻重的人物。吕柟对关学宗师张载开示的推崇《中庸》的治经、解经传统加以传承，③ 专作《四书因问·中庸》以显其意。吕柟身处明代中期程朱理学以强势话语统治学界、阳明心学正日益崛起的时代，他的《中庸》学是针对朱子的《中庸章句》以问答式而非注解式的方式建构的，受到

---

① （明）王恕：《王恕集》，张建辉、黄芸珠点校整理，西安，西北大学出版社，2015 年，第 127 页。

② （明）黄宗羲：《明儒学案（修订本）》，沈芝盈点校，北京，中华书局，2008 年，第 11 页。

③ 张载 21 岁时即因范仲淹指点，潜心《中庸》累年，他曾自述道："某观《中庸》义二十年，每观每有义，已长得一格。"（张载：《张子全书》，林乐昌编校，西安，西北大学出版社，2015 年，第 85 页。）《宋史》明确指出其乃是"以《中庸》为体"。［（元）脱脱等：《宋史》，北京，中华书局，1985 年，第 12724 页。]《中庸》是张载关学建构的重要经典依据，为门人后学所承继，成为关学的一贯传统。

后世学者一致推崇,《四库全书总目提要》称其"《中庸》亦从古本分章,所说多因四书之义,推而证诸躬行……不徒为训诂空谈"①,《国朝列卿纪》称"其训释经籍,则以心求心,以道合道,以经释经,故多躬行心得之言,有程朱所未发者"②。然当前学界尚无对其的专门性研究,多是依照预设的理论框架对其进行片段式的裁剪,这就遮蔽了吕柟的《中庸》学思想及在其思想体系中的地位。基于此,以涵盖本体、工夫、境界于一体的《中庸》首章为考察对象,通过回归文本,厘清吕柟的《中庸》学思想及其与朱子的差异,对于理解吕柟《中庸》学的要义和特质具有重要的意义。

一、理气非二

牟宗三先生指出宋明儒学作为"由'成德之教'而来的'道德底哲学'即必含本体与工夫之两面",而且"其中心问题首在讨论道德实践所以可能之先验根据",亦即本体问题。③《中庸》的首章首句是内涵超越的、形而上的本体思想,故历来为儒家所倚重,它为儒家在宋明理学时期辟佛立儒提供强有力的理论依据,故历代注家皆在此句上着墨甚多。吕柟作为明代醇儒,自不外此一贯传统。对于"天命之谓性",他释道:

> 天命只是个气,非气则理无所寻着,言气则理自在其中,如形色天性也即是,如耳目手足是气,则有聪明持行之性。④

他认为天所赋予的只是个气,若无气,则理也无所着落,如同我们的耳目手足,皆由"气"构成,但"耳目手足"所以然的特质即"聪明持行"之理亦在气中。在此,吕柟秉承的是张载"气化万物"的主张,突出"气"的先在性和本源性,但在理气关系上,他将"理""气"打通为一,他首先对朱子的理气论批驳道:

> 朱子谓"气以成形而理亦赋",还未尽善。天与人以阴阳五行之

---

① (明)吕柟:《吕柟集·泾野经学文集》,刘学智点校整理,西安,西北大学出版社,2015年,第499页。
② (明)雷礼:《国朝列卿纪》,台北,文海出版社,1984年,第2908页。
③ 牟宗三:《心体与性体》,上海,上海古籍出版社,1999年,第7页。
④ (明)吕柟:《吕柟集·泾野经学文集》,刘学智点校整理,西安,西北大学出版社,2015年,第306页。

气，理便在里面了，说个"亦"字不得。①

吕柟此论是针对朱子《中庸章句》的解释所做的批驳，他认为朱子所论的"气以成形而理亦赋"有未尽之处，因为当"天"以阴阳五行之气造就人与物时，"理"已经在其中了，说"亦"字仍是将二者视为两物，仍有嫌隙在那阻隔。实际上，朱子亦强调"理在气中""理气不离"，但朱子是在首先强调理气相分的基础上主张两者相即不离。而在吕柟看来，"理"与"气"本身就是一体的，无须分为二。他甚至以此批评关学宗师张载：

> 坚问："张子说'合虚与气，有性之名'，如何？"曰："观'合'字，似还分理气为二，亦有病，终不如孔孟言性之善，如说'天命之谓性'，何等是好！"②

吕柟认为张载的"合虚与气，有性之名"，仍然有把"理"与"气"分为二的嫌疑，不如孔孟直接将两者打通为一圆润、浑沦。可见，在本体论上，吕柟反对的是朱子，承继的是张载，并非完全秉承，他的本体论与张载仍有差异，却为明代"气本论"思想的复兴吹响前奏。

对于"性"与"命"，吕柟亦提出不同于朱子的观点：

> 问："圣贤每每说性命来，还是一个，是两个？"先生曰："此正是《易》'一阴一阳之谓道'一般。子思说自天命便谓之性，还只是一个。"③
>
> 问："'自天之赋与而言为命，自人之禀受而言为性'，如何？"曰："是以分为二矣。"④

吕柟认为"天命之谓性"的"性"与"命"本身就是一个，如同"一阴一阳之谓道"所言的气道如一、气道不离。因此，他认为朱子所说的"自天之赋与

---

① （明）吕柟：《吕柟集·泾野经学文集》，刘学智点校整理，西安，西北大学出版社，2015年，第307页。
② （明）吕柟：《吕柟集·泾野经学文集》，刘学智点校整理，西安，西北大学出版社，2015年，第485页。
③ （明）吕柟：《吕柟集·泾野经学文集》，刘学智点校整理，西安，西北大学出版社，2015年，第307页。
④ （明）吕柟：《吕柟集·泾野经学文集》，刘学智点校整理，西安，西北大学出版社，2015年，第306页。

而言为命，自人之禀受而言为性"是将"性""命"分为二。实际上，"性"与
"命"虽都本源于天，但因对象不同而呈现差异。吕柟的主张是在本源上
说的，是其理气论的应用，亦是其"打通为一"哲学理念的体现。

《中庸》次言"率性之谓道，修道之谓教"。吕柟解释道：

> 道非外物，自性而出耳。①
>
> 问："道，教。"曰："人率此性而出，即是道；修为此道，即是
> 教；犹'自明诚谓之教'也。"②

对于性、道关系，吕柟认为"道"并不是外在的，是源自"性"的，人只要
循"性"而为，即是"道"。在应然层面上，"性"在形而下的现象界自然体
现为"道"，但在实然层面上，因人受习气和私欲的阻隔，"性"往往不能
直接显现为"道"。因此，要恢复到应然层面，就必须"修为此道"，这就
是"教"。这实际上是正统儒家的一贯主张，只是因具体"修"的工夫的差
异而衍生出不同的学派。在此章诠释中，吕柟反对朱子将"修"解释为
"品节"：

> 敬问："修何以云'品节'？"曰："道岂可云'品节'。""则何以谓之
> 教？"曰："犹'自明诚谓之教'尔。"③

朱子将"修"解释为"品节"，也就是节制约束之意。吕柟对此予以反对，
他认为"道"不可言"节制约束"，否则就无法"教"，他将此处的"教"与"自
明诚，谓之教"之"教"相类比、相等同，是"学之"的意思，而这又恰恰是
朱子所反对的，朱子认为：

> "修道之谓教"一句，如今人要合后面"自明诚"谓之教却说作自
> 修。盖"天命谓性"之"性"与"自诚明"之"性"，"修道谓教"之"教"与
> "自明诚"之"教"，各自不同。④

---

① （明）吕柟：《吕柟集·泾野经学文集》，刘学智点校整理，西安，西北大学出版社，
2015 年，第 305 页。
② （明）吕柟：《吕柟集·泾野经学文集》，刘学智点校整理，西安，西北大学出版社，
2015 年，第 306 页。
③ （明）吕柟：《吕柟集·泾野经学文集》，刘学智点校整理，西安，西北大学出版社，
2015 年，第 306 页。
④ （宋）黎靖德编：《朱子语类》，王星贤点校，北京，中华书局，1986 年，第 1495 页。

> "自明诚，谓之教"，此"教"字是学之也……与首章"天命之谓性，修道之谓教"二字义不同。①

朱子认为"修道之谓教"之"教"与"自明诚，谓之教"之"教"是不同的，"修道之谓教"的"教"是教化之义，由圣人所行；而"自明诚，谓之教"之"教"是"学"的意思，针对的是"贤人以下"。可见，在《中庸》首章最为重要的前三句的诠释中，吕柟以张载"气化万物"为本，以"打通为一"的哲学理念对朱子的观点提出批驳，开出新的理论面向。

二、圣学之要在于慎独

宋明理学面临两个基本的问题：一是成圣的终极根据；二是如何成圣。关于第一个问题，理学家借助本体论去解决，第二个问题则诉诸工夫论。《中庸》首章前三句在为现实中的人与物阐释形上依据后，即转入探讨如何恢复本体的层面，即通过工夫祛除私欲，恢复天理，由实然层面回到应然层面。为什么如此，吕柟解释道：

> 夫子说"性"元来是相近的，但后来加着习染，便远了。子思说元是打命上来的，须臾离了，便不是。②

吕柟认为人之"性""道"原本是一致的，只是因为后天的习染出现背离，但道并不因此而离开、消失，只是被遮蔽。而要恢复"性"体、"道"体则须"戒慎乎其所不睹，恐惧乎其所不闻。莫见乎隐，莫显乎微，故君子慎其独也"，吕柟对此解释如下：

> 大器问："戒慎恐惧与省察，只是个慎独工夫否？"先生曰："……然以今日吾辈各求于心，静坐体验，才省察便涵养，才闲邪便存诚，才克己便复礼，实非有两事也，岂不是一个工夫？不然，则天下有二独矣。"③

---

① （宋）黎靖德编：《朱子语类》，王星贤点校，北京，中华书局，1986年，第1566页。
② （明）吕柟：《吕柟集·泾野经学文集》，刘学智点校整理，西安，西北大学出版社，2015年，第307页。
③ （明）吕柟：《吕柟集·泾野经学文集》，刘学智点校整理，西安，西北大学出版社，2015年，第307页。

《中庸》首章提出的"修道"之工夫即为"戒慎恐惧"与"慎独"。朱子认为两者是截然不同的工夫,"戒慎恐惧"指的是当主体没有接触外物之时的活动,心存敬畏,属于未发的存养工夫,而"慎独"是指人独处之时,时时省察,属于已发的省察工夫。吕柟则认为戒惧与省察、省察与涵养、闲邪与存诚、克己与复礼并非两个工夫,只是一个"慎独"工夫,否则就会产生两个"独"的工夫。最为特殊的是,吕柟明确将存养与省察打通为一:

> 康恕问:"静存动察。"先生曰:"静所以验动,动所以合静,交相为用也。故存养、省察工夫只是一个,更分不得。"①

静时存养,动时省察,是朱子一以贯之的工夫,两者虽分属不同阶段的工夫,却并非毫无关联,不可逾越,而是夹持并进。但吕柟则提出相异的看法,他认为存养、省察只是一个工夫,"静"与"动"交相为用,相互资助,故不能强分为二。在工夫体系中,吕柟更为重视和突出"慎独"工夫,他说:

> 子思推原学问,大根本在慎独。②
> 慎独之语,圣学之要。③
> 说个慎独,中间便自有许多条理。④

在吕柟看来,子思推阐学问之根本即在于"慎独",它是圣人之学的关键和紧要处,它内含着诸多道理。他甚至将儒学所言工夫皆归于"慎独":

> 观"行己有耻",就见其大也。然有耻亦不容易,此亦是慎独工夫。⑤

---

① (明)吕柟:《吕柟集·泾野经学文集》,刘学智点校整理,西安,西北大学出版社,2015年,第308页。
② (明)吕柟:《吕柟集·泾野经学文集》,刘学智点校整理,西安,西北大学出版社,2015年,第308页。
③ (明)吕柟:《宋四子抄释·张子抄释》,《影印文渊阁四库全书》第715册,台北,台湾商务印书馆,1986年,第39页。
④ (明)吕柟:《吕柟集·泾野经学文集》,刘学智点校整理,西安,西北大学出版社,2015年,第326页。
⑤ (明)吕柟:《吕柟集·泾野经学文集》,刘学智点校整理,西安,西北大学出版社,2015年,第419页。

象先问："参前倚衡，正是慎独工夫否？"先生曰："正是。"①
是慎独，乃克己之别名。②

以上三段引文中，吕柟认为"行己有耻""参前倚衡""正心""克己"等皆是慎独工夫。吕柟在此将儒学所有内圣工夫皆归之于"慎独"，凸显"慎独"工夫的位置。他甚至推扩出去，将外王事业的实现亦建立在"慎独"之上，他说：

王道在慎独，久之，"自强不息"；久之，"纯亦不已"。发之事业，便是纯王之治。程子把慎独、王道打做一片说，此语甚紧切。③
君子欲平天下，打那里起？便在独处慎起。④
程子谓"有天德，便可语王道，其要只在谨独"，如何？先生曰："此义极精。"⑤

儒家强调外王事业要建立在内圣的基础之上，内圣到外王是自然下贯的，中间并无阻隔。吕柟认为王道的实现关键在于慎独，如能持之如故，自然自强不息，自然私意消失，纯是天理，如此发之于外便是王道之治。他高度评价程颢将"王道"与"慎独"联系在一起，将拥有天德的基础建立在"慎独"之上，如此便可实现王道，君子欲平治天下亦须从"慎独"做起。吕柟突出"慎独"工夫，将"慎独"作为统领和实现"内圣外王"的基础。对于如何做"慎独"工夫，他说：

此只在于心上做。如心有偏处，如好欲处，如好胜处，但凡念虑不在天理处，人不能知而己所独知，此处当要知谨自省，即便克去。若从此渐渐积累，至于极处，自能勃然上进，虽博厚高明，皆

① （明）吕柟：《吕柟集·泾野经学文集》，刘学智点校整理，西安，西北大学出版社，2015年，第432页。
② （明）吕柟：《吕柟集·泾野经学文集》，刘学智点校整理，西安，西北大学出版社，2015年，第381页。
③ （明）吕柟：《吕柟集·泾野子内篇》，赵瑞民点校整理，西安，西北大学出版社，2015年，第167页。
④ （明）吕柟：《吕柟集·泾野经学文集》，刘学智点校整理，西安，西北大学出版社，2015年，第327页。
⑤ （明）吕柟：《吕柟集·泾野经学文集》，刘学智点校整理，西安，西北大学出版社，2015年，第381页。

自此积。①

吕柟认为，慎独工夫只在心上做起，从心的偏私处、背离天理处用工，如此久久用力，积累既久，则自然能够勃然上进，自然达至博厚高明之地。吕柟对"慎独"工夫的解释较之朱子差异处亦是明显的：

> 独处却广着，不但未与事物应接时是独，虽是应事接物时也有独处，人怎么便知，惟是自家知得。这里工夫却要上紧做。②

朱子对"独"的解释仅限于"人所不知而己所独知之地"，专指独处而言，也就是不与外物接触之境。吕柟则认为"独"不仅指未与外物接触之时，亦包括与外物相接之时，个人意念不受外物侵扰的状态，而这种状态只有主体自己知道。可见，吕柟对"独"的解释较之朱子范围更加广泛。

本体上的差异必然导致工夫上的区别。吕柟的工夫论已经不同于朱子、张载，与朱子的区别前已论及，张载在其《中庸说》中对"慎独"并无论及，他所注重的工夫是"自诚明"与"自明诚"，而吕柟的工夫是其本体"理气非二"的贯彻，他有感于朱子工夫的烦琐、支离，而将所有工夫简约化、打通为一，归之于"慎独"之下，认为"慎独"既可达至内圣，又可实现外王事业。"慎独"是吕柟"修道"工夫的纲领和宗旨。他甚至作《慎独赋》以彰其旨。实际上，明代学者皆爱标榜宗旨，黄宗羲分析道："宋儒学尚分别，故勤注疏；明儒学尚混成，故立宗旨。"③黄氏之论确然不虚，他的评论符合宋、明儒者的治学风格。

三、以致中和为本

在具体阐述完工夫之后，《中庸》首章紧接着论述的是修道工夫所达至的境界："喜怒哀乐之未发，谓之中；发而皆中节，谓之和。中也者，天下之大本也；和也者，天下之达道也。致中和，天地位焉，万物育焉。"对此，吕柟解释道：

---

① （明）吕柟：《吕柟集·泾野子内篇》，赵瑞民点校整理，西安，西北大学出版社，2015年，第100～101页。
② （明）吕柟：《吕柟集·泾野经学文集》，刘学智点校整理，西安，西北大学出版社，2015年，第307页。
③ （清）黄宗羲：《明儒学案（修订本）》，沈芝盈点校，北京，中华书局，2008年，第330页。

人之喜怒哀乐，即是天之二气五行，亦只是打天命之性上来的，
仁义礼智隐于无形，而喜怒哀乐显于有象，且切紧好下手做工夫耳。
学者诚是养得这中好了，即当喜时体察这喜心，不使或流；怒时体
察这怒心，不使或暴，哀乐亦然。则工夫无一毫渗漏，而发无不中
节矣。①

吕柟认为"喜怒哀乐"是"二气五行"的显现，是从"性"上发出，是显性、
有形的，而仁义礼智则是无形的，是"二气五行"之本。"喜怒哀乐"是
"情"，发自"性"，"性以情显"是正统儒家的主张，吕柟不外于此。他主
张在喜怒哀乐未发之时用工夫，即"戒慎恐惧"：

应德问："观喜怒哀乐未发之前气象，如何观?"先生曰："只是
虚静之时，观字属知属动，只是心上觉得。然其前只好做'戒慎''恐
惧'工夫，就可观也。"②

静坐观喜怒哀乐未发气象是道南学派的门下指诀，就是人要在意识萌发
之前以静坐方式体认，达到一种特殊的心灵体验，从而发之于外，呈现
出某种境界。吕柟并不反对观未发气象，他认为这种气象是"心上觉得"，
是主体之心灵体验，须去体证。但他主张在"体证"之前须做戒慎恐惧、
心存敬畏的工夫。故他反对在喜怒哀乐未发之时去求气象：

若说喜怒哀乐前求个气象，便不是。须是先用过戒惧工夫，然
后见得喜怒哀乐未发之中；若平日不曾用过工夫来，怎么便见得这
中的气象。③

吕柟赞同观未发气象，却反对求气象于喜怒哀乐未发之时，而是要用戒
惧工夫去存养，然后才能见得未发之中的气象，如不下工夫，则无法见
此气象。他对颜回有以下评论：

①　(明)吕柟：《吕柟集·泾野经学文集》，刘学智点校整理，西安，西北大学出版社，
2015年，第308页。
②　(明)吕柟：《吕柟集·泾野子内篇》，赵瑞民点校整理，西安，西北大学出版社，2015
年，第54页。
③　(明)吕柟：《吕柟集·泾野经学文集》，刘学智点校整理，西安，西北大学出版社，
2015年，第308页。

> 坚又问："颜子到得发皆中节地位否?"先生曰："观他怒便不迁，乐便不改，却是做过工夫来的，到中节地位了。"①

吕柟认为颜回"不迁怒、不贰过"即是"发而皆中节"，这是颜回着手去做工夫而达到的。吕柟反对空空地去求未发之时的气象，对颜回的推重正是明代关学"重视践履"的精神实质的反映。

《中庸》首章最后论述中和的境界，即"致中和，天地位焉，万物育焉"。对此，吕柟的阐发如下。

> 易泉问："到位天地，育万物却是难事。"先生曰："位育不难，还是致中和难。怎么见得难? 须是戒惧之意常存，处己如是，处人亦如是;在家如是，在外亦如是;今日如是，日日亦如是。这等才能致得中和，才可位育得天地万物。诸生今日只要在致中和，《大学》谓'自天子至于庶人，壹是皆以修身为本'，予谓《中庸》一是皆以致中和为本。"②

吕柟认为"位、育"并不难达到，难的是达至"中和"之境，因为这需要常存"戒惧"之意，需要待己待人等持之如一的工夫，故相对于效用之"位、育"较难。由此，他认为《中庸》主旨即在于"致中和"，并要求学生在"致中和"上久久用工。为什么如此? 他认为:

> "致中和"，是自我而致之，不但言推极之也。若位育，是实说其理，然必圣人在天子之位，方有此功效之极。③
>
> 他日得志在位，建功立业，固不消说;不得志在下，变化得些风俗，亦便是能位育天地万物了。这等看来，天地有大小，万物有多寡也，随己分量充拓去，而中和却不可不致。④

---

① (明)吕柟:《吕柟集·泾野经学文集》，刘学智点校整理，西安，西北大学出版社，2015年，第308页。
② (明)吕柟:《吕柟集·泾野经学文集》，刘学智点校整理，西安，西北大学出版社，2015年，第308～309页。
③ (明)吕柟:《吕柟集·泾野经学文集》，刘学智点校整理，西安，西北大学出版社，2015年，第307页。
④ (明)吕柟:《吕柟集·泾野经学文集》，刘学智点校整理，西安，西北大学出版社，2015年，第309页。

吕柟认为"致中和"是在自身上用功，如同孔子的"为仁由己"是不需要任何外在凭借即可实现的，吕柟对"致中和"的诠释秉承儒家的一贯精神即主体的德性成就是唯一不靠外在力量而实现的。与之相应，他认为"位、育"是外在的，它的实现受到各方面外在因素的限制，个人无法左右。如果能得"位"就建功立业，不得"位"则变化民俗亦是参天地，化育万物。天地有大小，万物有多寡，个人各因自己力量向外推扩。而且，他认为"位、育"须圣人获得天子之位方可完全实现。吕柟突出"致中和"的地位，认为"位育"是下学而后上达之事，不可强力追求。这与朱子的思想是有明显不同的，朱子认为：

> 自戒惧而约之，以至于至静之中，无少偏倚，而其守不失，则极其中而天地位矣。自谨独而精之，以至于应物之处，无少差谬，而无适不然，则极其和而万物育矣。①

朱子认为通过"戒慎恐惧"的工夫则可实现"中"，达至"天地位"，而"慎独"工夫则可实现"和"，达至"万物育"的境界。朱子以"戒慎恐惧"对应"中""天地位"；以"慎独"对应"和""万物育"。吕柟强调由"慎独"工夫达至"致中和"，反对不做践履之功，去追求效用的"位、育"。由此可见，朱子哲学体系是架构性的，讲求枝枝对应，叶叶相当，而吕柟的哲学则讲求综合，以打通为一的方式建构自己的《中庸》学体系。

小 结

吕柟对《中庸》首章的诠释，从本体、工夫、境界上作出创造性的诠释。他不仅不再持守朱子学，相反试图通过对张载气本论和明代关学注重践履精神的秉承，用新的体系去纠正朱子学之偏，开出新的理论面向。这种努力不是个案式的，他只是当时疑朱、批朱思潮中的代表，与其同时的王阳明等人也是如此。在本体层面，吕柟秉承张载气本论，批评朱子和张载分理气为二的理气观，提出"理气非二"的理气观；在工夫层面，吕柟不满朱子工夫名目繁多、苦于下学的弊端，而将所有工夫简约化、打通为一，归于"慎独"；在境界上，朱子强调工夫与境界的一一对应，而吕柟则强调综合，主张在"致中和"上用功，对于"天地位，万物育"的境界，认为那是下学自然而上达的事，不必执着和强力追求，这实质是

---

① （宋）朱熹：《四书章句集注》，北京，中华书局，1983年，第18页。

明代关学注重践履精神的体现。吕柟对《中庸》首章的诠释，以浓缩一体的形式凸显出其《中庸》学整体思想的形态和特质。在学界皆安于朱子学一统天下的格局之时，在朱子学流弊日益凸显之际，吕柟不畏学术权威，建立新的体系以突破朱子学的樊篱，对于这种突破，可用清儒贺瑞麟的如下评论去看待："先生(吕柟)之议朱子固无损于朱子，先生之深契于朱子者，何限即议朱子，亦正无害于先生之大醇也。"[①]要之，研究吕柟的《中庸》学，对于推进明代关学的发展，矫正朱子学的弊端，丰富明代哲学的面貌具有重要的意义。

第三节 合本体工夫为一，融会朱王：冯从吾的《读中庸》

冯从吾(1557—1627)，字仲好，号少墟，陕西长安县(今陕西省西安市)人，为关学在明代重要传人，亦是明代哲学史上举足轻重的学者，被誉为"关西夫子"。李二曲评其道："关学一派，张子开先，泾野接武，至先生(少墟)而集其成，宗风赖以大振。"[②]李二曲认为冯从吾是关学的集大成者，门派学风赖其而重振。作为明末关学的中流砥柱，冯从吾秉承关学宗师张载开启的重视《中庸》的解经传统，作《疑思录·读中庸》以显其意。然当前学界研究或集中在对冯从吾的整体探讨上，或集中在对冯从吾单个思想的研究上，或将其经学按照设定框架予以裁剪，遮蔽对其《中庸》学的整体观照，无力彰显其《中庸》学的思想特质，以及在其思想体系建构中的地位。基于此，对冯从吾《中庸》学的研究就显得尤为必要。

一、以"本体—工夫"合一为原则

自理学肇始之初，本体与工夫便成为一对核心范畴贯穿其中，成为理学家所思所议的主流问题，形成哲学史上学派纷争、百舸争流的局面。但学术史演进到明代，本体与工夫才成为哲学家明确和激烈争辩的话题，尤其是在阳明后学中进行。冯从吾作为明末的哲学家，身处王学风靡中国，弊端渐显之时，他对当时学界深刻剖析道："近世学术多歧，议论不

---

① (清)贺瑞麟：《贺瑞麟集》，王长坤、刘峰点校整理，西安，西北大学出版社，2015年，第36页。
② (清)李颙：《李颙集》，张波编校，西安，西北大学出版社，2015年，第177页。

一，起于本体、工夫辨之不甚清楚。"①冯从吾将学术纷乱之原因归于本体与工夫的纠缠不清，故他要做的首要工作就是辨析和厘清此问题，他首先阐述对《中庸》的看法：

> 《论语》一书论工夫不论本体，论见在不论源头，盖欲学者由工夫以悟本体，由见在以觅源头耳……《中庸》则直指山下出泉，原泉混混而言矣。言工夫并言本体，言见在并言源头，必如此，而后可以泄孔子之秘，破异端之非耳。若《中庸》不言本体源头，则异端隐微之病孰为剖决？道德不经之谈真足称经于后世矣。②

在这里，冯从吾对《论语》与《中庸》进行比较，认为《论语》一书偏重工夫，论日常现象而不及现象背后的本质，其目的是要人于日常工夫处用工，久久自然上达本体，这是儒家"下学而上达"主旨的体现。而《中庸》则本体与工夫并提，言日常现象也论及源头，只有如此才能揭示孔子的不传之秘，破除异端之非，这亦是《中庸》被称为"经"的根本原因。可见，冯从吾认为《中庸》是涵盖本体与工夫的。在《中庸》的整篇诠释中，他将此理念贯彻始终：

> 问《中庸》大旨。先生曰："《中庸》一书如一篇，论天命章是冒头，仲尼曰'君子中庸'是主意，中间引舜、颜、武、周，反复发挥'君子中庸'一句，尚䌹章是大结。首章自天说到人，以本体为功夫，顺言之也。末章自人说到天，以功夫合本体，逆言之也。"③

明代学者崇尚混成，皆喜追问和标榜主旨。冯从吾亦对学生的类似问题作出回应，他认为《中庸》是一篇前后呼应的完整文章。首章言"天命"是总说，中间皆是对"君子中庸"作出的诠释，末章以"尚䌹"章结尾，由此构成一浑沦圆满之成德系统。且首章由天到人，是以本体为工夫，而末章由人到天，是以工夫去凑合本体。冯从吾无所偏重，而是强调本体与工夫互为成就，以本体、工夫合一的方式解读《中庸》大旨，这是创造性

---

① （明）冯从吾：《冯从吾集》，刘学智、孙学功点校整理，西安，西北大学出版社，2015年，第288页。
② （明）冯从吾：《冯从吾集》，刘学智、孙学功点校整理，西安，西北大学出版社，2015年，第72页。
③ （明）冯从吾：《冯从吾集》，刘学智、孙学功点校整理，西安，西北大学出版社，2015年，第208页。

的。在具体章节("尊德性而道问学"一章)中,他展开论道:

> 尊德性由于问学,道问学乃所以尊德性。广大精微、高明中庸、故新厚礼,是德性本体。致之、尽之、极之、道之、温之、知之、敦之、崇之,是学问工夫。识得本体,然后可做工夫;做得工夫,然后可复本体,此圣学所以为妙。①

尊德性与道问学是宋明理学的核心范畴,它关乎为学路径的选择,何者为先是理学与心学的分歧所在。冯从吾既不取阳明心学的"尊德性"优先的路径,又不走程朱理学偏于"道问学"的方式,而是强调两者的相互促进,两者的合一。冯从吾有感于阳明后学徒务本体,走向玄虚的学风,而有意进行纠偏,但这种纠偏不是以理学为基准去批判阳明心学,他走的是融合、会通的路径,主张本体与工夫的合一以避免心学之玄虚,理学之支离。在"中庸不可能"章,他继续辩论道:

> "中庸不可能也"。近来讲学者把不可能处说的太高远、太玄虚、太奥妙,真是不可能。不知于不可能则不可能矣,却又不中庸了。"中庸不可能也",观于此益信。②

冯从吾认为近世学者将"中庸不可能"说得过于高远、过于玄虚、过于奥妙,以至于将理论上的"不可能"等同于现实中的不可能。冯从吾实际上批评的正是当时王门后学一味向高处走的学风。他进一步解释道:

> "中庸不可能也"。圣人又恐人无处觅个中庸,故下文便有"所求乎子,以事父未能"之语,可见中庸道理只在纲常伦理间。若舍此别觅个中庸,便玄虚而流于佛氏。③

他认为《中庸》在为人指明道德的形上来源之后,又恐人无下手寻觅处,紧接着又为人指出工夫的路径,即要求人于人伦日用中去寻觅"中庸"的

---

① (明)冯从吾:《冯从吾集》,刘学智、孙学功点校整理,西安,西北大学出版社,2015年,第71页。
② (明)冯从吾:《冯从吾集》,刘学智、孙学功点校整理,西安,西北大学出版社,2015年,第69页。
③ (明)冯从吾:《冯从吾集》,刘学智、孙学功点校整理,西安,西北大学出版社,2015年,第69页。

道理，这就是工夫的落脚处，如无此工夫，则容易流于玄虚。

冯从吾在对《中庸》的认识以及诠释中，都贯彻其本体与工夫合一的诠释原则，这是其批驳现实学风的反映，凸显其作为"集大成者"的角色来审视整个明代学术。实际上，不唯冯从吾，在当时学界，如黄宗羲等皆意识到本体与工夫出现的问题而提出新的解决方案以拯救学弊。

二、重视"未发"

《中庸》首章涵盖儒家的本体、工夫和境界思想，是三位一体的成德系统。在首章中，喜怒哀乐之未发与已发受到儒家的重视，理学家将其与心性论、工夫论相结合展开激烈辩论，由于不同的主张形成不同的学派。冯从吾对其尤为重视，他说：

> 喜怒哀乐未发之中，此千古圣学之源。学者须在此处得力，然后能发皆中节，故罗豫章教李延平静中看喜怒哀乐未发气象，而陈白沙亦云："吾儒自有中和在，谁会求之未发前。"喜怒哀乐中节，才是率性，若任喜任怒，是无忌惮，非率性也。①

冯从吾高度评价"喜怒哀乐之未发"，认为此乃千古圣人之学的源泉，故学者必须于此久久用力。他认为罗豫章、陈白沙正是为此做的注脚，只有在未发之时用工夫，才能保证在已发时没有偏私，符合中道。如此才能因循事物之性，才可以称之为道。冯从吾在此凸显"喜怒哀乐之未发"的重要性。对于"喜怒哀乐之未发"，他解释道："'喜怒哀乐之未发谓之中'，是直指天命之性而言也。"②在这里，冯从吾认为"喜怒哀乐未发"指的是"天命之性"，是"理"，冯氏此解与朱子无异，皆将未发释为天命之性。但对于"未发"之地位，冯从吾显然比强调"未发已发"并重的朱子更为重视，他解释道：

> 未发，是无其迹，而非无其理，故曰"天下之大本"。所谓一理浑然，万化从此出焉者……吾儒所谓"未发"，全在理上说，所以一切作用都是在理字上作用去，所以有不容已的功夫、不容已的事业，

---

① （明）冯从吾：《冯从吾集》，刘学智、孙学功点校整理，西安，西北大学出版社，2015年，第68页。

② （明）冯从吾：《冯从吾集》，刘学智、孙学功点校整理，西安，西北大学出版社，2015年，第46页。

喜怒哀乐自然中节，天地万物自然一体。①

冯从吾认为"未发"之时只是没有迹象，不显现而已，而非没有超越的形上之理。未发之时，理亦在其中，万事万物皆由此而来。儒者所说的"未发"全然是在"理"上说，一切作用、工夫皆是从形而上之理做去，故自然中节，天地万物自然一体。他通过阐发"未发"与"已发"的对应关系来彰显"未发"的重要性，他论述道：

> "未发"之中不为，无"已发"之和不为有。②
> "未发"是"已发"之源，"已发"是"未发"之流；"未发"是"已发"之根本，"已发"是"未发"之枝叶。本体虽是一贯，然源自是流之源，流自是源之流，根本自是枝叶之根本，枝叶自是根本之枝叶，脉络尤自分明。③

冯从吾认为"未发"比"已发"更为重要，"未发"是本，是体，已发是末，是用，体用虽是一贯，但两者脉络分明，不可混淆，没有"未发之中"就没有"已发之和"。在冯从吾这里，以"体"言"未发"，"未发"具有先在性、优先性，这与子思从情感发作前后来区分未发已发已经有所不同。基于此，他强调在"未发"时做工夫的重要性：

> 夫喜怒哀乐中节固也，若必待已发而后求中节；子臣弟友尽道固也，若必待既感而后求尽道，则晚矣……故曰"静中看喜怒哀乐未发气象"。一念未起，则涵养此心；一念方动，则点检此心。于此"惟精"，于此"惟一"，庶乎有不发，发皆中节；有不感，感皆尽道矣！④

他认为须在喜怒哀乐未发之时用工，不能待到已发时去求中，子臣弟友，是尽道之本然；待感到而后去做，则为时晚矣。因此必须要"静中观喜怒

---

① （明）冯从吾：《冯从吾集》，刘学智、孙学功点校整理，西安，西北大学出版社，2015年，第46~47页。
② （明）冯从吾：《冯从吾集》，刘学智、孙学功点校整理，西安，西北大学出版社，2015年，第47页。
③ （明）冯从吾：《冯从吾集》，刘学智、孙学功点校整理，西安，西北大学出版社，2015年，第184页。
④ （明）冯从吾：《冯从吾集》，刘学智、孙学功点校整理，西安，西北大学出版社，2015年，第272页。

哀乐未发气象"。需要指出的是，"静中观喜怒哀乐未发气象"是道南学派门下指诀，被黄宗羲称为"罗豫章静坐看未发气象，此是明道以来下及延平一条血路也"①。道南学派主张在静坐时去体验以获得某种特殊的心灵境界，冯从吾承继，并主张在念虑未发之时，去涵养此心，如此方可中节。对于"喜怒哀乐"如何实现"中节"，冯从吾指出：

> 我喜而人不以为可喜，我怒而人不以为可怒，我哀乐而人不以为可哀乐，便是不中节，我喜而人皆以为可喜，我怒而人皆以为可怒，我哀乐而人皆以为可哀乐，便是中节。②

冯从吾除了上面所说的未发涵养此心以实现中节外，他提出以"众人"的普遍标准来判定自己的"喜怒哀乐"是否中节。较之其他儒家，冯从吾设定内外两条标准来判定"未发"是否中节，这是冯从吾的创新之处。总之，在对《中庸》的诠释中，冯从吾十分重视"未发"，他将"未发"视为"体"，"已发"视为用，只有"体"的正确，才能保证"用"的无误。这与朱子中和旧说以体用释未发已发时所持的观点是一致的，但与子思从情感的未发已发两个阶段来区分的本意不同。

三、以辨异端为务

"异端"之说在《论语》中便已经出现，它的内涵虽历经变化，但至宋明时已基本稳定，指与圣人之道相异的佛、老之说。冯从吾沿用此意，他说："何谓异端之学？佛老是也，而佛氏为甚。二氏非毁吾儒不遗余力，乃巧于非学之尤者，而讲学者误信之，故不可不辨。"③冯从吾认为的异端之学与宋明以来理学家所持观点一致，但认为佛教危害更重，二者并不诋毁儒学，而是其学善于投机取巧，误导学者，因此不可不辩。在《读中庸》中，他辩异端甚力，在对《中庸》首章的诠释中，他说：

> 所谓一理浑然，万化从此出焉者，此吾儒之说也。而佛氏觉性本空之说则似之，以为这一点灵明作用的性，本来原是空的……故

---

① （清）黄宗羲、全祖望：《宋元学案》，陈金生、梁运华点校，北京，中华书局，1986年，第1277页。

② （明）冯从吾：《冯从吾集》，刘学智、孙学功点校整理，西安，西北大学出版社，2015年，第53页。

③ （明）冯从吾：《冯从吾集》，刘学智、孙学功点校整理，西安，西北大学出版社，2015年，第57页。

曰"觉性本空，不生不灭。"若与未发之中相似，而不知其实大有不同者。①

冯从吾认为儒家主张天下万物皆由"理"出，而佛氏之说与儒家相似，与未发之中相似，实际上却有天然差别。儒家是要确立普遍真实的本体，而佛教则认为这种确定性的本体是虚无的，是空的，不必过于执着。儒佛虽然形相似，但实际上却有根本之不同，他继续辨道：

> 吾儒所谓"未发"，全在理上说，所以一切作用都是在"理"字上作用去，所以有不容已的功夫、不容已的事业，喜怒哀乐自然中节，天地万物自然一体。佛氏所谓真空不在理上说，所以一切作用都是在"欲"字上作用去，所以着不得一毫功夫，做不得一毫事业，喜怒哀乐全不中节，天地万物全不相干。佛氏真空指的是欲之根，吾儒"未发"指的是理之根。根宗处止差毫厘，作用处便谬千里，如此又何论流弊哉？②

冯从吾对比儒佛两家的区别，认为儒家所说"未发"皆在"理"上说，故有工夫在，而佛教所谓"真空"则不从"理"上说，一切作用都在欲上说，所以没有下手工夫在，故无法去做工夫，无法实现天地万物的一体。冯从吾的论述确然符合正统儒家批判佛教的论断，只是在角度上有所不同而已。

在"君子之道"章中，他继续辨道：

> "君子之道，辟如行远必自迩，登高必自卑。"吾儒自有吾儒之高远、吾儒之卑近，异端自有异端之高远、异端之卑近。今学者多以高远归异端，以卑近归吾儒，岂君子之道必由吾儒而后可至异端耶？岂吾儒只下学而不上达耶？非孔氏之旨矣。③

冯从吾认为儒家的君子之道是一贯圆融的，有体有用，有下学处，亦有

① （明）冯从吾：《冯从吾集》，刘学智、孙学功点校整理，西安，西北大学出版社，2015年，第46页。
② （明）冯从吾：《冯从吾集》，刘学智、孙学功点校整理，西安，西北大学出版社，2015年，第47页。
③ （明）冯从吾：《冯从吾集》，刘学智、孙学功点校整理，西安，西北大学出版社，2015年，第70页。

上达处，是体用合一的。佛教亦是如此。然当今学者却认为佛教有体，儒家只有用，这种误解已经偏离孔门的宗旨。冯从吾的论述与其他学者不同，其他学者皆认为佛教有体无用，但冯从吾则认为佛教与儒家一样，乃为体用完备之学。

在《中庸》十五章的诠释中，他批评佛教：

> 问"禅家之乐"。曰："《诗》云：'妻子好合，如鼓瑟琴；兄弟既翕，和乐且耽；宜尔室家，乐尔妻孥。'子曰：'父母其顺矣乎！'不知禅家有此乐否？"①

在此章中，冯从吾虽是反问，但实际上是批评佛教并无《诗》所言的妻子、儿女和睦，兄弟相亲之乐。冯氏之言直击佛教之弊端，因为佛教绝人伦、弃家人，自然无人伦之乐。

对于另一"异端"道教，他也在《疑思录·读中庸》中予以深刻批评，他首先从"道"的角度分析儒、道之别：

> 论道是指其见在可道者而言，故曰"夫子之道，忠恕而已矣"。而异端则曰："道可道，非常道。"②
>
> 吾儒之所谓道，正指其可道者而名之也。而异端则曰："道可道，非常道。"是明以不可道者为道矣。③

冯从吾认为儒家所论"道"是指可以言而论，故儒家的"道"是指"忠恕"，但道家是将不可言的称为"道"。冯从吾指出儒、道两家在道论上存在不同，但是并没有指出两者的实质区别。

对于"德"，冯从吾亦批评道：

> "上德不德，是以有德"。是明以不德为德矣。④

---

① (明)冯从吾：《冯从吾集》，刘学智、孙学功点校整理，西安，西北大学出版社，2015年，第70页。
② (明)冯从吾：《冯从吾集》，刘学智、孙学功点校整理，西安，西北大学出版社，2015年，第72页。
③ (明)冯从吾：《冯从吾集》，刘学智、孙学功点校整理，西安，西北大学出版社，2015年，第38页。
④ (明)冯从吾：《冯从吾集》，刘学智、孙学功点校整理，西安，西北大学出版社，2015年，第38页。

论德是指其见在可据者而言，故曰"据于德"。而异端则曰"上德不德，是以有德。"舍工夫而直谈本体，舍见在而直谈源头，如此则异端之说似又高吾儒一层矣。不知异端差处正在本体源头处差，不在舍工夫而直谈本体，舍见在而直谈源头也。①

冯从吾区分儒、道两家的"德"，他认为儒家所论的"德"是就可见处而言，故可说"据于德"，但道家则以"不德"为德，是离开现象而直指源头，舍弃工夫而直言本体，但当时的学界则以崇尚本体为务，故以道家为高明。对此，他在《疑思录·读中庸》第十二章继续批道：

自老子有"道可道，非常道，名可名，非常名"之说，于是远人为道者，索隐行怪求之于虚无寂灭之域。子思子忧之，不得已有"鸢飞鱼跃"之说⋯⋯则知"道可道"为"常道"，而道不可道者非常道；名可名为常名，名不可名者非常名。老子虚无寂灭之说，当不待辨而知其非矣。②

他认为老子的"道可道，非常道"使人远离道，而穷尽心思在隐僻怪诞处用力，最后坠入"虚无静寂"的境地。子思担忧道的失落，故引用《诗经》之言以说明道就昭著于天地之间，就在人伦日用间，因此他更改老子的说法，认为可道的才是常道，不可道的就不是常道，知此则老子的虚无之说可不辩而明。冯从吾的辩论反对老子把"道""德"虚无化、玄虚化，而是祛除道的神秘化，为人指明为道的真切方向。

冯从吾在《疑思录·读中庸》中贯彻他批驳异端的原则，在此基础上去立儒，他的批异端虽然没有抓住实质，但他的批判精神是值得肯定的。

小　结

理学家诠释经典的方法，不外乎二，朱子说："程先生《经解》，理在解语内。某集注《论语》，只是发明其辞，使人玩味《经》文，理皆在《经》

---

① （明）冯从吾：《冯从吾集》，刘学智、孙学功点校整理，西安，西北大学出版社，2015年，第72页。
② （明）冯从吾：《冯从吾集》，刘学智、孙学功点校整理，西安，西北大学出版社，2015年，第134页。

文内。"①朱子的论断虽是在与程颐的《论语》解的比较上得出的，但他却指明诠释经典的两条方法——理在解语内与理在《经》文内。冯从吾对《中庸》的诠释显然与程颐相似，走的是"理在解语内"的路径。冯从吾对《中庸》的诠释并没有遵从经文的原意，而是借经典阐发自己的思想，《中庸》只是其建立自己哲学体系的凭借，他的《中庸》学最突出的特质即是本体与工夫的合一、重视"未发"及辨异端，这三个特质最精微地、最浓缩地反映了其哲学宗旨。故黄宗羲对其评价说："先生受学于许敬庵，故其为学，全要在本原处透彻，未发处得力，而于日用常行，却要事事点检，以求合其本体。"②黄宗羲的评论可谓切中其学术宗旨。要之，对冯从吾的《中庸》学的研究有助于明确其哲学宗旨，有助于理解关学《中庸》学在晚明的演进历程。

第四节　洞源达本，慎独为功：张舜典的《致曲言》

张舜典，生卒年不详③，字心虞，号鸡山，陕西凤翔（今陕西省宝鸡市凤翔区）人。大概生活在万历、天启年间，享年72岁或73岁④，是晚明与冯从吾齐名的关学学者，有"东冯西张"之美誉。张舜典早年拜陕西提学副使许孚远为师，成为甘泉一系的再传弟子。他于万历二十二年（1594年）中举，潜心理学。1595年随许孚远南游，与邹元标、顾宪成往来论道，学术日进，遂能洞见明德归仁之旨。后许孚远于1604年去世后，张舜典返归故里。1605年，恰逢冯从吾在关中书院主讲，前往拜访，相互切磋，成为莫逆之交。正是与冯氏的这段学术交往，使其思想深受冯从吾的影响，从他的自述"其（冯从吾）开我之迷，而鼓我之趋者，益诚不浅矣"⑤可见一斑。张舜典先任开州学正，与诸生朝夕讲论理学。后任鄢陵县令，因其学主程颢，力推程颢"识仁"之学，建弘仁书院，购

---

① （宋）黎靖德编：《朱子语类》，王星贤点校，北京，中华书局，1986年，第438页。
② （清）黄宗羲：《明儒学案（修订本）》，沈芝盈点校，北京，中华书局，2008年，第981～982页。
③ 刘学智教授考证其生卒年大概为1555—1626年，详参刘学智：《关学思想史（增订本）》，西安，西北大学出版社，2020年，第363页。
④ 王心敬说："（张舜典）坚卧不出，惟日著书讲学为事。年七十三，以疾卒。"［（清）王心敬：《关学续编》，（明）冯从吾：《关学编（附续编）》，陈俊民、徐兴海点校，北京，中华书局，1987年，第76页。］而据乾隆年间《重修凤翔府志》卷六的记载："舜典卒年七十有二。"［（清）达灵阿修、周方炯等纂：《重修凤翔府志》，乾隆三十二年刻本，1767年。］
⑤ （明）薛敬之、张舜典：《薛敬之张舜典集》，韩星点校整理，西安，西北大学出版社，2015年，第147页。

置书籍数千卷，聚徒讲学，一时尊师重道、好学力行之习，蔚然成风。越五年，升任彰德府同知。后在兵部任职时，上疏弹劾魏忠贤，遭受阉党打击报复，遂被罢官，返归故里，以讲学著述为务，"从游者常数百人"①，直至病卒。张舜典囿于位卑地僻，其学术地位和受到关注的程度并不匹配。就其学术地位而言，清初三大儒之一的李二曲称："近代真儒，关中先觉。"②又说："（张舜典）与长安冯少墟先生同时倡道，同为远迩学者所宗，横渠、泾野而后，关学为之一振。"③许孙荃（1640—1688）亦称："有明关学，继文简公（吕柟）而起者，长安则有冯少墟先生，岐阳则有张鸡山先生，二公生同时，东西相望，与往复辩论，倡明斯道，学者景从，一时称极盛焉！"④从李、许两位的评价中可见张舜典的学术地位。张舜典著作不多，主要有《致曲言》《明德集》。由书名可见，张舜典的学术主要是基于《中庸》和《大学》建构起来的。就《中庸》学著作来讲，他并没有直接以《中庸》命名，而是择取《中庸》中的"致曲"命名，是为《致曲言》。现存的《致曲言》并非全本，而是经过李二曲删定的节本，全本已不可见。张舜典在是书自序中说：

> 或于谈论间，或于读书间，或于清夜静坐间，偶有一得，恐复遗忘，辄笔记之，僭窃为致曲之助。⑤

由上可知，是书乃张舜典平日为学修养的笔记。这也就决定着是书并非系统性的注经之作，只是零星的心得体会。此书一出，就受到学者的高赞，当时名儒高攀龙就赞道：

> 龙每谓姚江之学兴而濂洛之脉绝，忽得大教，且惊且喜，不谓濂洛当再复中天。略玩《致曲言》，已窥见先生一斑，确然圣脉无疑。⑥

---

① 张骥：《关学宗传》卷二十七，王美凤整理编校：《关学史文献辑校》，西安，西北大学出版社，2015年，第344页。

② （清）李颙：《李颙集》，张波编校，西安，西北大学出版社，2015年，第174页。

③ （清）李颙：《李颙集》，张波编校，西安，西北大学出版社，2015年，第222页。

④ （明）许孙荃：《鸡山语要序》，薛敬之、张舜典：《薛敬之张舜典集》，韩星点校整理，西安，西北大学出版社，2015年，第109页。

⑤ （明）薛敬之、张舜典：《薛敬之张舜典集》，韩星点校整理，西安，西北大学出版社，2015年，第114页。

⑥ （明）高攀龙：《答张鸡山》，（明）薛敬之、张舜典：《薛敬之张舜典集》，韩星点校整理，西安，西北大学出版社，2015年，第154页。

从高攀龙的赞语中，可见是书的不俗，高氏已将其作为圣学正统来看待。下面就围绕此书一窥张舜典的《中庸》学旨趣。

一、《中庸》直露本体

以往对《中庸》主旨的认识和把握主要经历了四个阶段：德行论、为政论、注重性情工夫论和道统论。① 而道统论这一阶段就是在朱子手里完成的。也正是基于此，朱子将《中庸》视为"直指本原极致处"②之书，后王阳明力改朱说，将其从明道之书转为修道之书。张舜典在此问题上，有自己的独特的理解，他指出：

> 《大学》言功夫，《中庸》兼本体而言之；《大学》言人道，《中庸》合天人而言之。此皆孔门之微旨，非此则圣学不传，不知学人，纵干成事业，炳炳烺烺，然终有渣滓，终脱不得俗气。③

基于对《大学》和《中庸》的重视，张舜典往往通过两者的对举来彰显彼此的学术特质。在他看来，《大学》主要是谈及工夫的，而《中庸》则是本体、工夫兼而言之，这一判定与冯从吾高度相似，冯从吾说："《中庸》则直指山下出泉，原泉混混而言矣。言工夫并言本体，言见在并言源头。"④以此可见，张舜典思想深受冯从吾的影响。《大学》主要说人道，而《中庸》则是合天道、人道而言之。张舜典对《中庸》的这种定位似有融合朱王二者的看法。这是从本体论的角度来区分《中庸》和《大学》。而从工夫的角度来讲，张舜典进一步指出：

> 第详密之功在《大学》，其直截易简之功在《中庸》，其散说指点煅炼之功在《论语》、《孟子》，其精微透底之旨隐隐发于《周易》之系辞。⑤

---

① 陈来：《〈中庸〉的地位、影响与历史诠释》，《东岳论丛》2018 年第 11 期。
② (宋)朱熹：《朱子全书》第 22 册，朱杰人、严佐之、刘永翔主编，上海，上海古籍出版社；合肥，安徽教育出版社，2002 年，第 2131 页。
③ (明)薛敬之、张舜典：《薛敬之张舜典集》，韩星点校整理，西安，西北大学出版社，2015 年，第 115 页。
④ (明)冯从吾：《冯从吾集》，刘学智、孙学功点校整理，西安，西北大学出版社，2015 年，第 72 页。
⑤ (明)薛敬之、张舜典：《薛敬之张舜典集》，韩星点校整理，西安，西北大学出版社，2015 年，第 122 页。

在张舜典看来，《大学》工夫是细密有层次的，《中庸》工夫则是直截易简的。张舜典的这种定位可谓是直接抓住两者的学术特质。他继续论道：

> 《大学》言其详，是乃渐悟渐修，不欲速助长；《中庸》言其要，是乃顿渐其有，而修悟兼至。盖《大学》以学言，略于本体，以俟自悟；《中庸》以道言，直露本体，以求深造。总之，无顿无渐，无修无悟，及其归致，则一而已。①

这就是说，《大学》是渐进的工夫，是由渐至悟的，是重下学工夫而轻略本体的。而《中庸》主要是言道的，是直接呈现本体的。这是两种不同的为学进路，虽如此，但在根本目的上，则是一致的。这实际上牵涉到本体与工夫之间的辩证关系，也触及宋明理学的核心问题。就此问题，张舜典曾明确说"即本体以为工夫，由工夫以复本体"，也就是主张本体、工夫的合一。我们知道，对于本体与工夫的关系，虽然学者早已言及，但在阳明心学产生之后，才成为学界热议的话题，王畿就敏锐地指出："自先师提出本体、工夫，人人皆能谈本体、说工夫。"②其后学也渐趋分化为"工夫所至即是本体"和"悟本体即是工夫"两派，最后竟执着于一端，导致争论不休。张舜典的主张恰恰是针对这种流弊而发，也就是以两者的合一来矫正这种学术误区。当然，这也并非张舜典的独证独解，其同门冯从吾亦有类似的主张："识得本体，然后可做工夫；做得工夫，然后可复本体，此圣学所以为妙。"③这就对当时的学术流弊进行双向矫正。可见，以"本体、工夫合一"的方式来矫正时弊至少已经成为晚明关学的共识。就这两条工夫进路而言，张舜典更为措意的是后者，也就是强调"由工夫以复本体"，强调工夫的重要性，这是因为当时学界"好言本体而忽略于工夫"④，故而张舜典在《致曲言》中多"发明即工夫以全本体之旨"⑤。要之，从张舜典的论述中可以看出，他对《中庸》的定位和把握是：本体、工夫兼顾，但更侧重本体；工夫简易直截，直露本体。这种

---

① （明）薛敬之、张舜典：《薛敬之张舜典集》，韩星点校整理，西安，西北大学出版社，2015年，第124页。

② （明）王畿：《王畿集》，吴震编校整理，南京，凤凰出版社，2007年，第3页。

③ （明）冯从吾：《冯从吾集》，刘学智、孙学功点校整理，西安，西北大学出版社，2015年，第71页。

④ （明）薛敬之、张舜典：《薛敬之张舜典集》，韩星点校整理，西安，西北大学出版社，2015年，第114页。

⑤ （清）王心敬：《鸡山张先生》，（明）薛敬之、张舜典：《薛敬之张舜典集》，韩星点校整理，西安，西北大学出版社，2015年，第153页。

定位显示出张舜典融合朱王的学术取向，尤其是试图改变朱子将《中庸》定位过高，而使人望而却步的境地，也有意改变阳明仅将其视为修道之书的看法。

二、慎独为要

"慎独"在帛书《五行》《大学》《中庸》和《荀子》里面都有所言及。它的内涵主要有三层：一是工夫；一是心性本体；一是德治。[①] 而《中庸》和《大学》主要讲的是工夫层面的"慎独"。《大学》说："所谓诚其意者：毋自欺也，如恶恶臭，如好好色，此之谓自谦，故君子必慎其独也！"[②]《中庸》首章亦论道："君子戒慎乎其所不睹，恐惧乎其所不闻。莫见乎隐，莫显乎微，故君子慎其独也。"[③]在这两处文献中，"慎独"指谓的都是君子在独处时所应保持的警醒状态。至宋明理学时期，理学家对其进行理学化的诠释，赋予其新的学术内涵和哲学意义。朱子将慎独视为"最紧要著工夫处"[④]，作为已发工夫来看待，与"戒慎恐惧"的未发工夫相对应。之后，阳明同样重视慎独工夫，他指出"从来为己学，慎独乃其基"[⑤]，并认为"戒惧"和"慎独""只是一个工夫"[⑥]，不是朱子所谓两件工夫。到刘宗周这，他更进一步，直接以慎独为宗，将"独"拔擢至"性体"的高度，作为自己工夫的根本纲领。他说："自昔孔门相传心法，一则曰慎独，再则曰慎独。"[⑦]由此可见他对慎独的重视，已经超越朱王二人。而在张舜典这里，他虽然没有像刘宗周那样从本体的角度无限拔擢"慎独"的地位，但对"慎独"的重视亦不亚于朱王，他说：

> 慎独是存心养性之口诀，不堕空，不滞有。[⑧]
>
> 圣学工夫只是慎独，独不止人所不知不见，虽鬼神亦窥测不破。

---

① 李景林：《教化的哲学——儒学思想的一种新诠释》，哈尔滨，黑龙江人民出版社，2006年，第232页。
② （宋）朱熹：《四书章句集注》，北京，中华书局，1983年，第7页。
③ （宋）朱熹：《四书章句集注》，北京，中华书局，1983年，第17页。
④ （宋）黎靖德编：《朱子语类》，王星贤点校，北京，中华书局，1986年，第1505页。
⑤ （明）王守仁：《王阳明全集》，吴光、钱明、董平等编校，上海，上海古籍出版社，2012年，第613页。
⑥ （明）王守仁：《王阳明全集》，吴光、钱明、董平等编校，上海，上海古籍出版社，2012年，第31页。
⑦ （明）刘宗周：《刘宗周全集》第3册，吴光主编，杭州，浙江古籍出版社，2012年，第4页。
⑧ （明）薛敬之、张舜典：《薛敬之张舜典集》，韩星点校整理，西安，西北大学出版社，2015年，第116页。

慎独即是惟精惟一之旨，即独之廓然便是中，中之发便是和，此等工夫不倚见闻，不靠知识，肫肫其仁，渊渊其渊，浩浩其天，故曰："立天下之大本，知天地之化育，夫焉有所倚？"至诚诚之，同此一般机窍，天人初无二理。①

圣学切要肯綮之处，无过知微慎独，其中精义，有不容言。要在深信深造，方得其妙，非区区俗儒口耳之谈。惜我辈年长，又不能长相聚会，研穷此意。虚过时光，殊为耿耿。②

从这三段引文中，我们很容易看出张舜典的学术主张。一是慎独是圣人之学的核心工夫，是存心养性的不二法门，是工夫的大关节处，这就凸显了"慎独"工夫的首出性、统领性。而在关学一脉中，有类似主张的当属明代中期的吕柟。他说："子思推原学问大根本在慎独。"③又说："慎独之语，圣学之要"，④ 张舜典的思想是否受到吕柟的直接影响已不可知，但从其对吕柟作的咏赞中⑤可知他是接触和研读过吕柟的思想的。二是在对慎独的解释上，他认为"独"不单单是朱子、阳明所理解的"人所不知而己所知"，更是鬼神无法窥知的，这就将"独"完全向内收缩，增加了"独"的神秘色彩。更为突出的是，他用"惟精惟一"来解释慎独，主张两者是同一工夫。他还用"慎独"来解释中和，认为"独"之廓然就是"中"，"中"的发用便是"和"，这一解释是将"慎独"对应"中"，与朱子将"戒惧"对应未发，对应"中"，"慎独"对应已发，对应"和"有很大不同，张舜典明显是把慎独当作未发工夫，这从他的"精神要凝聚，不要昏散。惟慎独是凝聚之方"⑥可以得到明确的印证。由此可见，其与阳明的以慎独贯穿

---

① (明)薛敬之、张舜典：《薛敬之张舜典集》，韩星点校整理，西安，西北大学出版社，2015年，第115页。

② (明)薛敬之、张舜典：《薛敬之张舜典集》，韩星点校整理，西安，西北大学出版社，2015年，第125页。

③ (明)吕柟：《吕柟集·泾野经学文集》，刘学智点校整理，西安，西北大学出版社，2015年，第308页。

④ (明)吕柟：《宋四子抄释·张子抄释》，《影印文渊阁四库全书》第715册，台北，台湾商务印书馆，1986年，第39页。

⑤ 张舜典作《关中四先生咏赞》，主要是咏赞吕柟、韩邦奇、杨爵和马理。他对吕柟赞道："泾野吕夫子，矫矫崇正学。挟册游成均，马崔同切琢。射策冠时髦，声华何卓荦！慷慨批龙鳞，封章凌五岳。讲学重躬行，乾坤在其握。吁嗟横渠后，关中称先觉。"[(明)薛敬之、张舜典：《薛敬之张舜典集》，韩星点校整理，西安，西北大学出版社，2015年，第140页。]

⑥ (明)薛敬之、张舜典：《薛敬之张舜典集》，韩星点校整理，西安，西北大学出版社，2015年，第117页。

未发已发之旨高度吻合。三是对慎独特性的把握上，他认为慎独作为工夫，是不倚见闻，不靠知识的，也是超情离见的，更不是俗儒口耳之谈，它是"修即修此，思即思此，敬即敬此"①的，这实际上是将其与"诚"相等同。他说："至诚诚之，同此一般机窍，天人初无二理。"②这就是主张通过"慎独""诚"来贯通天人，达到天人合一的境界，从而与张载的思想保持一致。

三、致曲之功

"致曲"出自《中庸》第二十二章。朱子在理气论的视域下给予其新的解释，认为每一个人都是由"理"和"气"两部分构成，每一个人的性都是一样，不同的是禀气有差异，这就决定了学习圣人必须从某一方面，也就是善端入手，渐趋扩充，最后达至圣人境地。这就是致曲的意思，它主要是针对圣贤以下的人所说的，意在强调做工夫的重要性。张舜典以"致曲"作为书名，恰恰也是此意，他说：

> 夫圣，诚而已矣。然有诚者，有诚之者，天人之殊也。天道为不思不勉，非所易，及其次，则致曲而已。是故，学利困勉，致曲之人也；学问、思辨、笃行，致曲之功也。曲之为言微也、隐也、委也、尽也、一偏也，曲而能诚如火之始然，泉之始达也。不忍于觳觫怵惕于入井，不受不屑于嘑蹴，皆曲之发诚之端也。于此致之则为仁义，于此致之则为至诚，故洙泗之设教，多致曲之功焉。③

张舜典虽然没有用理气论来解释，但他的意思与朱子并没有太大差别。在他看来，人可以分为两类：一类是圣人，他们是"诚者"，本性自然全部显露；另一类是普罗大众，他们是"诚之者"，本性无法像圣人那样完全彰显，只能部分地甚至只是萌芽式地显现，这就需要通过做"推致"工夫，如学问、思辨、笃行等，将这萌芽涵养扩大，直至"火燃始达"的境地。这就是孔孟为学的宗旨，也就是"下学而上达"。从张舜典对"致曲"的解释中可见，他将"曲"理解为善端，"致曲"就是推扩善端，也就是实

① （明）薛敬之、张舜典：《薛敬之张舜典集》，韩星点校整理，西安，西北大学出版社，2015年，第117页。
② （明）薛敬之、张舜典：《薛敬之张舜典集》，韩星点校整理，西安，西北大学出版社，2015年，第115页。
③ （明）薛敬之、张舜典：《薛敬之张舜典集》，韩星点校整理，西安，西北大学出版社，2015年，第114页。

手做工夫。我们需要追问的是，张舜典何以特别注重阐发这一为学宗旨呢？他曾明确指出：

> 挽近世好言本体而忽略于工夫，窃恐于诚之至诚无当也。余赋质不敏，少亦有志于学，中闲为文辞所溺，俗务所累，后又为异说所乱者亦复数年，今愤然而力为致曲之功，又恐年运而往矣，于余心恒戚戚焉。①

张舜典所指出的"好言本体而忽略于工夫"，恰恰就是晚明学界的一种极为普遍的情况，其根由就是阳明后学片面地发展了阳明心学当中的为"利根"之人言说的工夫进路，尤以良知现成派最具代表性。张舜典正是基于这一流弊，特别拈出《中庸》的"致曲"二字来矫正时弊。当然，他绝不是一个口耳空谈之士，而是真正的践行者和落实者，这从他的"愤然而力为致曲之功"可见一斑。

小　结

张舜典身处晚明阳明心学流弊尽显的时代，故而他的《中庸》学便以此为问题意识而展开，呈现出以下明显的学术特质。一是着意揭示《中庸》的工夫面向。张舜典首先重新改变以往《中庸》只是明道的学术形象，突出它是兼本体与工夫而言的儒家经典，更重要的是它的工夫面向。也因此，他诠释《中庸》的中心就落脚在"致曲"和"慎独"上，两者的关系更像是宗旨和具体的关系，"致曲"是其工夫的宗旨，"慎独"是具体的入手工夫。张舜典的这种诠释旨趣无疑是有极强的针对性的，意在通过实实在在的工夫来矫正"以明心见性之空言，代修己治人之实学"②的弊病，这明显是对其师许孚远偏重工夫一路的继承和弘扬。二是援朱救王。张舜典对当时学界的普遍性议题——朱王之争采取的回应方式是各取所长，相互救正。他说：

> 阳明先生"致良知"三字，真得圣学真脉，有功于吾道不小。③

---

① （明）薛敬之、张舜典：《薛敬之张舜典集》，韩星点校整理，西安，西北大学出版社，2015 年，第 114 页。
② （明）顾炎武：《日知录集释（全校本）》，（清）黄汝成集释，栾保群、吕宗力校点，上海，上海古籍出版社，2013 年，第 158 页。
③ （明）薛敬之、张舜典：《薛敬之张舜典集》，韩星点校整理，西安，西北大学出版社，2015 年，第 128 页。

出处隐显，阙惟一敬，可质三王，可俟后圣。①

谁哉我之师，人心有仲尼。考亭严主敬，姚江致良知。②

从这三段话中可见，张舜典既高赞阳明的"致良知"，亦看重朱子的"主敬"，认为两者皆是圣学要津，不可或缺。这就开显出回应朱王之争的新方案、新模式，从而与那种以一家为主，兼取另一家的方式区别开来。三是不事训诂，亦不为举业而作。一方面，张舜典对《中庸》的诠释，继续延承张载所开创的"心解"经典之法，全书尽是其心得之语，完全不涉及一字一物的考证、训诂。因此，他就对关学一系当中有此取向的王恕的《四书意见》、吕柟的《四书因问》极为赞成。他说："先是吾乡端毅王公则有《四书意见》，文简吕公则有《四书因问》，其书皆直接洙泗心传，不为训诂文辞之解知，学者无不宗而主之。"③另一方面，他也强烈反对那种以举业为目的阐释经典的做法，他说：

> 且今四子书治举业者举能言之，海内坊刻几于充栋，中间亦有当者不当者。然为举业而作，则为文而解其义，不为身心而求其旨也，虽能疑且思，思而有妙解出，若过于汉之训诂，吾终以为得而未得，是纸上之机括，非心中之妙悟。若《疑思录》者则异于是，是为德业而作，不为举业而设。若举业则人疑思之可也，何劳少墟疑，疑而思之？④

在张舜典看来，是时注解四书之作，多以举业为诉求，没有用来体之验之，这使其成为一个外在性的知识，而与心性修养无涉，终究是纸上学问。故而他对冯从吾的四书学高度赞扬，认为其乃为德业而作，以此为效仿对象，他的《致曲言》亦纯是为德业而发，非是制艺之作。要之，张舜典的《中庸》学是晚明特定时代背景下的产物，贯穿着强烈的时代问题，这就充分彰显了"哲学是时代精神的精华"的学术命题。

---

① （明）薛敬之、张舜典：《薛敬之张舜典集》，韩星点校整理，西安，西北大学出版社，2015年，第139页。
② （明）薛敬之、张舜典：《薛敬之张舜典集》，韩星点校整理，西安，西北大学出版社，2015年，第139页。
③ （明）薛敬之、张舜典：《薛敬之张舜典集》，韩星点校整理，西安，西北大学出版社，2015年，第149页。
④ （明）薛敬之、张舜典：《薛敬之张舜典集》，韩星点校整理，西安，西北大学出版社，2015年，第149页。

第五节　酌采朱王，阐明真性：王徵的《学庸书解》

王徵(1571—1644)，字良甫，号葵心。陕西泾阳人。天生资质英迈，志存高远，"自成童时，便以天下国家为己任"[1]。少从其舅父关学大儒张鑑[2]学习，二十四岁中举，五十二岁登进士，历任广平、扬州司理以及山东按察司金事兼辽海监军，立朝不及四年，以著述讲学为事。王徵是晚明最早受洗入教的儒家士大夫之一，与徐光启并称为"南徐北王"，与徐光启、李之藻和杨廷筠合称为晚明"四贤"。[3] 闯王攻陷西安，欲请其出山做官，王徵遂题墓石曰"有明进士奉政大夫山东按察司金事奉敕监辽海军务了一道人良甫王徵之墓"[4]，又书"精白一心事上帝，全忠全孝更无疑"[5]，绝食七日而死，谥号"端节"，刘古愚称赞其"以身殉明，大节凛然"[6]，又说"先生忠孝大节，彪炳寰区，不得以兼信景教，遂谓碍于关学"[7]，也就是不避其天主教徒的身份，力主将其纳入关学谱系当中。而对于其学行，王介称其"天下之士慕公真品，仰之如泰山北斗"[8]，"海内名流仰公如泰山北斗，靡不乐与之游。关中魏恭襄、李肃敏、孙恭介、温恭毅、冯恭定诸贤，皆以关学名儒首推重之。而相国叶台山、徐玄扈，太傅孙高阳，冢宰李松毓，中丞左忠毅、杨忠烈诸公，又咸推为王佐才，交章争荐"[9]。王徵一生著述丰富，主要有《奇器图》《士约》《兵约》《学庸书解》等。其《学庸书解》虽篇幅极短，仅仅只有两节，分别围绕"大学之道"和"天命之谓性"展开，却受到学者高赞："悉发前人所未发，无片语袭陈言。尝鼎一脔，全旨具是，真千秋大业也。诸士如久滞迷津

---

① （明）王介：《明关学名儒先端节公全集序》，（明）王徵：《王徵集》，林乐昌编校，西安，西北大学出版社，2015年，第419页。

② 张鑑(1546—1605)，陕西泾阳人，别号湛川。历任赵城(今山西省洪洞县)、定兴(今河北省定兴县)、迁安(今河北省迁安市)知县，后任太原同知，朝议大夫，孙丕扬命其谥号为"贞惠"。

③ 方豪：《李之藻研究》，台北，台湾商务印书馆，1966年，第4页。

④ （明）王徵：《王徵集》，林乐昌编校，西安，西北大学出版社，2015年，第364页。

⑤ （明）王徵：《王徵集》，林乐昌编校，西安，西北大学出版社，2015年，第364页。

⑥ （清）刘古愚：《〈关学编〉后续》，王美凤整理编校：《关学史文献辑校》，西安，西北大学出版社，2015年，第360页。

⑦ （明）柏堃：《王端节公遗集序》，（明）王徵：《王徵集》，林乐昌编校，西安，西北大学出版社，2015年，第435页。

⑧ （明）王介：《先端节公文集序》，（明）王徵：《王徵集》，林乐昌编校，西安，西北大学出版社，2015年，第424页。

⑨ （明）王介：《明关学名儒先端节公全集序》，（明）王徵：《王徵集》，林乐昌编校，西安，西北大学出版社，2015年，第420页。

得登宝筏，争相抄阅，弗能遍及。"①以此可见王徵是书之不俗。

一、重释《中庸》首章

与对《大学》的诠释一样，王徵对《中庸》的诠释也只有一节内容，主要是围绕《中庸》首章进行的解读，为方便起见，全录如下：

> 此章书是子思子见当时人各立教，莫不自谓我见道也，乃皆外吾性而言道。纵有假性以言道者，又皆荒吾性于虚无，令人莫可捉摸；狃吾性于血气，令人失之任情；索吾性于身心日用之外，令人寻枝摘叶，敝精疲神，而卒莫得其指归。于是真性不明，常道久湮，邪说蜂起，而吾尧舜以来相传之正教，几为天下裂矣。子思子忧之而作《中庸》，其意总要阐明真性，使天下之人共率之而已。故立言之首，即云"天命之谓性，率性之谓道，修道之谓教"。若曰命外无性，惟天命方可为性；性外无道，惟率此天命之性方可为道；道外无教，惟修此率性之道方可为教也。
>
> 盖天命者，天之明命，即愚前篇所指本来面目是已。四肢百骸，非此无以纲维而运旋，故名之曰命。一身之中，惟此命居之最上，清虚灵妙，精粹圆明，诚一元枢，而万善之门也，故名之曰"天命"。总之，乃吾人天然自有之良心，而曰"仁"，曰"明德"，曰"至善"，曰"形色天性"，千枝万叶，千流万派，咸一以贯之者也。认得天命之性而率之，则静与天俱，动与天游，岂不触目皆真，头头是道？率之云者，只是将此天命之性作主，凡事依他而行，不挠私意，不加造作，不移于纷华、靡丽、爱憎、利害之偏，方是能率。上焉者，不失赤子之心，即有性之之妙，是不假存养而自然能率者也。次焉者，有失本性之初，当加反之之功，或致曲，或顾諟，一以此性为宗而遵之，是假存养而能率者也。顾存养过急而蹈助长者非率，少不存养而流于忽忘者非率，才加存养就萌期必计效之念者亦非率。此其至简至易之中，尽有法则节度。惟就此率性之道而修之，乃千圣相授之真传也。
>
> 修者经营修理之义，犹云只在率性之道上做工夫耳。然又恐人错认天命之天，直向身外求去，故又教人点检一身之中，谁是须臾

---

① （明）王名世：《学庸书解跋》，（明）王徵：《王徵集》，林乐昌编校，西安，西北大学出版社，2015 年，第 414 页。

不可离者即是此道，其他可离者乃非道也。此正子思子吃紧提醒点化人处。夫一身中最不可须臾离者，孰如本来面目？离之则跬步之间，倾侧所不免矣，又谁与辨是非而应事为？是故君子知天命之性之道之不可离也。于是虽当不睹不闻之时，常切戒慎恐惧之念。而独之不敢不慎者，正以至隐者天下之至见，至微者天下之至显，而天命之性正在独处呈真机，率性之功正在独处验存养也。

盖独者，念头发处，独露独觉之独，非专指独居无人言也。试观喜怒哀乐，日用间所必不能无者，有一不从此天命之性独露独觉处发之乎？知喜怒哀乐，则知万感万应总不能外此以为根核，以为发用。当其未发之前，一真独朗，万象悉含，静定澄澈，毫无偏倚，何中如之？及其方发之时，一真偶触，天倪自动，顺天而行，毫无乖戾，何和如之？中也者，正所谓天命之性，乃天下之大本也。和也者，正所谓率天命之性，乃天下之达道也。果能率性而致此中和，天地有不位，而万物有不育者乎？

致，至也，犹云至此中和地位也。盖自独察其莫见莫显之机，而心严于不睹不闻之境。君子所以体认天命，允执厥中，而存养此性者，至矣。内之所存，既浑然天命之真体，而无所不中；自外之所发，一油然率性之妙用，而无所不和；则不独天君一定，百体咸宁，吾身之天地万物位且育焉已也。即极而裁成参赞，两仪赖之以清宁；陶冶曲成，庶品赖之以咸若者，罔不自此率性中来矣。

然则是道也，谓其为远乎？则须臾不离，率之即是。谓其为粗乎？则睹闻莫加，隐微难窥。谓其荒唐而无实际乎？则不出性情之内，即有位育之能。又况与生俱生，时时见在，人人各足，诚匹夫匹妇之所可知可能，而尧舜以来相授受之常道乎。奈之何求道者乃不率我天命之性，而从流于他教为耶？噫！①

从这段长文来看，王徵所要表述且较有特色观点有三。一是对《中庸》主旨的理解。王徵认为《中庸》一书的主旨就在于"阐明真性"，缘由即在于以往学者讲"性"有三个误区：①以"虚无"讲"性"，使人难以捉摸；②以"血气"论性，使人任情而为；③讲"性"与身心无涉，使人枉费精神。正是以上三种误区导致学者不知"性"为何物，邪说横起，子思为了拨乱反正，阐明圣学，故而作《中庸》。也正是这种定位，使王徵在《中庸》一书

---

① （明）王徵：《王徵集》，林乐昌编校，西安，西北大学出版社，2015 年，第 144～146 页。

中特别重视首句"天命之谓性"，不仅将其作为这篇释文的重心，同时也以此来提领首章，如他提出的"中也者，正所谓天命之性，乃天下之大本也。和也者，正所谓率天命之性，乃天下之达道也"，即以"天命之性"来解释中和的观念。要之，王徵对《中庸》的理解与朱子的意思是一致的，因为朱子的《中庸章句》本身以天命之性为基点，而强调性"①。这些都显示出王徵、朱子着意形上建构的理论旨趣，从而与阳明将"修道之谓教"作为《中庸》首章的宗旨不同。②

二、反驳朱注

王徵对朱注的不满首先聚焦在对"天命"的理解上。朱子将"天命"分开解释，指出"命，犹令也"③，意思就是"如尊命、台命之类。天无言做，如何命？只是大化流行，气到这里便生这物，气到那物又生那物，便是分付命令他一般"④。可见，朱子的意思凸显的是自然主义。以此为参照，王徵则将其解释为人之先天具有的"良心"，也即"明德""仁"等，这个"命"是人身上最为至上的东西，很显然，王徵这里的"命"是一个名词，而朱熹所解的"命"是一个动词，内容更是截然相反。更为重要的是，王徵以此为纽带，将《大学》和《中庸》在义理上打通，将"命"作为两者的核心概念，也就是其反复强调的"本来面目"。在此意义上，王徵与朱子不同，他不强调《大学》《中庸》的差异，而与阳明强调的"子思括《大学》一书之义，为《中庸》首章"⑤旨在凸显两者关联的旨趣相近。

王徵另一比较有特色的地方在于对《中庸》首章"修道"的解释。如对"修"的解释，他认为是"经营修理"之义，这与朱子以"品节"（节制约束）解释旨在凸显道、教的差异不同，王徵的意思主要是凸显工夫意味，也就是在"率性之道"上做工夫。当然，这与阳明批评朱子，意在说明"'修道'是指修道者戒惧慎独的体道工夫"的工夫诉求有一致之处。

总而言之，王徵对辐辏于《中庸》争议的回应，可谓是依违于朱王之间。其最终目的是矫正时弊。他指出：

> 而今把一部经史，当作圣贤遗留下富贵的本子；把一段学校，

① 陈来：《朱熹的〈中庸章句〉及其儒学思想》，《中国文化研究》2007年第2期。
② 许家星：《阳明〈中庸〉首章诠释及其意义》，《复旦学报（社会科学版）》2021年第1期。
③ （宋）朱熹：《四书章句集注》，北京，中华书局，1983年，第17页。
④ （宋）陈淳：《北溪字义》，北京，中华书局，1983年，第1页。
⑤ （明）王守仁：《王阳明全集》，吴光、钱明、董平等编校，上海，上海古籍出版社，2012年，第15页。

当作朝廷修盖下利达的教场。矻矻终日，诵读惓惓，只为身家。譬如僧道替人念诵消灾免祸的经忏一般，念的绝不与我相干，只是赚的些经钱食米衣鞋来养活此身，把圣贤垂世立教之意辜负尽了。①

这就是说，学者把经书当作博取功名、谋求富贵的工具和阶梯，与自身的心性修养无涉，与开物成务无关，违背圣贤立教本意。基于此，王徵诠释《大学》《中庸》有意强调心性之学，绝非放空之言，而是有感而发。这里需要特别说明的是，王徵是一位天主教徒，但其对《大学》《中庸》的诠释几乎没有西学的影子和意味，推究其因，最大的可能是此书乃其受洗入教（1616 年）之前所作。②

第六节　以义理解经，融会朱王：寇慎的《四书酌言·中庸》

寇慎（1577—1669），字永修，号礼亭，陕西同官（今陕西省铜川市）人，七岁母亲去世，受其父寇尊孟严格教导，精研儒家之学，年三十九，方中进士，任刑部主事，后历任工部郎中、苏州知府、广平知府，山西按察司副使昌平兵备道等职。崇祯八年（1635 年），继母病逝，以守孝之名，告老返家，后被李自成起义军俘获，因其素有清廉之名，起义军没有为难于他，放其回家。自此至老，寇慎遂优游山林，用心于学，著书讲学，不复仕进，撰有《四书酌言》《历代史汇》《山居日记》《同官县志》等，康熙八年（1669 年），病逝于家，享年 93 岁。"清初三大儒"之一的顾炎武推重寇慎，他十四岁参加童子试时，受到寇慎赞许，于康熙九年专赴铜川拜谒寇慎墓，不仅与吕一经一起校正其《四书酌言》，也为其撰写《中宪大夫山西按察司副使寇公墓志铭》，详述其一生言行出处。寇慎所著《四书酌言》受到学者高赞，张宝树称："阐其精微，疏其血脉，其生平正己正人之学，胥于是编见之。"③杨增思称其"字字详明，句句恳切……既不称引浩繁，失之太冗，又不脱略遗漏，失之太疏"④，陈宏谋赞以"理

---

① （明）王徵：《王徵集》，林乐昌编校，西安，西北大学出版社，2015 年，第 150 页。

② 林乐昌：《关学大儒王徵"畏天爱人"之学研究》，《地方文化研究》2013 年第 6 期。

③ （清）张宝树：《四书酌言》序，（明）寇慎：《四书酌言》，《四库全书存目丛书》编纂委员会编：《四库全书存目丛书·经部一六四》，济南，齐鲁书社，1997 年，第 201 页。

④ （清）杨增思：《四书酌言》序，（明）寇慎：《四书酌言》，《四库全书存目丛书》编纂委员会编：《四库全书存目丛书·经部一六四》，济南，齐鲁书社，1997 年，第 202 页。

学经济"①，以此可见是书之地位和价值。在寇慎对《中庸》篇章结构的划分中，《中庸》由"中庸"和"诚明"两部分构成；② 对《中庸》的注解时分为"中庸上""中庸下"两部分，"中庸上"主要是对"中庸"的解释，"中庸下"则是对"诚明"的解释。基于此，本节主要围绕这两部分的核心范畴展开。

一、"中"统领全篇

"中庸"无疑是《中庸》一书的核心范畴，而"中"和"庸"连为一体，其表征的重点是"中"还是"庸"，学界并没有取得一致的看法。寇慎在此问题上的理解是：

> 中固不可得而言矣。故子思《中庸》一篇皆言中之用也。天地位，万物育，中之用也……达道、达德、九经，中之用也；尽己之性，尽人物之性以参天地赞化育，中之用也；载物、覆物、成物，中之用也；洋洋优优，中之用也；议礼、制度、考文，中之用也；建诸天地，质诸鬼神，考诸三王，俟诸后圣，中之用也……章章显露，句句详明，中庸之义备矣。③

在寇慎看来，"中"和"庸"首先是有区别的，"中"不可见，不可得，它是"直指人心之本体"④，而"庸亦只是用此中"之意⑤，前者与关学一系的吕大临相近，将"中"作为名词而非形容词理解，后者则与郑玄之意一致。当然，寇慎并非只是简单沿袭，他对"中"和"庸"的关系给予明确的界定，认为两者"原非两件"⑥，强调两者的一体。此意后来的徐复观揭示得最为明白，他说：

---

① （清）杨增思：《四书酌言》序，（明）寇慎：《四书酌言》，《四库全书存目丛书》编纂委员会编：《四库全书存目丛书·经部一六四》，济南，齐鲁书社，1997年，第202页。
② 梁涛认为《中庸》由两篇构成，即"中庸"和"诚明"。（姜广辉主编：《中国经学思想史》第一卷，北京，中国社会科学出版社，2010年，第639～670页；梁涛：《郭店竹简与思孟学派》，北京，中国人民大学出版社，2008年，第261～291页。）
③ （明）寇慎：《四书酌言·中庸》，《四库全书存目丛书》编纂委员会编：《四库全书存目丛书·经部一六四》，济南，齐鲁书社，1997年，第221～222页。
④ （明）寇慎：《四书酌言·中庸》，《四库全书存目丛书》编纂委员会编：《四库全书存目丛书·经部一六四》，济南，齐鲁书社，1997年，第222页。
⑤ （明）寇慎：《四书酌言·中庸》，《四库全书存目丛书》编纂委员会编：《四库全书存目丛书·经部一六四》，济南，齐鲁书社，1997年，第222页。
⑥ （明）寇慎：《四书酌言·中庸》，《四库全书存目丛书》编纂委员会编：《四库全书存目丛书·经部一六四》，济南，齐鲁书社，1997年，第222页。

　　　　"中"为儒家思想中之重要观念……而《中庸》一书里面，"中"之
观念，实重于"庸"之观念。①

很显然，寇慎之意与徐复观之意是完全一致的，都将"中庸"的重心落在
"中"字上，强调《中庸》全篇皆是"中"的发用。这就是徐复观所谓"'中'字
的意义，重于'庸'字的意义"②。这就将"中"视为全篇之核心和枢纽，突
出"中"的统领性地位。那么，何谓"中"呢？寇慎首先解释道：

　　　　中不独"在中"之义，即天命之性也，无所偏倚，正见性善处，
惟其性善而原于天，故曰"天下之大本"。③

在理学史上，"中"一直有作为名词的"中"和作为形容词的"中"的区分，
这种区分因程颐与吕大临的争论而显著于史。程颐主张"中"只能形容
"性"和"道"，而不能直接将"中"与"性""道"等同为一，这就如同不能直
接将方、圆这类的形容词直接等同于天、地。而吕大临则不然，他主张：
"'天命之谓性'，即所谓中……中者，天道也、天德也，降而在人，人禀
而受之，是之谓性。"④这就直接将"中"作为名词，作为大本之体来看待，
赋予其形上实体的地位。而后的朱子则基本沿承程颐的这一思路，并有
所发挥和推阐，他说：

　　　　中，一名而有二义，程子固言之矣。今以其说推之，不偏不倚
云者，程子所谓在中之义，未发之前无所偏倚之名也；无过不及者，
程子所谓中之道也，见诸行事各得其中之名也。⑤

朱子统合程颐的说法，将"中"区分为未发之中和已发之中，未发之中是
体，已发之中是用，这就从体用的角度将程颐的主张更加清楚明白地揭
示出来。后来的阳明则与吕大临之意极为一致，他在回答弟子陆澄的提

①　徐复观：《学术与政治之间》，上海，华东师范大学出版社，2009 年，第 192 页。
②　徐复观：《中国人性论史（先秦篇）》，上海，上海三联书店，2001 年，第 98 页。
③　(明)寇慎：《四书酌言·中庸》，《四库全书存目丛书》编纂委员会编：《四库全书存目丛
书·经部一六四》，济南，齐鲁书社，1997 年，第 224 页。
④　(宋)吕大临等：《蓝田吕氏集》(上)，曹树明点校整理，西安，西北大学出版社，2015
年，第 84 页。
⑤　(宋)朱熹：《朱子全书》第 6 册，朱杰人、严佐之、刘永翔主编，上海，上海古籍出版
社；合肥，安徽教育出版社，2002 年，第 458 页。

问"'中'字之义尚未明"时指出："此须自心体认出来，非言语所能喻。中只是天理。"①阳明的意思再清楚不过，皆有"求诸本心，求诸先验的道德主体"②之意味。回到寇慎这里，他所主张的"中"即"天命之性"，与吕大临、王阳明之意并没有太大的差异，都赋予"中"形而上的实体意味。寇慎在诠释"君子中庸"章时直接提出"中体"这一概念，将这一意思表达得更为清楚。寇慎指出："通章辨中体以维道统。"③而在"中"与"庸"的关系上，寇慎指出：

> 中不离日用，故曰庸。④
> 庸亦只是用此中耳，原非两件。⑤

在寇慎看来，"中"虽然有形上实体的地位，但并非与日用伦常相隔绝，而是就在人伦日用当中，这显然是对儒家历来主张的道器不离观点的重申和坚守。更进一步，他沿袭郑玄等的解释，将"庸"解释为用，并明确两者的关系是一不是二，故"庸"也就是对"中"的落实和践行。很显然，寇慎对"中""庸"关系的解读并没有溢出传统儒家的范围，不同的是，他的解读显示出打通为一、综合而非分疏的倾向。这在对"中""和"关系的解读中更可以看得出来：

> 天下万世只是此中，我既与此中，不戾即是与天下无碍处，蛮貊可行，家邦必达，故曰达道……致中和宜云"致中"，而和是一直下，盖和只是中，故名篇只曰"中庸"，言中则和在矣，位育是实落事。⑥

我们知道，朱子对"中""和"进行区分，主张"中，性之德；和，情之

---

① （明）王守仁：《王阳明全集》，吴光、钱明、董平等编校，上海，上海古籍出版社，2012年，第21页。
② 王楷：《时中与求中：吕大临中和学说新探——一种〈中庸〉诠释学视域下的考察》，《朱子学刊》编委会编：《朱子学刊》第22辑，合肥，黄山书社，2013年，第141页。
③ （明）寇慎：《四书酌言·中庸》，《四库全书存目丛书》编纂委员会编：《四库全书存目丛书·经部一六四》，济南，齐鲁书社，1997年，第225页。
④ （明）寇慎：《四书酌言·中庸》，《四库全书存目丛书》编纂委员会编：《四库全书存目丛书·经部一六四》，济南，齐鲁书社，1997年，第225页。
⑤ （明）寇慎：《四书酌言·中庸》，《四库全书存目丛书》编纂委员会编：《四库全书存目丛书·经部一六四》，济南，齐鲁书社，1997年，第222页。
⑥ （明）寇慎：《四书酌言·中庸》，《四库全书存目丛书》编纂委员会编：《四库全书存目丛书·经部一六四》，济南，齐鲁书社，1997年，第225页。

德"①，将中、和分别作为性、情的属性来看待。而寇慎则主张"中""和"是一事，致中和也就是致中，不必再说致和，因为"和"就是已发之中，当说中的时候，"和"已经蕴含其中了，这也是《中庸》这本书命名为"中庸"，而不是"中和"的原因。至此，寇慎从"中"之义，"中"与"庸""和"的关系将"中"的地位凸显出来，确立了其形上实体的地位，使其成为全篇的中心和枢纽。

二、"诚"尽天人之道

在先秦儒学中，"诚"只是一个普通的德目，到宋明理学时，渐趋演化出本体、境界和工夫三个层次的内涵，而周敦颐、张载皆是导夫先路的学者，他们拓展和丰富了"诚"的义涵。与对《中庸》的分章相应，寇慎对"诚"也极为重视，他指出《中庸》以一诚尽天人之道②，将"诚"在《中庸》的地位和功能揭示出来，故钱穆所言的"《中庸》本义，正吃重在发挥天人合一"③。而就"诚"的内涵来讲，寇慎首先解释道：

> 诚即是个不二，即是个纯。天得此以常清，地得此以常宁，人得此以绵亘今古，不得分为天自天，地自地，亦不得分为天地。自天地至诚，自至诚尤不得分。④

这里，寇慎明显是从"本体"意义上来论"诚"的，透显"诚"作为最高的道德理想的义涵，认为天得此可以保持常清，地得此可以保持安宁，人得此可以保持永久，"诚"是贯通天地人三者的，不可给予人为的分隔。他进一步论道："诚者，性也，率性之谓道也。诚即仁，而知在其中。"⑤这就极为明确地将"诚"作为最高的道德标准揭示出来。

"诚明"作为"中庸下"篇的题名，其重要意义不言而喻。早在关学宗师张载那，就对此表现出独特的重视，故而其去世后获得"明诚夫子"的谥号。张载在诠释此章时，将其与《易传》中的"穷理尽性以至于命"结合

---

① （宋）黎靖德编：《朱子语类》，王星贤点校，北京，中华书局，1986年，第1508页。
② （明）寇慎：《四书酌言·中庸》，《四库全书存目丛书》编纂委员会编：《四库全书存目丛书·经部一六四》，济南，齐鲁书社，1997年，第252页。
③ 钱穆：《中国学术思想史论丛》（二），合肥，安徽教育出版社，2004年，第63～66页。
④ （明）寇慎：《四书酌言·中庸》，《四库全书存目丛书》编纂委员会编：《四库全书存目丛书·经部一六四》，济南，齐鲁书社，1997年，第255页。
⑤ （明）寇慎：《四书酌言·中庸》，《四库全书存目丛书》编纂委员会编：《四库全书存目丛书·经部一六四》，济南，齐鲁书社，1997年，第252页。

起来，给予全新的解读，提出："'自明诚'，由穷理而尽性也；'自诚明'，由尽性而穷理也。"①两者明显是两条相反相成的为学进路。张载进一步解释道：

> 须知"自诚明"与"自明诚"者有异：自诚明者，先尽性以至于穷理也，谓先自其性理会来，以至穷理；自明诚者，先穷理以至于尽性也，谓先从学问理会，以推达于天性也。②

在张载看来，"自明诚"是下学而上达的，是渐次积累达至豁然贯通，而"自诚明"则是由本体而工夫的，两者是双向并进的。寇慎在这一问题上的主张是：

> 自诚明即诚者，自明诚即诚之者，俱就现成说，重教边交互二句，见原是一套，更无分别，正勉人由教复性，意非申上文。诚者，明之体，明者，诚之用，俱所性而有，不别圣凡者也。即体发用是性之能，由用识体是教之力，二则字俱是即字意，正是成功一也之意。对明而言，别之曰诚，然非外明，别有个诚，即在灵莹昭彻中，指其不容伪者言之也。此不容伪之心，即其不容蔽之心。对诚而言，别之曰"明"，然非外诚别有个明，即在浑沦精粹中，指其不容蔽者言之也。此不容蔽之心，即其不容伪之心。只有一件，更无两件，究竟明字也是多了的，只说得一个诚字。③

寇慎对"诚明"的理解不同于张载的地方有三处。一是从"体""用"的角度来界定"诚""明"两者的关系，主张"诚是明之体，明是诚之用"，这两者皆是本性所有，圣、凡皆一，由体发用是本性所具，而由用达体则是教化所至。寇慎这一主张明显是张载所不曾提及的。二是"诚""明"是一不是二，说"诚"已经包含"明"在内，不必再单说"明"，可见寇慎依然秉持其综合、圆融的思维模式来处理"诚""明"的关系。三是寇慎并没有沿袭张载的《中庸》和《易传》相融合的诠释模式，也就是没有将"诚""明"与"穷理""尽性"贯通起来。寇慎的这一主张不唯与张载不同，与朱子的架构性

---

① （宋）张载：《张子全书》，林乐昌编校，西安，西北大学出版社，2015年，第390页。
② （宋）张载：《张子全书》，林乐昌编校，西安，西北大学出版社，2015年，第267页。
③ （明）寇慎：《四书酌言·中庸》，《四库全书存目丛书》编纂委员会编：《四库全书存目丛书·经部一六四》，济南，齐鲁书社，1997年，第250页。

解释亦不尽相同，其打通为一的思路反而与阳明心学在形式上有相近之处。我们再来看寇慎对"诚者，自成"章的解释，寇慎说：

> 通章四个诚字，共是一个真精，不要分某为实理，某为实心，盖实心完，即实理具也。四个物字，俱是一个物，不要分某为造物，某为人物，某为事物，盖广言之，己所行之事，皆物也。己所与之人，皆物也。要言之，即己身在天地间亦一物也。①

从这段释文中可以看出，寇慎依然秉持前述的统合、简约思路，将四个"诚"字、四个"物"字作同一解释，并反对进行过度区分。要言之，寇慎着力发明"诚"贯通天人这一主张，提出"诚是公共的"，② 不是私己的，是"开物之祖"③。

三、经纬皆吾性流出

晚明阳明心学"空谈心性"所导致的虚而不实之风，在晚明以及清初遭到有识之士的反思和批评，遂形成一股"由虚返实"的学术思潮，"扬弃蹈空的心性之学而向原始儒学复归"④。作为积极入世且有相当理论自觉的寇慎，既没有完全舍弃心性之学，也没有全部走向事功之学，而是回到先秦儒学那里，重倡内圣外王。他说：

> 大抵勋业不从自性上发越出来的作用，都是私意凑泊，毕竟有些凑迫，有些狭小，边幅易尽，德泽不深入，规模气象，都不俊伟，都不掀揭。若是至诚自然征出来的，都没一毫凑泊，这才是我性中的作用……圣人功业配天地，皆自至诚性中自然流出的，故不假声色而自然著见，不费气力而自然变革，不用作为而自然有成。⑤

---

① （明）寇慎：《四书酌言·中庸》，《四库全书存目丛书》编纂委员会编：《四库全书存目丛书·经部一六四》，济南，齐鲁书社，1997年，第253页。
② （明）寇慎：《四书酌言·中庸》，《四库全书存目丛书》编纂委员会编：《四库全书存目丛书·经部一六四》，济南，齐鲁书社，1997年，第254页。
③ （明）寇慎：《四书酌言·中庸》，《四库全书存目丛书》编纂委员会编：《四库全书存目丛书·经部一六四》，济南，齐鲁书社，1997年，第254页。
④ 复旦大学哲学系中国哲学教研室编：《中国古代哲学史》(下)，上海，上海古籍出版社，2006年，第771页。
⑤ （明）寇慎：《四书酌言·中庸》，《四库全书存目丛书》编纂委员会编：《四库全书存目丛书·经部一六四》，济南，齐鲁书社，1997年，第256～257页。

在传统儒家那里，基于政治道德化的前设条件，他们将内圣到外王视为直贯而下的关系，外王是内圣之后自然达至的结果。这一关系模式成为儒家的基本传统。寇慎重新回到这一传统，主张外王事业必须建基于心性之上，必须是心性的自然流出和发用，否则就是私意妄为，就缺乏规模气象。当然这里面还隐含着一个前提条件，就是要求心、性必须洁净空阔、毫无杂染。寇慎说：

> 心体只是一个真，更无些子伪妄去夹杂，他一念惺惺，无片时间断也。①
>
> 天德正是性体，所谓天命之谓性也。许多经纶立本，知化都是天德上自具的。②

寇慎的意思再清楚不过，那就是心体是真实无妄、毫无杂欲的，而性体则是天德，心体与性体同一无二，它们担保和规范经纶立本、外王事业的正当和规模。更为重要的是，寇慎特别强调这种发用的自然而然义，他说：

> 圣人功业配天地，皆自至诚性中自然流出的，故不假声色而自然著见，不费气力而自然变革，不用作为而自然有成。③

寇慎认为功业乃是至诚之性的自然、必然的显发，这就表征出内圣外王的关系是顺贯的。寇慎的思想还凸显出这样的主张，那就是只要保证天德、性体的至诚不二，功业自然不在话下，这就与传统儒家尤其是原始儒学思想保持高度的一致。从寇慎的解读中可见其一改晚明阳明后学空谈而无实用的学术习气，开始积极关注外王事业，将儒家心性之学向经世致用转进。

小　结

处在明清之际的寇慎对《中庸》的诠释呈现出如下特质。首先，不事

---

① （明）寇慎：《四书酌言·中庸》，《四库全书存目丛书》编纂委员会编：《四库全书存目丛书·经部一六四》，济南，齐鲁书社，1997年，第256页。

② （明）寇慎：《四书酌言·中庸》，《四库全书存目丛书》编纂委员会编：《四库全书存目丛书·经部一六四》，济南，齐鲁书社，1997年，第256页。

③ （明）寇慎：《四书酌言·中庸》，《四库全书存目丛书》编纂委员会编：《四库全书存目丛书·经部一六四》，济南，齐鲁书社，1997年，第256～257页。

训诂，义理释经。众所周知，义理经学早在张载那就已经奠定，成为关学的一贯传统，再加上晚明以来阳明心学脱略经文治经习气的夹持，寇慎诠释《中庸》毫不涉及对经文的训诂、字义的考证，纯是长段的义理阐发，依然保持宋学的品格，还没有像王夫之、黄宗羲和顾炎武那样的"汉宋兼采"①的治经风气，仍然有旧学之轨辙。其次，兼采朱王。清儒杨增思在评价寇慎的《四书酌言》时认为是书的学术旨趣是"学宗考亭""会通朱子"②，而四库馆臣则给予相反的评价，主张"其学出于姚江，故是编多与朱子立异"③。这天壤之别的评价正反映出寇慎思想的复杂性。而就寇慎的《中庸》诠释而言，有对朱子《中庸章句》的直接引用（有十余处）和认同，并以朱子注解来驳斥时论，如"圣人非教人徼福者……朱注亦何曾说福"④。同时，寇慎的《中庸》诠释虽然没有直接提及阳明，但在思维模式上多有阳明心学的痕迹，凸显出圆融、综合的治学风格。寇慎对朱子学的明白提倡，对阳明心学的隐性融合，反衬出明清之际的学术趋势是朱子学渐趋升格，阳明心学日益衰落。最后，推阐实学。寇慎诠释《中庸》虽然依然秉持心性之学的风格，但已与那种纯粹的空谈心性有所不同，明显呈现出关注实学，倡导经世致用的特质，这就沿承了关学躬身践履、经世致用的学派风气，彰显出明清之际学术风气由虚向实的转变，不仅印证了清儒陈宏谋对是书"理学经济"⑤评价的恰当性，也进一步佐证了钱穆的"道德、经济、学问兼而有之，惟清初诸儒而已"⑥的论述的准确性。总而言之，寇慎的《中庸》学是明清之际学术风气转向下的代表之作，虽然没有全面凸显明清之际的学术格局，但至少从较为重要的侧面显示出明清之际的学术动向。

　　要之，明代关学《中庸》学著作既有质疑、羽翼朱子的，亦有回护阳明心学的，更有融会张载关学与理学、心学的，这些《中庸》学著作一方面在解经体例、诠释风格等方面，深化关学《中庸》学的发展，使得关学

---

①　(清)皮锡瑞：《经学历史》，周予同注释，北京，中华书局，2004 年，第 217 页。

②　(清)杨增思：《四书酌言》序，《四库全书存目丛书》编纂委员会编：《四库全书存目丛书·经部一六四》，济南，齐鲁书社，1997 年，第 202 页。

③　(清)永瑢等：《经部典籍概览》，首都师范大学文献研究所编著：《四库家藏》，济南，山东画报出版社，2004 年，第 718 页。

④　(明)寇慎：《四书酌言·中庸》，《四库全书存目丛书》编纂委员会编：《四库全书存目丛书·经部一六四》，济南，齐鲁书社，1997 年，第 238 页。

⑤　(清)杨增思：《四书酌言》序，《四库全书存目丛书》编纂委员会编：《四库全书存目丛书·经部一六四》，济南，齐鲁书社，1997 年，第 202 页。

⑥　钱穆：《钱宾四先生全集》第 22 册，台北，联经出版事业股份有限公司，1998 年，第 1 页。

《中庸》学在各个方向上推扩出来，另一方面也借助《中庸》，推进关学与其他学派的融通和交流，既深化了关学自身的发展，亦影响了其他学术流派的建构。更难能可贵的是，明代关学学派的《中庸》学少有四库馆臣严厉批判的"自明以来讲四书者多为时文而设"①的揣摩举业之作，更多受到四库馆臣的高赞，如吕柟和冯从吾的《中庸》学著作。这实际上也是关学《中庸》学始终恪守关学注重践履、务实求进学风的体现，更是关学《中庸》学作为地域学派独特性的展现。

_____

① （清）纪昀总纂：《四库全书总目提要》第 1 册，石家庄，河北人民出版社，2000 年，第962 页。

第四章　清代：关学《中庸》学的鼎盛

清代是关学发展的鼎盛时期，与之相应，清代也是关学《中庸》经解著作最为繁多的一代，主要有李二曲的《四书反身录·中庸》、李士瑸的《四书要谛·中庸》、康吕赐的《读中庸日录》、王心敬的《江汉书院讲义·中庸》、李修的《补薛存斋四书说蕴·中庸》、王吉相的《四书心解·中庸》、贺瑞麟的《四书偶记·中庸》、孙景烈的《四书讲义·中庸》、李元春的《中庸论》和《四书杂释》、刘绍攽的《四书凝道录·中庸》等十余部著作，这些著作体例丰富，涵盖答问体、注疏体、讲义体、笔记体等多种形式；特质多样，有推崇程朱理学的，亦有服膺阳明心学的，更有接纳维新思想的，却少受乾嘉汉学的影响，并不注重训诂考证，而是继续保持义理经学的学派风格。概言之，清代的关学《中庸》学呈现出著作繁盛、注重会通、倡兴关学的特质。

第一节　圣学统宗，调和朱王：
李二曲的《四书反身录·中庸》

李颙（1627—1705），字中孚，号二曲，陕西周至人。清儒全祖望称"关学自横渠而后，三原（马理）、泾野（吕柟）、少墟（冯从吾）累作累替，至先生（李二曲）而复盛"[1]，由此可见李二曲乃是关学复盛的关键人物。不仅如此，李二曲亦与孙奇逢、黄宗羲并称为"清初三大儒"，康熙皇帝特赐其"关中大儒"匾额以表彰其学术造诣。钱穆先生曾指出关学宗师张载的学术"得力于《易》《中庸》"[2]，《宋史》亦明确指出张载之学乃"以《易》为宗，以《中庸》为体"[3]，由此可见《中庸》在张载哲学体系中的重要性。张载对《中庸》的推崇成为关学治经解经的传统，门人后学针对《中庸》治经解经形成丰富的《中庸》学系统。李二曲作为将关学推向鼎盛的人物，自然对此传统加以承继，他自幼随母舅熟读《中庸》，后作《四书反身录·

---

① （清）潘世恩：《正学编》，《续修四库全书》编纂委员会编：《续修四库全书》子部第 951 册，上海，上海古籍出版社，2002 年，第 789 页。
② 钱穆：《宋明理学概述》，北京，九州出版社，2010 年，第 43 页。
③ （元）脱脱等：《宋史》，北京，中华书局，1985 年，第 12724 页。

中庸》以显其意。当前学界主要以整体或单一问题的视角对李二曲展开研究，而对其《中庸》学则尚无专门性的研究，只是按照预设的理学框架对其《中庸》学著作进行裁剪，这就无法彰显其《中庸》学的思想特质及在其思想建构中的作用。因此，回到文本，从整体的角度厘清李二曲《中庸》学的思想，着重考察他对关学宗师张载的承继与突破以及对心学、理学的批判、借鉴和融会，才能凸显李二曲《中庸》学的特色，丰富关学经学以及《中庸》学史的研究。

一、临境便见中庸

何谓"中"、何谓"庸"是历代经学注家诠释《中庸》首先需要面对的。对于"中"，李二曲解释道：

> 《中庸》，圣学之统宗，吾人尽性至命之指南也……有一毫过不及，便非"中"，与愚夫愚妇之知能，有一毫异同，便非"庸"。不离日用平常，惟依本分而行。本分之内，不少愧歉；本分之外，不加毫末，此之谓"中庸"。①

李二曲延续关学推崇《中庸》的学派传统，认为《中庸》乃圣人学问之根本，性命之学的要领。他显然是从反面立论，以"无过无不及"来解释"中"，以"无异同"来解释"庸"，不脱离日常应用，依本分而行，且在本分之内，没有愧疚之意，本分之外，不加毫末，这就是所谓中庸。李二曲对"中"的解释与程颐、朱子无异，强调不偏不倚，无过无不及；对于"庸"，李二曲与朱子保持一致，以"日用平常"来加以解释，不同之处在于他更为凸显和强调"中"必须在"庸"中来实现，强调两者的紧密联系，也就是必须在日用伦常中来彰显"中"道。具体来说，对于如何达到或实现"中"道，他说：

> 自尧舜以"执中"授受，人遂认为圣贤绝诣，非常人所可及；却不知常人一念妥帖处与尧舜同，即此便是"中"；能常常保此一念而不失，即此便是"允执厥中"。人心上过不去，即尧舜心上过不去者，然则"中"岂外于日用平常乎？惟其不外日用平常，方是"天下达道"。②

---

① （清）李颙：《李颙集》，张波编校，西安，西北大学出版社，2015年，第399页。
② （清）李颙：《李颙集》，张波编校，西安，西北大学出版社，2015年，第399页。

"允执厥中"自宋代始升格为儒家道统的核心内容，这引起李二曲的不满，他认为这就有将"中"视为圣贤独有，而一般人则遥不可及之嫌，殊不知只要常人一念与尧舜相同，便是"中"，若能长久保持，便是"允执厥中"，且"中"并不神秘，就在日用伦常之中，只有如此才能成为人人可至的天下之达道。可见，李二曲强调的是"中"的"时中"之义①，也就是要随时便宜以合"中"道，并再次重申"中"要落实在"庸"中方能实现，这就将其从高高在上拉回到日用平常之中，故他非常强调"中庸"的日用平常之义，他说：

> 中庸，平常之道也。乃世之究心理学者，多舍日用平常而穷玄极赜，索之无何有之乡，谓之"反经"而实异于经；谓之兴行而实不同于日用平常之行。其发端起念，固卓出流俗词章之上；而流荡失中，究异于四书平实之旨，是亦理学中之异端也。②

在李二曲看来，中庸就是平常之道，但当时无论是心学学者，还是理学学者，皆舍弃日用而穷究玄远，还以"回归经典和践履"为口号，其发端起念虽然超越于流俗词章之学，却无所依托，失却"中"旨，无异于是儒学中的异端、另类之学。李二曲的批评显然指向那些不务切实工夫，一味追求至上本体的躐等学问，故他强调"心"要平常：

> 道理本是平常，此心惟贵平常。若厌平常而好高奇，即此便是胜心，便是心不得其平。善乎！③

他认为道理本不是高深的东西，只是平常，且人心以平常为贵，如果厌弃平常而好奇异，这便是好胜之心，便是心不平善，便是狂妄，这是学者需要深深引以为戒的。对于如何做到"平常"，他说：

> 平日讲《中庸》，亦知心要平常。然平常不平常，不在言说，临境便见。能素位而行，便是平常。一或愿外，心便失常；心一失常，

---

① 李景林先生指出"中"有三义：一曰中礼或中道；二曰时中；三曰适中。（李景林：《教化的哲学——儒学思想的一种新诠释》，哈尔滨，黑龙江人民出版社，2006年，第391页。）
② （清）李颙：《李颙集》，张波编校，西安，西北大学出版社，2015年，第420页。
③ （清）李颙：《李颙集》，张波编校，西安，西北大学出版社，2015年，第55页。

平常安在？①

李二曲结合自身读《中庸》的体会，认为读《中庸》之时，心固然要平常，但平常与否并非体现在言语上，而要身临其境方能显现，这正是李二曲诠释"平常"的特色所在，他强调"平常"的实践义，人能依照自己的本分行事，便是平常，心如果失常，则"平常"亦不存在。他结合具体的现实应用来强调他的观点：

> 若事功节义，一一出之至性，率自平常，而胸中绝无事功节义之见，方是真事功、真节义、真"中庸"，谁谓"中庸"必离事功节义而后见耶？有此事功节义，方足以维名教，振颓风。若误以迂腐为"中庸"，则"中"为执一无权之"中"，"庸"为碌碌无能之"庸"，人人皆可能，人人皆"中庸"矣，何云不可能也？能者虽多，何补于世？离事功节义求"中庸"固不可，以事功节义求"中庸"亦不可。或出或处，只要平常。心果平常，无所不可。②

李二曲以具体的应用来解释"中庸"，他认为事功节义出自本性，并非胸中已横有事功节义之念，唯有自然而然，才是真正的"中庸"。他认为若将"迂腐"理解为"中庸"，则"中"成为失去"权变"之中，"庸"则成为平庸。他反对离事功节义去求中庸，也反对以事功节义去求中庸，只要内心平常，则可致中。

总之，李二曲既从方法的角度强调"中庸"，亦从体用的角度论述"中庸"。对于"中"与"庸"的关系，他认为有"中"无"庸"，则"中"成为一悬空搁置的虚体；有"庸"无"中"，则"庸"流为庸俗。两者虽然相即不离，但李二曲更为强调的是"庸"的"日用平常"义，主张"中"在"临境"（践行）中去彰显，在"事功节义"中去体现，而这恰恰是他释读"中庸"的特色所在。这种刻意强调是明显有针对性的，他身处王门后学的"束书不观，游谈无根"之风继续以强势姿态主导清初学风之际，故以关学的"躬行践履，经世致用"之学风矫正时弊。

二、性命之理不外日用平常

《中庸》因内含性命之学，故在北宋儒学重构之时，受到儒家的推崇，

---

① （清）李颙：《李颙集》，张波编校，西安，西北大学出版社，2015年，第405页。
② （清）李颙：《李颙集》，张波编校，西安，西北大学出版社，2015年，第403～404页。

一跃从《礼记》中的一篇上升至儒家经典，跻身"四书"行列。李二曲在诠释《中庸》时着意凸显"性命之学"的重要性，他说：

> 《中庸》，圣学之统宗，吾人尽性至命之指南也。学不尽性，学非其学；不顾谌天命，学无本原。①

在这里，李二曲认为《中庸》乃圣人之学的根本，是尽性至命的指南。如果学不能尽性，则学失去本质，如果不能尊奉、禀顺天命，则学无本原，而《中庸》一篇的核心要旨就在于尽性至命。李二曲的评价不仅切近《中庸》本旨，亦是明代理学喜好心性遗风的体现。② 对此，他进一步论道：

> 吾人一生，凡事皆小，性命为大。学问吃紧，全在念切性命。平日非不谈性说命，然多是随文解义，伴口度日，其实自有性命，而自己不知性，不重命，自私用智，自违天则，性遂不成性，而命靡常厥命。兴言及此，可为骨慄。诚知人生惟此大事，一意凝此，万虑俱寂，炯炯而常觉，空空而无适，知见泯而民彝物则，秩然矩度之中，毫不参一有我之私。成善斯成性，成性斯凝命矣，此之谓"安身立命"。③

李二曲认为人的一生凡事皆小，唯有性命为大，学问之要全在性命上用功。他指出，是时学界并非不谈性命，但多是随文解义，流于空谈，而实际上性命自在，只是人不知性，不重命而已，且自私用智，使性失去本义，命已成为非命，如果能知道此为人生大事，意念全集中于此，其他杂念则荡然无存，善成则性亦成，性成则命亦得以实现，如此才是安身立命。可见，李二曲不仅将"性命"视为《中庸》之体要，亦将其看作一切之根本，强调和凸显旨在扫去蒙在"性命"之学上的种种不实之论，恢复儒家性命之学本旨。他诠释道：

> 天生吾人，厥有恒性，"五德"具足，万善咸备，目视而明，耳

---

① （清）李颙：《李颙集》，张波编校，西安，西北大学出版社，2015 年，第 399 页。
② 张学智先生认为明代理学的特点就是理气论的褪色，心性论成为思想家学说的重心。这是因为，经过宋元诸大儒的推阐，理学发展到烂熟，越来越成为一种价值性学说，探究万物的终极实在已经变成了实证问题而逐渐居于人们视域的次要位置。（参见张学智：《明代哲学史》，北京，北京大学出版社，2000 年，第 1 页。）
③ （清）李颙：《李颙集》，张波编校，西安，西北大学出版社，2015 年，第 400 页。

听而聪，口言而从，心思而睿，恻隐、羞恶、辞让、是非随感辄应，不思不勉，自然而然。本无不率，其或方然而忽不然，有率有不率，情移境夺，习使然也。能慎其所习，而"先立乎其大"，不移不夺，动静云为，惟依良知良能，自无不善，即此便是"率性"。火燃泉达，日充月著，即此便是"尽性"。斯全乎天之所以与我者，不负天之所命，而克副天心。①

李二曲认为，天在赋予人"性"的时候，仁义礼智信俱足，万善皆有，人性是完满自足的，耳目等功能皆是随感而应，不思不勉，自然而然，不需要人力，便可尽性，这是应然层面或圣人的境界。之所以有不自然的时候，有顺性和不顺性的时候，乃是因为受习性所染，以至于情乱失中。能克除习性之弊，先立乎其大，不为情境所移，依人的良知良能而行，如此便是循性而为，日积月累，自可尽性。李二曲的思想显然既有陆王心学的迹象，也有程朱理学的迹象；既强调从根本处、头脑处入手，又主张通过切实的下手工夫去尽性，这实际是他主张"本体与工夫的合一"理念的体现。在"识性"与"率性"的关系上，他重申：

　　　天与我此性，虚灵不昧，无须臾之少离。天昭鉴我此性，凛凛在上，无须臾之或离，虽欲不惧，其可得乎？②
　　　问："识性方能率性，若不先有以识之，虽欲率，何从率？"曰："识得识是谁识，便知率是谁率。识得良知便是'性'，依良知而行，不昧良知，便是'率性'，便是'道'。"③

李二曲认同学生的主张，认为"率性"的前提首先是认知"性"是何物。何谓"性"？李二曲明确指出，"良知"即性，且天赋予我此性时，本是空灵明净的，没有片刻分离，人只需依"良知"而行即是"率性""循性"，这就是中庸之道。在此，李二曲所主张的"识得良知便是性"显然是对阳明的"知是理之灵处；就其主宰处说，便谓之心，就其禀赋处说，便谓之性"④以及"良知即是道"⑤的进一步发明和推阐，他明确指出"姚江……倡

---

①　(清)李颙：《李颙集》，张波编校，西安，西北大学出版社，2015年，第399～400页。
②　(清)李颙：《李颙集》，张波编校，西安，西北大学出版社，2015年，第400页。
③　(清)李颙：《李颙集》，张波编校，西安，西北大学出版社，2015年，第400页。
④　(明)王阳明：《传习录注疏》，邓艾民注，上海，上海古籍出版社，2012年，第78页。
⑤　(明)王阳明：《传习录注疏》，邓艾民注，上海，上海古籍出版社，2012年，第140页。

'致良知'，直指人心一念独知之微"①，也就是说，只需认识到良知即是
"性"，即是"道"，然后顺此良知而行即可实现发用流行的正当。

　　基于"性命之学"的重要性，李二曲明确反对晚明以来学界空谈性命，
走向高远玄虚的流弊，他批道：

> 　　日用常行之谓道，子臣弟友之克尽其分是也。吾人终日谈道，
> 试自反平生，果一一克尽而无歉乎？苟此分未尽，便是性分未尽，
> 而犹高谈性命，不知何者谓之性命？伦常有亏，他美莫赎。②

李二曲认为"道"并不是什么高远玄虚的东西，它就在日用伦常之中。臣
子、朋友、兄弟等人伦，只要按照"父子有亲，君臣有义，夫妇有别，长
幼有序，朋友有信"③等规范去尽自己本分，这就是道。人须反身内察，
有一分未尽，便不是尽性，性分未尽，而去高谈性命，这就是不知道何
谓性命。他在此强调性命之学的日用平常性，多次反对高谈性命：

> 　　论学于今日，不专在穷深极微、高谈性命，只要全其羞恶之良，
> 不失此一点耻心耳。不失此耻心，斯心为真心，人为真人，学为真
> 学，道德、经济咸本于心，一真自无所不真。④
> 　　行步要脚踏实地，慎勿凭虚蹈空。若低视言行而高谈性命，便
> 是凭空蹈虚究非实际。⑤

在以上引文中，李二曲反复强调性命之理的日用平常，且为学须在日用
伦常之中穷究性命之理，需要通过脚踏实地去做，方能实现性命之理，
如果低视言行的重要性，而凭空务虚，终究不切实际。是时王学末流空
谈性命，蔚然成风，颜元的"无事袖手谈心性，临危一死报君王"⑥是对
是时社会现状的生动描述，李二曲回归关学，以关学的贵礼崇德、经世
致用来纠正时弊，他说：

---

① （清）李颙：《李颙集》，张波编校，西安，西北大学出版社，2015 年，第 130 页。
② （清）李颙：《李颙集》，张波编校，西安，西北大学出版社，2015 年，第 405 页。
③ （宋）朱熹：《四书章句集注》，北京，中华书局，1983 年，第 255 页。
④ （清）李颙：《李颙集》，张波编校，西安，西北大学出版社，2015 年，第 467 页。
⑤ （清）李颙：《李颙集》，张波编校，西安，西北大学出版社，2015 年，第 472 页。
⑥ （清）颜元：《颜元集》，王星贤、张芥塵、郭征点校，北京，中华书局，1987 年，第
　51 页。

> 昔张子以礼为教，使人日用之间知所持循，最为吃紧，故学者须从此入德，方有据依。若高谈性命，卑视矩矱，乐舒放而惮检束，非狂即妄。①

礼的作用就是别，就是有节制、规定和秩序。李二曲在此表示对张载崇尚礼教的重视，认为礼可以使人日用之间有所持循，学者从此入手，方有依据，如无规矩，则属狂妄。可见，李二曲借掘发《中庸》之核心要旨——"性命之学"，以"日用平常"作为其生命力之所在，以破斥不切实用，偏离儒家本旨的学风。

三、《中庸》以慎独为要

"性"源于天而又内在于人的生命之中，但时常为习气、私欲所蒙蔽，使人无法循性而为，这就需要切实去做祛除私欲的工夫，恢复性之本然。在《中庸》的工夫系统中，李二曲尤为重视"慎独"工夫：

> 问："《中庸》以何为要?"曰："'慎独'为要。因请示慎之之功。"曰："子且勿求知'慎'，先要知'独'。'独'明而后'慎'可得而言矣。"曰："《注》言'独者，人所不知而己所独知之地也。'"曰："不要引训诂，须反己实实体认，凡有对便非'独'。'独'则无对，即各人一念之灵明是也。天之所以与我者，与之以此也，此为仁义之根、万善之源，彻始彻终，彻内彻外，更无他作主，惟此作主。'慎'之云者，朝乾夕惕，时时畏敬，不使一毫牵于情感，滞于名义，以至人事之得失、境遇之顺逆、造次颠沛、生死患难，咸湛湛澄澄，内外罔间，而不为所转，夫是之谓'慎'。"②

李二曲认为《中庸》的关键处在于"慎独"，而理解"慎独"则要先知"独"，知"独"然后可以言"慎"，他对引用朱子的注解表示反对，认为引用古训不如自己反身体认亲切。"独"是无对的，是指个人的灵明之念虑，天所赋予人的也正是此内容，是仁义之根本，万善之源泉，它贯彻始终，关乎内外。可见，李二曲将"独"拔高至至上本体地位，实是对朱子、阳明

---

① （清）李颙：《李颙集》，张波编校，西安，西北大学出版社，2015年，第485页。
② （清）李颙：《李颙集》，张波编校，西安，西北大学出版社，2015年，第401页。

思想的融合与推阐，与刘宗周的思想相互发明。① 对于"慎"，他认为是勤奋谨慎、时时敬畏，不受情感私欲之扰，无论是境遇的顺逆，人生之通达，皆处之泰然，这就是慎。可以看出，李二曲对"慎"的理解更多地吸收了程朱理学所主张的"敬"。

较之以往学者，李二曲的创新之处就在于他非常重视"慎独"与"独慎"之间的关系，他说：

> 涵生季父兼山北面问道，持所录《慎独说》就正。先生笑曰："慎独乎？独慎耶？知'慎独''独慎'之义，而后慎可得而言也。"请问之。曰："慎之云者，藉工夫以维本体也；独慎云者，即本体以为工夫也。藉工夫以维本体，譬之三军然。三军本以听主帅之役使，然非三军小心巡警，则主帅亦无从而安；非主帅明敏严整，则三军亦无主，谁为之驭？"因问"主帅"。曰："即各人心中之一念惺惺者是也。此之谓一身之主，再无与偶，故名曰'独'。慎之者，藉巡警以卫此主也。然主若不明，虽欲慎，谁为慎？"吾故曰："'慎独'、'独慎'之义明，而后慎可得而言"者，此也。②

李二曲认为，唯有知道"慎独"或"独慎"的意义，才能够真正有得，他认为"慎"是工夫，"独"是本体，"慎独"是由工夫以至本体，而"独慎"是以本体为工夫。他举例说明，譬如三军，本是听命于主帅，但三军若不小心巡警，则主帅也不能安定，这就是"由工夫以至本体"；反之，若主帅不严明，则亦无法统率三军，这是"以本体为工夫"。在此，他认为"主帅"即心中时常保持警醒的念虑，这就是身有主之意，没有与之相对的东西，这就是所谓独；至于慎，相当于保卫主帅的巡警，如果主帅不明的话，虽欲保卫，但无从下手。因此，必须先要明白"慎独""独慎"的意义，然后"慎"才有意义。可见李二曲对理学之"下学而上达"与心学的"由体而达用"工夫路径皆表示认同，只是对象资质不同，工夫有所别而已。

对于如何做到"慎独"，李二曲说：

---

① 朱子释"独"为"独者，人所不知而己所独知之地也"[（宋）朱熹：《四书章句集注》，北京，中华书局，1983年，第7页。]，虽表示的是一种处境，但已隐含"无对"之意。王阳明则认良知为独之体，以致良知为慎独，李二曲释"独"为无对之"一念之灵明"，显然具有融合两者的倾向。有明一代，刘宗周之学以慎独为宗，他说："独之外，别无本体；慎独之外，别无工夫。此所以为中庸之道也。"[（明）黄宗羲：《明儒学案（修订版）》，沈芝盈点校，北京，中华书局，2008年，第1583页。]这就将"独"作为至上本体。

② （清）李颙：《李颙集》，张波编校，西安，西北大学出版社，2015年，第89页。

夫妇知能，便是道之发端，即从夫妇居室上做起，便是造端。若此处忽略，则自坏其端，便是不能"慎独"。①

"内省不疚"，方是真"慎独"。"无恶于志"，则"慎独"方得力……自"衣锦尚𫄨"以下，皆所以慎独率性，以复天命之本然也。本然处，原淡、原简、原温、原近、原微，即此便是本体；能淡、能简、能温、能谨近、谨自、谨微，即此便是工夫。由工夫以复本体，即本体以为工夫，斯尽性至命，天人一贯矣。若少有一毫夹杂，少有一毫渗漏，少有一毫安排，少有一毫未化，便涉声臭，终非不睹不闻天命原初之本体。②

他认为只有反省自身，不愧疚于心，才是真正的慎独，没有恶念存于心中，则"慎独"方能到得力处。他认为君子之道发端于夫妇之间，因此须从夫妇居室做起，如果忽视根端处，则是自坏其根，便无法做到慎独。李二曲将慎独建立在君子之道的最初发端处——夫妇之道，认为此是慎独的最初发力处，夫妇之道尚且如此，其他事更不必说。且他认为《中庸》最后一章所言皆是通过慎独工夫以恢复天命之本然状态，而这实际亦是朱子的主张③，不同的是，朱子强调的是由工夫上达本体，而李二曲是双向主张，可见他对理学和心学进行调和的努力。

四、静以涵养未发

未发已发问题涉及对心、性、情关系的认识以及如何做修养工夫的问题，是历来最具争议之处，李二曲对此问题回应道：

喜怒哀乐未发时，性本湛然虚明，犹风恬浪静，水面无波，何等平易。已发气象，一如未发气象，便是太和元气。④

未发时，此心无倚无著，虚明寂定，此即人生本面，不落有无，不堕方所，无声无臭，浑然太极。⑤

① （清）李颙：《李颙集》，张波编校，西安，西北大学出版社，2015年，第404页。
② （清）李颙：《李颙集》，张波编校，西安，西北大学出版社，2015年，第409页。
③ 朱子在《中庸章句》中认为，此章是对"慎独"的回应和阐发。[（宋）朱熹：《四书章句集注》，北京，中华书局，1983年，第17～18页。]
④ （清）李颙：《李颙集》，张波编校，西安，西北大学出版社，2015年，第401页。
⑤ （清）李颙：《李颙集》，张波编校，西安，西北大学出版社，2015年，第401页。

他认为，当喜怒哀乐之情未发之时，性是纯粹如一、湛然虚明的，而心则无所依赖，虚明寂静，这是人之本来面目，不受有无、方所等的影响，它是无声无臭、浑然一体的。李二曲论述的自然（本然状态）实际是心性的应然状态，这是理学和心学都承认的。而在实然的状态下，人由于受习气的侵扰，往往出现背离应然状态的行为。那么，如何使心性复归到应然状态呢？对此，李二曲开出的良方是要重视未发之际的涵养，他说：

> 学者全要涵养性情。若无涵养，必轻喜轻怒，哀乐失节……常令心地虚豁，便是未发气象，便是"中"，便是"立天下之大本"。平日工夫，若实实在未发前培养，培养得果纯，自不为喜怒哀乐所移。①

喜怒哀乐之情未显发之际，人性本是纯洁如一，毫无遮蔽的，为保持这种心性合一的本然状态，学者必须要在未发之际涵养性情，使心保持虚灵，不染杂物，如此便可树立根基，确立大本，喜怒哀乐自然发而中节。反之，若无涵养保持，喜怒哀乐用之时必定错乱不中节，也就是心、性、情不一致。他继续深入论道：

> 延平之"默坐体认"，体认乎此也；象山之"先立其大"，先立乎此也；白沙谓"静中养出端倪"，此即端倪也。未识此，须静以察此；既识此，须静以养此。静极而动，动以体此；应事接物，临境验此。此苟不失，学方得力，犹水有源、木有根。有源则千流万派，时出而无穷；有根则枝叶畅茂，条达而不已，此之谓立"天下之大本"。然静不失此易，动不失此难，昔倪润从薛中离讲学，夜深中离令润去睡，五更试静坐，后再讲。次日，中离问："坐时何如？"曰："初坐颇觉清明，既而舟子来报风顺，请登舟，遂移向听话上去，从此便乱。"今吾人此心一向为事物纷拏，静时少，动时多，而欲常不失此，得乎？②

人在未发时心无所依着，虚明清定，这是人之本来面貌。李延平之默坐体认，陆九渊之先立其大，陈白沙之静坐养出端倪，皆在于体认此未发气象，未识之前，须通过静坐来察识此端倪，识此以后则仍须以静涵养，如此可保证在应事接物之时，中节不偏。这是学问的根本，根本纯粹，方能学有下手处。李二曲批评当时学者一向为外事所扰，动多静少，欲

---

① （清）李颙：《李颙集》，张波编校，西安，西北大学出版社，2015年，第401页。
② （清）李颙：《李颙集》，张波编校，西安，西北大学出版社，2015年，第401页。

保此心，是不可能之事。可见，李二曲强调未发时的工夫是"静"，他尤其对李延平、陈白沙的主静工夫情有独钟，认为其对未发的涵养是极为重要的。对于如何做到静坐，他明确说道：

> 每日鸡鸣平旦，须整衣危坐，无思无虑，澄心反观，令此心湛然莹然，了无一物，唯一念炯炯，清明广大。得此头绪，收摄继续，日间应事，庶不散乱。古人云"一日之计在于寅"，此乃吾人用工最要处。但此绪凝之甚难，散之甚易，自朝至午，未免纷于应感，宜仍坐一番以凝之。迨晚，默坐反观，日间果内外莹彻，脱洒不扰否？务日日体验，时时收摄，久而自熟，打成一片，寂而能照，应而恒寂，蔽之不能昧，扰之不能乱，已发恒若未发矣。①

李二曲认为具体的静坐之功是要在鸡鸣之时，衣服整齐，端庄静坐，澄明心境，反观内心，使此心湛然虚明，了无一物，如此方可清明广大，但工夫不能中断，要继续收摄，以至于日间应事接物，井井有序，不散乱走作。他认为做工夫最佳的时刻就在于早晨，实际上就是孟子所说的养"平旦之气"。李二曲认为这是最难的，一旦应事接物则容易为外物所纷扰，此时仍要静坐一番去凝集平旦之气，到晚间时，再默坐反观内心，如此可达到日间工夫的颖悟透彻，洒脱不受干扰，因此日日收摄，时时用工，日久自熟，如此动静打成一片，已发如同未发一样，气象自若。通过这种工夫，自然可以实现性情中和以及"天地位，万物育"，他说：

> 性情中和，便是好性情。性情好的人，到处可行，故为"天下之达道"。性情不好的人，虽处一家一乡，动辄乖戾，况一国，况天下乎？"位育"，乃性情实效，慎勿空作想象。②

李二曲主张通过"静"之工夫以涵养性情，可以达至性情的中和，也就是心、性、情的合一，如此才是好性情，如此便可由一家一乡实现达道，最终达至"天地位，万物育"的崇高境界。反之，则一切皆不成。可见，李二曲重视未发涵养，与程朱、陆王并无二致。不同的是，他主张"静以为之基"③，将静作为未发涵养之工夫要旨，而不同于程朱、陆王只是把

① （清）李颙：《李颙集》，张波编校，西安，西北大学出版社，2015年，第401~402页。
② （清）李颙：《李颙集》，张波编校，西安，西北大学出版社，2015年，第402页。
③ （清）李颙：《李颙集》，张波编校，西安，西北大学出版社，2015年，第410页。

"静"作为助缘工夫。

小　结

李二曲身当程朱理学日益官学化，陆王心学空虚流弊日显之时，他以"天下之大肯綮，莫过于提醒天下之人心。然欲醒人心，惟在明学术，此在今日为匡时第一要务"①为理念，借诠释经典，推阐学术，以醒人心，纠时弊。在他的《中庸》学中，他以"日用平常"为宗旨去诠释《中庸》，将中庸、性命、慎独等全部建立在"人伦日常"之中，以张载关学注重躬行践履的学风去矫正王门后学空谈性命、高远玄虚的流弊，以"本体工夫合一"对理学偏于支离烦琐，心学过于空疏流荡进行调和及开新。他说："姚江、考亭之旨，不至偏废，下学上达，一以贯之矣。故学问两相资则两相成，两相辟则两相病。"②可见李二曲认为阳明之学与朱子之学各有长短，不可偏废，应相资为用，互相弥补，方是学问之道。李二曲将此理念贯彻在其《中庸》学中，在融合理学、心学的基础上对《中庸》进行创造性的诠释，他的《中庸》学以浓缩一体的形式反映出其学术特质，开创出《中庸》学史上较有特色的理论体系。

第二节　明道尽性，会通朱王：
王心敬的《江汉书院讲义·中庸》

明末清初的学术态势是从"新安、姚江二派，尚相对垒"③渐趋向"学者争以辟陆、王为尊朱"④"王学为众矢之的"⑤。在这种学术境遇下，能够毅然以王学自任者，可谓凤毛麟角，而王心敬则是这一孤军薄旅当中的佼佼者。王心敬，字尔缉，号丰川，陕西鄠县（今西安市鄠邑区）人。年十八，参加岁试，因提学待之无礼，便脱巾愤愤而离开，被革去生籍，此后无意功名。年二十五，拜"王学后劲"⑥李二曲为师，前后达十余年，学业日粹，声闻日彰，有"天下莫不知丰川"⑦之美誉，成为李二曲门下

---

① （清）李颙：《李颙集》，张波编校，西安，西北大学出版社，2015年，第108页。
② （清）李颙：《李颙集》，张波编校，西安，西北大学出版社，2015年，第130页。
③ 王国维：《王国维遗书》第三册，上海，上海古籍书店，1983年，第482页。
④ （清）周元鼎：《丰川王先生》，（明）冯从吾：《关学编（附续编）》，陈俊民、徐兴海点校，北京，中华书局，1987年，第95页。
⑤ 梁启超：《中国近三百年学术史》，南京，江苏人民出版社，2015年，第49页。
⑥ 梁启超：《中国近三百年学术史》，南京，江苏人民出版社，2015年，第40页。
⑦ 张骥：《关学宗传》卷三十九，王美凤整理编校：《关学史文献辑校》，西安，西北大学出版社，2015年，第424页。

最为杰出的弟子。清儒唐鉴说："关中之学，二曲倡之，丰川继起而振之，与东南学者相应相求，俱不失切近笃实之旨焉。"①另一儒者孙景烈亦指出："吾关中自南阿、丰川两先生没后，薪火岌岌不续。"②以此可见王心敬学术地位之不俗。阁臣朱轼、额伦特、年羹尧、鄂尔泰等迭次举荐于朝，心敬均婉拒不出，但他绝非书斋陋儒，而是极为关心和回应是时愈演愈烈的全国性学术议题——朱王之争，他沿袭传统学者惯用的方式，即注解四书来表达其理论关怀和现实诉求。在他看来，"四子书虽有朱子集注，然亦简约，未尝逐节逐句发挥。初学入门，势不能不资于时下讲义，而讲义却不皆知道之人所为，多是因文衍义，故其意味淡薄，发不尽孔曾思孟原旨"③。这就是说，朱子注解四书言简意赅，初学者借此难以把握四书要旨，即使那些发挥朱注的讲章亦问题颇多，亦不能抉发原儒精蕴。正是基于这种忧虑，王心敬在应湖北巡抚陈诜之邀赴江汉书院讲学时，专与诸生讲论四书，后由其长子王功辑录成《江汉书院讲义》，有十卷之多，是书不仅有"皆先儒所未发，人人厌服"④之誉，更是清初"尊朱辟王"视域下为数不多的王门四书学注解之作，这两个维度的叠加就使得该书显得颇具学术价值和意义。下面我们就通过王心敬的《江汉书院讲义·中庸》这一颇为特殊的个案，兼取文集当中关于《中庸》的论述，既寻求其《中庸》诠释的义理主旨，亦探究其如何回应明末清初学界的公共问题——朱王之争，同时也力求透过这一个案来一窥清初阳明心学的学术样态是否如已有的研究所表明的那样同步等质。

一、《中庸》乃明道之书

黄宗羲在述及宋、明儒学术之差别时指出："宋儒学尚分别，故勤注疏；明儒学尚浑成，故立宗旨。"⑤这就简明扼要地将明儒好标宗旨的学风揭示出来。流风所及，处在清初的王心敬深受这一宗旨的影响，亦强调研读经书须首先明确宗旨何在，他说：

① （清）唐鉴：《唐鉴集》，李健美校点，长沙，岳麓书社，2010 年，第 611 页。
② （清）孙景烈：《墓表》，（清）史调：《史复斋文集》，《四库全书存目丛书》编纂委员会编：《四库全书存目丛书·集部二八一》，济南，齐鲁书社，1997 年，第 45 页。
③ （清）王心敬：《王心敬集》，刘宗镐、苏鹏点校整理，西安，西北大学出版社，2015年，第 806 页。
④ （清）钱仪吉：《碑传集》，靳斯校点，北京，中华书局，1993 年，第 3840 页。
⑤ （清）黄宗羲：《明儒学案（修订版）》，沈芝盈点校，北京，中华书局，2008 年，第330 页。

读经若于宗旨不明，宜责讲之不切、力之不勤；若既穷不能致
用，宜责志之不实、学之无得。至于文义不属，词章不谐，求之传
注，终觉难合，则且仿朱子传疑之例，切不可以意见穿凿。①

王心敬此语凸显了"宗旨"在领会和把握经书当中的重要性，并将此治经
原则落实到对《中庸》的理解上。他在《江汉书院讲义·中庸》中颇费篇幅
地进行解读，在回答友人之问中说：

吴子自悌问统论《中庸》之旨。家君曰："《集注》《大全》发之详
矣，君何旨之问？"吴曰："五经之中性命、道教、天人明行与夫天德
王道靡所不具，然多分言其理，而《中庸》旨意归诸一贯。何也？"家
君曰："此正所谓明道之书也。五经之分言乃各就道之所重，据事言
之原未尝不一贯相因。奈自世衰教微，学者每沿流忘源，转相授受，
于是日益支离，莫可致诘，而门户之祸且中于世道人心。子思子忧
之，乃为发明一贯之宗。若曰如此乃为性命，如此乃为道教，如此
乃为天人明行，如此乃为天德王道。彼百家簧鼓，割裂分异，未尝
非道之支流，要之于大道之全体大用不融不贯，非所以观会通而行
典礼也。故一一探本穷源，融会贯通而发之，斯道之源流于是始搜
剔分明，斯道之精蕴于是始昭揭朗彻。仲尼之后，斯道更为之一明
矣。然其实皆推本仲尼之宗传以示训，故篇前历引仲尼之言，而篇
末结以仲尼体传《中庸》之旨也。"②

在王心敬看来，五经是专言或者分言道的某一部分，原本也是据事而言，
前后一贯，只是世道衰微，经学陵夷，门户四起，纷争不断，背离经旨，
蛊惑人心。子思有鉴于此，故作《中庸》以重新推阐此儒家一贯宗旨，使
斯道源流清晰明确。因此，《中庸》一书应为明道之书。王心敬对《中庸》
的这一定位与朱子的"《中庸》何为而作也？子思子忧道学之失其传而作
也"③，着意从道统传承的角度来把握《中庸》的性质不尽相同。王心敬进
一步说：

---

① （清）王心敬：《王心敬集》，刘宗镐、苏鹏点校整理，西安，西北大学出版社，2015
　年，第 644 页。
② （清）王心敬：《王心敬集》，刘宗镐、苏鹏点校整理，西安，西北大学出版社，2015
　年，第 433 页。
③ （宋）朱熹：《四书章句集注》，北京，中华书局，1983 年，第 14 页。

《中庸》真明道书，亦真属大贤之见，观其论天地之道，只浑浑以一言而尽。"其为物不贰，则其生物不测"二十余字括之，而举古今以来论天地之道，更无一人一语可以出得他范围。这才是真明得天地之道，亦正是达于明道著书体裁。若如太玄，真是嗜怪。即横渠先生之好穷神化，亦不免失于穷高极远，未符吾夫子"雅言，《诗》、《书》、执礼"本旨也。①

这里，王心敬用具体的例子来论证《中庸》的"明道"性质。以"天地之道"为例，《中庸》只用寥寥数语进行解释说明，也就是"其为物不贰，则其生物不测"，这句话将天地之道的精蕴揭示殆尽，后世无人亦无言能出其右，即使如张载亦不能与其相提并论，因为《中庸》的言论虚远高超，使人难以琢磨。王心敬这里实际上也隐含了作为"明道"之书所必备的性质，那就是平实易解，而这恰恰也是以"中庸"二字冠名此篇的本义：

一友问："二帝三王以'中'相传，而子思独兼庸言道。何也？"家君曰："兼庸正子思之苦心，所以切于明道也。盖中之为旨未尝不庸。而无奈末学好异，每以高远言中。而率性谓道、道不远人之旨，于是晦塞不明，故子思特辑此篇，名以'中庸'。若曰此道高之位天地、赞化育，远之治天下、育万物，而要之皆以吾心之中和尽性，与吾心之智仁勇位之赞之治之，不特行远自迩、登高自卑，实是远即在迩、高即在卑。徒求之高，即非道；徒求之远，即非道也。故篇中前引仲尼君子中庸之说以实之，复引夫子道不远人之旨以证之。盖惟中庸乃为道之真中，惟不远于人，所以谓之'中庸'也。故曰于'中庸'名篇，见子思明道之苦心也。"②

友人质疑先贤往圣只言"中"，不言"庸"，而子思则兼"庸"而言。王心敬认为，正是这个"庸"才切合"明道"主旨，因为言"中"必然就包含了"庸"，也就是说，"庸"是"中"的题中之义，《中庸》的贡献就在于将此旨揭示出来，并以此名篇来警惕和矫正学者好高骛远之病。《中庸》虽然没有明确

---

① （清）王心敬：《王心敬集》，刘宗镐、苏鹏点校整理，西安，西北大学出版社，2015年，第607页。该书点校有误，标点进行了修正。——引者注
② （清）王心敬：《王心敬集》，刘宗镐、苏鹏点校整理，西安，西北大学出版社，2015年，第433～434页。

指出"庸"的含义，但字里行间透显的就是"庸"乃"平常"之义，并以此来限定"中"。换言之，"中"并不是什么高深莫测的道理，它就在平常之中。这一思想就与朱子的"中，即平常也，不如此，便非中，便不是平常"①的意思相近。他进一步来说明这个问题：

> 《中庸》一书所以尽人合天之学也可，所以明天人一贯之学也可。然尽人而能合乎天，人而能上贯乎天，则《中庸》之理何如高且远。合天只在于尽人，贯天只以人贯之，则《中庸》之理又何如平且实。故《中庸》一书万古尽性至命、穷深极微之书，实万古停停当当、平平常常之理也。只吾辈无明善诚身之功，不能到得真明真诚之域，则便觉得只是穷深极微，而不知其为停当平常耳。②

朱子将《中庸》视为"求古人之微妙处"③之书，故而将其作为四书之中最后研读之书。④王心敬虽然也认为《中庸》是"天人一贯之学"，但重点在"人"不在"天"，因此《中庸》的道理绝非高远深刻的，而是平常切实的。而人之所以认为《中庸》难明，恰恰是因为缺乏真体实功。王心敬所要努力的就是消解《中庸》的穷深极微的性质，凸显其平常切实之旨，彰显其"明道"的主旨，向学者展示"《中庸》一书为吾道之真途"⑤。

二、《中庸》乃《大学》之注脚

对于《大学》《中庸》文本之间的关系，朱熹曾给予详细的说明，他说：

> 先读《大学》，以定其规模；次读《论语》，以立其根本；次读《孟子》以观其发越；次读《中庸》，以求古人之微妙处。⑥

《大学》是通言学之初终，《中庸》是直指本原极致处，巨细相涵，

---

① （宋）黎靖德编：《朱子语类》，王星贤点校，北京，中华书局，1986年，第1483页。
② （清）王心敬：《王心敬集》，刘宗镐、苏鹏点校整理，西安，西北大学出版社，2015年，第434～435页。
③ （宋）黎靖德编：《朱子语类》，王星贤点校，北京，中华书局，1986年，第249页。
④ 朱子说："某说个读书之序，须且著力去看《大学》，又著力去看《论语》，又著力去看《孟子》，看得三书了，这《中庸》半截都了，不用问人，只略略恁看过。不可掉了易底，却先去攻那难底。"[（宋）黎靖德编：《朱子语类》，王星贤点校，北京，中华书局，1986年，第1479页。]
⑤ （清）王心敬：《王心敬集》，刘宗镐、苏鹏点校整理，西安，西北大学出版社，2015年，第625页。
⑥ （宋）黎靖德编：《朱子语类》，王星贤点校，北京，中华书局，1986年，第249页。

精粗相贯，皆不可阙，非有彼此之异也。①

《大学》、《中庸》无异道，而所自立者有浅深，但循序以进，其义自见。②

从这些引文中可见，朱熹首先强调的是两者的区分，那就是《大学》定规模、言为学之始终，即强调为学的工夫和次序；《中庸》"求古人微妙"，"言本原极致"，也就是多言形而上；两者工夫有浅深，境界有高低，但这并不能说两者是泾渭分明的关系，它们依然是道的不同体现，是相互补充的关系。王阳明则更为强调两者的联系，他说："子思括《大学》一书之义，为《中庸》首章。"③王阳明意在"强化两书在工夫层面的内在联系"④。由此可见，朱、王在这一问题上的旨趣不尽相同。朱、王的这种不同取向也深刻影响了王心敬的判释：

> 金子理请问："闻先生有《大学》、《中庸》互相表里之说，果否？"家君曰："有之。"理请其旨。家君曰："《大学》是明此学之规模，《中庸》是言此道之血脉；《中庸》得《大学》而规模整齐，《大学》以《中庸》而血脉融贯，故《大学》、《中庸》相为表里。然其实明德、新民、止于至善，《中庸》之血脉已函于《大学》；成己、成物、参天、赞地，《大学》之规模自具于《中庸》。《中庸》、《大学》实是互相表里。但《大学》是发明千圣学脉，为割裂学术者立之准极；而《中庸》是发明千古道脉，为支离道统者示以堂奥。旨各有归，言各有当耳。"⑤

王心敬的表述有融合朱子、王阳明的痕迹。他特别强调《大学》和《中庸》的不同，《大学》是定为学的次序和规模，《中庸》是明道统的传衍脉络，前者在"学"，乃为割裂学术者立准极，后者在"道"，乃为支离道统者明堂奥，二者诉求不一。但这并不是说两者毫无关联，而是互为表里的关

---

① （宋）朱熹：《朱子全书》第22册，朱杰人、严佐之、刘永翔主编，上海，上海古籍出版社；合肥，安徽教育出版社，2002年，第2131页。
② （宋）朱熹：《朱子全书》第23册，朱杰人、严佐之、刘永翔主编，上海，上海古籍出版社；合肥，安徽教育出版社，2002年，第3134页。
③ （明）王守仁：《王阳明全集》，吴光、钱明、董平等编校，上海，上海古籍出版社，2012年，第15页。
④ 许家星：《阳明〈中庸〉首章诠释及其意义》，《复旦学报（社会科学版）》2021年第1期。
⑤ （清）王心敬：《王心敬集》，刘宗镐、苏鹏点校整理，西安，西北大学出版社，2015年，第436~437页。

系。《大学》因有《中庸》而血脉通贯，《中庸》则因有《大学》而规模齐整，两者相互支撑，不可或缺，这就是他所谓"有《大学》更多不可无《中庸》，有《中庸》更不可无《大学》"①。很明显，王心敬的主张是吸收了朱王两家的理论的，但更接近朱熹的表述。当然，这并不是说王心敬对《大学》《中庸》同等视之，恰恰相反，在两者当中，他更为看重的是《大学》，强调《大学》的首出地位，他说：

> 《大学》一书，千古圣学之规模局量，即千古圣域会归之通衢正路也。②
> 《大学》一书，乃吾夫子折衷千圣学术以定宗传也。③

从这些引文中不难看出，王心敬对《大学》的拔擢较之朱熹有过之而无不及，他将《大学》提升至"千圣学宗"的境地，也就是学术之宗主的地位，它囊括古今学术要旨，奠定古今学术规模，是我们从事孔孟之学必须遵循的范本和规矩，不遵循的话就难以登入圣学之堂，落入旁门左道。他更进一步指出：

> 盖孔子生千圣百王之后，折衷千圣百王之道术学术，而融会贯通以示万世也。故学术必衷于孔子，教宗必准乎《大学》，然后范围天地，曲成万物。④

较之前述，王心敬在此着重强调唯孔子学术必尊、以《大学》为准则的必要性。这一方面是对其师李二曲回归原始儒学以救时弊宗旨的承袭，另一方面亦呼应和融入了清初回向原典、回向古代的学术思潮。至此，王心敬已经史无前例地将《大学》的学术地位抬高到无以复加的地步。以此为准则，对于《大学》《中庸》的关系，他论述道：

---

① （清）王心敬：《王心敬集》，刘宗镐、苏鹏点校整理，西安，西北大学出版社，2015年，第641页。
② （清）王心敬：《王心敬集》，刘宗镐、苏鹏点校整理，西安，西北大学出版社，2015年，第692页。
③ （清）王心敬：《答淮安周翼皇庶常》，《丰川续集》卷十五，《四库全书存目丛书》编纂委员会编：《四库全书存目丛书·集部二七九》，济南，齐鲁书社，1997年，第396页。
④ （清）王心敬：《王心敬集》，刘宗镐、苏鹏点校整理，西安，西北大学出版社，2015年，第617页。

曰："《中庸》三十三章，《孟子》七篇，正是《大学》之贴切注脚。"
"请问其详。"曰："《中庸》之性道，《孟子》之性善，即《大学》之明德。
《中庸》之诚、明、率、教、戒惧、慎独、致中和，《孟子》之居仁、由
义、知言、养气、学孔子、为尧舜，即《大学》之明明德、止至善。"①

在王心敬看来，《中庸》不过是《大学》的注脚，也就是发明《大学》的义理。
《中庸》所讲的"性""道"就是发明《大学》的"明德"，《中庸》的"诚""慎独"等
概念乃推阐《大学》的"明明德、止至善"。王心敬通过两书概念间的对举来
证明《中庸》是附属于《大学》的。换言之，在王心敬那里，《大学》是整全，
《中庸》是偏言。② 王心敬对两者关系的定位与同门王吉相有相近之处，却
不同于他最后归宗于《论语》的主张，对此，他曾给予明确的解释：

> "今日师法孔子，固须首究吾夫子《大学》、《论语》宗旨，然正须
> 证诸《中庸》、《孟子》，而后吾夫子《大学》之旨，乃益彻底通融，岂
> 可言且置之后？只就《大学》宗旨姑后一着耳。"曰："然则何以不言遵
> 《论语》之全体圣言，而独宗《大学》一篇也？"曰："今所谓师孔子者，
> 是师其学术之脉络。《论语》无一字不表里《大学》，而要之属散见之
> 条目；《大学》无一字不会通《论语》，而要是单提学宗之纲领。故今
> 正宗学旨，要是以《大学》为提纲携领也。"③

王心敬虽然主张《大学》与《论语》在义理上互为表里和会通，但是认为《论
语》所言是散乱无章、纲目不明的，而《大学》却是提挈纲维、开示蕴奥
的，因此必须以《大学》为首出，而不是《论语》，必须以《中庸》来佐证《大
学》，而不是相反。

三、全章括于首三句

在对《中庸》章内关系的理解上，朱子的"其（《中庸》）首章子思推本先

---

① （清）王心敬：《王心敬集》，刘宗镐、苏鹏点校整理，西安，西北大学出版社，2015
年，第 702 页。
② 明儒罗汝芳曾指出："《大学》一篇相似，只是敷演《中庸》未尽的意义。"[（明）罗汝芳：
《近溪先生一贯编·四书总论》，《四库全书存目丛书》编纂委员会编：《四库全书存目丛
书·子部八六》，济南，齐鲁书社，1996 年，第 224 页。]罗汝芳是学术史上少有的将
《中庸》置于《大学》之上的人，他颠覆了朱子确立的经典之间的为学次序，值得与王心
敬的观点参照对看。
③ （清）王心敬：《王心敬集》，刘宗镐、苏鹏点校整理，西安，西北大学出版社，2015
年，第 702 页。

圣所传之意以立言,盖一篇之体要"①最为学者所认可和推崇,而首三句又是"天地万物之大本大根,万化皆从此出。人若能体察得,方见得圣贤所说道理,皆从自己胸襟流出,不假他求"②,也就是说,首三句又是首篇的大纲和主旨。王心敬酌采朱子此意,并高赞道:"其(朱子)于子思开章发端之大旨可谓深切著明矣。"③

> 靖子请问《中庸》首章之旨。家君曰:"此子思统携一书之纲领以立言,其实三十二章之大义俱于此章包函。打彻此章,即下三十二章头头有绪,亦复浑浑联络,犹之《大学》圣经为下诸传之统会也。然仔细看来,其实'天命之性'三句已包括全章旨趣殆尽耳。"④

> 《中庸》开章三句源源委委,的当分明,不惟括尽一部《中庸》,并括尽千古道学之源流。⑤

> 《中庸》首揭天命谓性,率性谓道,修道谓教三语,以立千古道教之宗。⑥

较之朱子,王心敬的意思更为清楚明白,他同样主张《中庸》首章乃总揽一书之纲领,其余三十一章皆是对首章内容的解释和发明。更进一步,他认为首三句已经涵具全章旨趣,关涉到本体、工夫和境界,可谓是"三位一体"之说。⑦ 这一主张与朱子并无不同,只是比朱子更为简洁明了。既然首三句如此重要,那么三句大旨何如?他说:

> 此章是为当时邪说诐行不明圣道者导之指南,故言道必先明性,以性乃道之所自处也。还之天命,而一切三品五性纷纷之说已勘破无余,即下于穆之命、不贰之物,与性、诚、仁、义、礼、智、德

---

① (宋)朱熹:《朱子全书》第 24 册,朱杰人、严佐之、刘永翔主编,上海,上海古籍出版社;合肥,安徽教育出版社,2002 年,第 3830 页。

② (宋)黎靖德编:《朱子语类》,王星贤点校,北京,中华书局,1986 年,第 2938 页。

③ (清)王心敬:《王心敬集》,刘宗镐、苏鹏点校整理,西安,西北大学出版社,2015 年,第 438 页。

④ (清)王心敬:《王心敬集》,刘宗镐、苏鹏点校整理,西安,西北大学出版社,2015 年,第 437 页。

⑤ (清)王心敬:《王心敬集》,刘宗镐、苏鹏点校整理,西安,西北大学出版社,2015 年,第 623 页。

⑥ (清)王心敬:《王心敬集》,刘宗镐、苏鹏点校整理,西安,西北大学出版社,2015 年,第 618 页。

⑦ 许家星:《朱熹〈中庸章句〉首章"三位一体"的诠释特色》,《中州学刊》2010 年第 5 期。

性、天德等义已包括于此也。知性而道乃可言，以道必率之性而始真实中正也。然自归于率性，而一切九流百家拘虚逐迹之说已勘破无余，即下中和、中庸、一善、五达道、三百三千之礼仪、王天下之三重等义已包函于此也。言道又必言教，以教道之所由全也。还之修道，而一切曲学异端与法家伯术矫揉牵强之说已勘破无余，即下文戒惧、慎独、择中、守中、明善、诚身、学、问、思辨、行与夫尽性道问学之工夫条目，舜、回、文、武、周公至圣真知力行、尽伦尽制之圣贤已包函于此也。①

王心敬认为《中庸》首章是圣道不明者的指南。这一章的义理关系是，先说"天命之谓性"，是确定形而上之理，为儒学心性之学建构一个终极依据，次言"率性之谓道"，是说"道"乃"性"的具体落实和展示，两者是体用关系，再言"修道之谓教"，是说人物受气禀的影响，难以全面地凸显人物的本来之性，这就需要修道，需要教化，需要切实践行"戒惧""慎独"等工夫来复其初。这样首三句就构成了一个本体、工夫和境界的完整的一个理论闭环。下面我们就逐一分析王心敬对首三句的理解，来一窥他的学术旨趣。就第一句来说，王心敬指出：

> 《中庸》真明道之书也，然向非"天命之谓性"一语开端，则本源不清。②
> 看得"性"字明，则"道"之来头清。③
> 《中庸》发端于天命之性，所以原人道之始。④

在王心敬看来，"天命之谓性"乃为整个《中庸》体系奠定基础，确立形上本体，这是大本之源，从根本上将人物之本源推向于天，明确了人与物本质的来源，才能为后面所讲的"道"之来源厘清源头。王心敬这里是在理学的话语体系内对"天命之谓性"的内涵进行了推阐和新解。就第二句

---

① （清）王心敬：《王心敬集》，刘宗镐、苏鹏点校整理，西安，西北大学出版社，2015年，第437～438页。
② （清）王心敬：《王心敬集》，刘宗镐、苏鹏点校整理，西安，西北大学出版社，2015年，第623页。
③ （清）王心敬：《王心敬集》，刘宗镐、苏鹏点校整理，西安，西北大学出版社，2015年，第633页。
④ （清）王心敬：《王心敬集》，刘宗镐、苏鹏点校整理，西安，西北大学出版社，2015年，第434页。

"率性之谓道"来讲，王心敬指出：

> 子思言"率性之谓道"，而为二氏者之言曰"大道无为"。夫率性岂有为者？而以无为言道，不惟只言得道之一边，亦觉无与于人生之日用行习。盖道之为义特取于路者，谓此理为人人所宜行人人所能行。人人所虽欲不行□不得耳。既无与于人生之日用行习，便是旁蹊小径、断港绝河矣。岂得为天道乎？且率性之道，虽曰顺其自然，不事安排作为；然人性本善，而这善中则原具知觉笃实之意在内。有知觉，即能照察，本笃实，自能践履，故真能顺本善之性而行者，合下知明处当，不违其则，是之谓率性耳。①

王心敬着重通过与佛老的对比来凸显"率性之谓道"的特质，他认为道绝对不能用"无为"来形容，如此一方面不仅不能全面地展现"道"，另一方面亦将道与人伦日用相隔绝，这样的"道"绝对不是儒家所讲的"道"，儒家讲的"道""天"是与人合一的。更何况，率性之道虽然是顺着人的本性而来的，并无做作安排，但并非完全无意识的行为，而是有知觉灵明在，故而率性就是遵循人的本然之性。王心敬的这种解释基本没有溢出正统儒家的解释，而他的特色恰恰就在于通过对比佛老之道，来凸显儒家之道的学术特色。他曾明确说："率性谓道，一言而道之源流尽是矣。道不远人，一言而道之实用尽是矣。"②也就是说，这一句不仅将道是"性"的具体化这一源流揭示清楚，更将儒家之道不远人，道在人伦日用的特色推阐出来。

就最后一句"修道之谓教"来说，王心敬并不像王阳明那样将其视为《中庸》首章的宗旨，他依然沿袭朱子的思路，从性、道、教三者层层下贯而来，"修道之谓教"更多的是在工夫的视域中展开，他说：

> 真知修道之谓教，微特其教非教也，性道何有哉？故工夫以本体而真，本体以工夫而全。非真体并非实功，无工夫并无本体。世儒喜言不假修为，噫嘻！修为可废耶！③

---

① （清）王心敬：《王心敬集》，刘宗镐、苏鹏点校整理，西安，西北大学出版社，2015年，第772页。
② （清）王心敬：《王心敬集》，刘宗镐、苏鹏点校整理，西安，西北大学出版社，2015年，第729页。
③ （清）王心敬：《王心敬集》，刘宗镐、苏鹏点校整理，西安，西北大学出版社，2015年，第754页。

很明显，王心敬是将"修道"视作复归天命之性的工夫，只有通过此工夫方能达至本体，否则本体就会成为虚悬。更为重要的是，他着重批评那种不假修为而能透显本体的主张，这恰恰是针对阳明后学所导致的空谈而无实修工夫而发的，以此可见其矫正时弊的苦心。要之，王心敬沿袭朱子，重视首章前三句在整篇《中庸》中的提领地位和作用，尤其强调第一句"天命之谓性"的基础性地位，更为留意的是从本体层面推阐儒学宗旨的取向，与阳明将"该书由形上本体之作转变为修道工夫之作"①的观点大相径庭。

四、王心敬《中庸》诠释的特质

放置于清初的经学脉络中，王心敬的《中庸》学呈现出别具一格的经学特质。

1. 摆落训诂

四库馆臣在述及清初学术时说："盖明代说经，喜骋虚辨。国初诸家，始变为征实之学，以挽颓波。"②这一说法并不具有普遍性。以王心敬为代表的清初关中学者就游离于这一传统，依然以推阐义理为务，在训解《中庸》时，既不涉名物制度，亦不及字义训诂，直是以开掘经书义理为本。因为在他看来：

> 解经贵通大义，泥于字句必失正旨也。③
> 读书须知古人命意所在，不可泥文害意。④

这就是说，读书解经不能泥形逐迹，否则就抓不住圣贤立文之真意。当然，这绝不是说不需要训诂，而是不能本末倒置，他说：

> 闻见训诂，是借以蓄德明理之事。即以之当学问，而且矜为名高，何异于认张翼门作五凤楼?⑤

---

① 许家星：《阳明〈中庸〉首章诠释及其意义》，《复旦学报(社会科学版)》2021年第1期。
② (清)纪昀总纂：《四库全书总目提要》，石家庄，河北人民出版社，2000年，第448页。
③ (清)王心敬：《王心敬集》，刘宗镐、苏鹏点校整理，西安，西北大学出版社，2015年，第390页。
④ (清)王心敬：《王心敬集》，刘宗镐、苏鹏点校整理，西安，西北大学出版社，2015年，第658页。
⑤ (清)王心敬：《王心敬集》，刘宗镐、苏鹏点校整理，西安，西北大学出版社，2015年，第771页。

闻见训诂是为抉发义理服务，绝不能将其当作一门学问，推之过高，否则终属玩物丧志。那如何算是恰当的读书解经之法呢？王心敬指出：

> 读书却非徒靠训诂，可以明了，要须以反身体验，就正先觉为从入。又必躬行实践，以身证明，然后可以真得诸心。盖四子书与他书不同，原是四圣贤体验心得之言。若行不至，知终不真，故要得理会心得，必以实行为致知第一实法。①

李二曲曾作《四书反身录》，强调读书贵在验之于心，征之于行。王心敬对此高赞道："反身体认之旨，则二曲先生揭之更为明畅。"②他将其贯彻到对《中庸》的解读上，同样主张读书解经必须反身体验，方能探究到圣人立言之本心。这一主张明显是对关学宗师张载"心解"之法的遥承和落实。

2. 讲义体

讲义体作为一种新的解经体例，兴盛于宋代，主要是适应宋儒以义理解经的经学诉求，按照讲授对象的不同，可以分为经筵讲义、国子学和州学讲义、书院讲义三种。③ 前两种讲义有浓厚的官方色彩和意识形态的味道，主要服务于国家科举考试，而书院讲义则相对自由和灵活，更能彰显学者真实的义理特色和学术旨趣。王心敬的《中庸》注解就是书院讲义的典范，是书采取有问有答的形式，呈现出两个明显的特征。一是灵活和自由。一般的章句、集注注经体例往往是在"文本所允许的意义空间之中，阐发自己的理解"④，而讲义体则可以不受一章一句的限制，进行跨章节，甚至跨文本的诠释。二是切己和有效。讲义体是传道者与被传道者之间就各自的疑惑、见解进行随问随答的一种形式，这些问题往往和讲授双方的生命体验和日常生活有密切的关系，具有鲜活的切己色彩，亦更可达到治病救人、解惑答疑的目的，也就是所谓"相见而言，因事发明，则并意思一时传了；书虽言多，其实不尽"⑤。

---

① （清）王心敬：《王心敬集》，刘宗镐、苏鹏点校整理，西安，西北大学出版社，2015年，第 629 页。

② （清）王心敬：《王心敬集》，刘宗镐、苏鹏点校整理，西安，西北大学出版社，2015年，第 628 页。

③ 朱汉民、洪银香：《宋儒的义理解经与书院讲义》，《中国哲学史》2014年第 4 期。

④ 陈立胜：《入圣之机——王阳明致良知工夫论研究》，北京，生活·读书·新知三联书店，2019年，第 57 页。

⑤ （宋）程颢、程颐：《二程集》，王孝鱼点校，北京，中华书局，1981年，第 26 页。

小　结

回到本节开头所预设的问题，从王心敬的《中庸》学所透显的学术旨趣来看，他表面上不持门户，着意会通程朱、陆王，并明确表示自己并非王门中人，[1] 但实则字里行间处处洋溢着阳明心学的理论底色，这可从同时代学者的"原是陆王者"[2]"似得之王阳明"[3]等正面评价中直接映射出来，亦可从张秉直的"尝恨二曲、丰川（王心敬）以陆王之余派煽惑陕右，致令吾乡学者不知程朱的传"[4]的反面批评中折射出来。他所提出的解决全国性议题——朱王之争的方案，因为与主流的学术格调"由王返朱"格格不入，故而也未在全国范围内产生明显的影响，亦未能有效改变阳明心学的颓势，但在相对封闭、远离学术中心的关中地区，则产生了卓绝的影响，这就是前述张秉直所论的"致令吾乡学者不知程朱的传"，换言之，也就是维系阳明心学在关中地区的主导地位。再来看他所倾力批判的训诂之学，在其去世不久就演进为"乾嘉汉学"，成为一时显学。但必须指出的是，正是仰赖于王心敬的这种坚持和努力，关学并未卷入这一潮流，而是依然保持着独重义理的学术旨趣，以个案的形式佐证了美国学者艾尔曼观察的准确性，那就是乾嘉汉学只是江南一域的学术现象，而非全国性的。[5] 总而言之，王心敬的《中庸》学在清初与那种重视实证的经学诠释的全国性思潮格格不入，与"由王返朱"的学术思潮亦差异甚大，但绝不能以此否认其学术价值和意义。王心敬的《中庸》学一方面显示出关学特有的保守与开放，另一方面也提醒我们必须注重全国与地域学术间的复杂关系，避免有普遍无特殊，重整体略局部的偏颇，尤其是那种认为阳明心学在清初全国范围内同步等质的观点是需要重新审视的。

---

[1]　王心敬自述道："至于疑我之学是陆王，此则近时学者之习见。"（王心敬：《王心敬集》，刘宗镐、苏鹏点校整理，西安，西北大学出版社，2015年，第895页。）

[2]　（清）王心敬：《王心敬集》，刘宗镐、苏鹏点校整理，西安，西北大学出版社，2015年，第894页。

[3]　（清）周元鼎：《丰川王先生》，（明）冯从吾：《关学编（附续编）》，陈俊民、徐兴海点校，北京，中华书局，1987年，第96页。

[4]　（清）张秉直：《答姬厘东书》，《萝谷文集》卷三，贫劳堂刻本，道光二十三年，1843年，第4页。

[5]　〔美〕艾尔曼：《从理学到朴学——中华帝国晚期思想与社会变化面面观》，赵刚译，南京，江苏人民出版社，2012年，第4～7页。

第三节　论道言学，推重心解：王吉相的《四书心解·中庸》

　　王吉相(1645—1689)，字天如，陕西彬县(今陕西省彬州市)人。虽出身寒门，家计屡空，但艰苦力学，奋进有为，"昼则佣工，夜则默诵"①，受到塾师的赏识和提携。为副父母望子成龙之愿，遂潜心于科举之业，于 1678 年举丙辰科进士，任翰林院庶吉士，不久便因病辞归，拜"清初三大儒"之一的李二曲为师，究心于儒家性命道德之学，偶有一得，必期身体力行，常自置厚砖一块，每省有过，即焚香长跪，加砖于头，此过不改，此身不起，遂多有自得之悟。平日深受业师李二曲器重，成为门下"质淳行笃，为己实学"②之士，素有"理学名儒"③之美誉。王吉相博通典籍，尤工于四书，他有感于"今之读书者不解书之本旨为如何，亦不解我心之会通为如何，而一以传注为宗……窃恐以差传差，以谬传谬，不惟不能为书解，而亦且无以为心解也"④；这就是说，王吉相认为士子奉朱子《四书章句集注》为圭臬，将其当作猎取功名利禄的工具，而不去寻求经旨本意，更不能体会于心，落入"玩瓶中之牡丹，看担上之桃李"⑤的治经窠臼，故而他倾力著述《四书心解》，以期拂去朱子的不实之论，发前贤所未发，久为士林所宗。李二曲击节称赞是书道："自成一家之言"⑥；"洞原彻本，学见其大"⑦。张沔称："其辞简，其意赅，其立说也贯，其取类也明。"⑧甚至晚清朱子学学者李元春亦称是书"解四书多以四书证四书，会之于心，时与旧说不同。此钻研过深者，今人并不能如此用心也"⑨。清儒韩鉁亦称道："本其心所独得，一洗讲家之习曲，而达微而显升孔孟堂，入程朱室。发前人所未发，其有功于世教人心也，岂

---

　　①　(清)王吉相：《四书心解》，王丕忠整理，西安，三秦出版社，2015 年，第 230 页。
　　②　(清)李颙：《李颙集》，张波编校，西安，西北大学出版社，2015 年，第 217 页。
　　③　(清)贾锡智：《六篇答卷》附言，(清)王吉相：《四书心解》，王丕忠整理，西安，三秦出版社，2015 年，第 226 页。
　　④　(清)王吉相：《四书心解》，王丕忠整理，西安，三秦出版社，2015 年，第 11 页。
　　⑤　(明)杨慎：《升庵集》，上海，商务印书馆，1937 年，第 83～84 页。
　　⑥　(清)李颙：《题四书心解》，(清)王吉相：《四书心解》，王丕忠整理，西安，三秦出版社，2015 年，第 217 页。
　　⑦　(清)李颙：《题四书心解》，(清)王吉相：《四书心解》，王丕忠整理，西安，三秦出版社，2015 年，第 217 页。
　　⑧　(清)张沔：《四书心解》序，(清)王吉相：《四书心解》，王丕忠整理，西安，三秦出版社，2015 年，第 7 页。
　　⑨　(清)李元春：《李元春集》，王海成点校整理，西安，西北大学出版社，2015 年，第 120 页。

浅鲜哉。"①从这些不同时期、不同阵营的学者的赞语中可见是书绝非泛泛之作。然颇为遗憾的是，《四库全书》囿于"崇朱标汉"的学术立场，将心学倾向的四书学著作全部只存目不收录，使得是书并未得到应有的关注，不唯王吉相的思想难以为学界所知，其《四书心解·中庸》与朱子、阳明的关系以及在《中庸》学史上的地位更是难以彰显，这可谓是遗珠之憾。而近期是书的点校出版则有效地解决了这一问题，使我们理解和把握是书的学术宗旨、理论特质以及学术史意义成为可能。

一、《中庸》的定位及主旨

朱子将"四书"的次序和地位序定得最为清楚，他说："学问须以《大学》为先，次《论语》，次《孟子》，次《中庸》。"②又说："某要人先读《大学》，以定其规模；次读《论语》，以立其根本；次读《孟子》，以观其发越；次读《中庸》，以求古人之微妙处。"③很明显，朱子认为《中庸》难读，须经其他三书之逐次积累，方能理会，这实际上是将"四书归宿萃于《中庸》"④。而王阳明则简明扼要地指出，"子思括《大学》一书之义，为《中庸》首章"⑤，意在突出《大学》《中庸》二书在义理上的关联和趋同，与朱子强调两者之别自然不同。王吉相则指出：

> 《中庸》一书，所以发明《大学》之旨而归宗于《论语》者也。《论语》者，时习之学。时习者，仁也；仁，人心也，故一部《中庸》，存心为本，而修身其外著者矣。曾子惧学者不知存心为修身之功，而误入于寂静无为之业，故作《大学》，而以修身为本焉。见身居心意知家国天下之关，而统乎内外，不坠于一偏者也。但其言未分内外轻重之等，子思又惧学者不知诚正之为本，而皆事乎视听言动事为之末，故从而作《中庸》焉。⑥

① （清）韩鉁：《六篇答卷》附言，（清）王吉相：《四书心解》，王丕忠整理，西安，三秦出版社，2015 年，第 226 页。
② （宋）黎靖德编：《朱子语类》，王星贤点校，北京，中华书局，1986 年，第 249 页。
③ （宋）黎靖德编：《朱子语类》，王星贤点校，北京，中华书局，1986 年，第 249 页。
④ （宋）黄震：《读礼记》，《黄氏日钞》卷二十五，《影印文渊阁四库全书》子部第 707 册，台北，台湾商务印书馆，1986 年，第 719 页。
⑤ （明）王守仁：《王阳明全集》，吴光、钱明、董平等编校，上海，上海古籍出版社，2012 年，第 15 页。
⑥ （清）王吉相：《四书心解》，王丕忠整理，西安，三秦出版社，2015 年，第 28 页。此书点校及文字均有误，引者进行了修正，下同。

在这段中，王吉相详细论述子思作《中庸》的缘由。在王吉相看来，《中庸》是用来发明《大学》要旨的，并最终归宿于《论语》。曾子担忧学者不知"存心为修养之功"，故作《大学》以示学者，但没有区分内外轻重。子思起而作《中庸》，弥补曾子之缺失，强调诚正为本，视听言动为末。王吉相的这一认识与阳明所主的《大学》服从于《中庸》不同，反而与朱子相近，① 意在强调《中庸》为《大学》张目。以《中庸》首章为例，他着重论及它与《大学》的对应关系：

> 此章与《大学》圣经相表里。率性，明德之学也；修道，新民之学也；戒惧慎独，明德之止于至善也；天地位、万物育，新民之止于至善也，率性修道尽乎格物之功；戒惧慎独又特表诚正之重也，喜怒哀乐发皆中节，修身之实也，大本达道齐治平皆贯其中矣……圣经以修身为本，此章以喜怒哀乐发皆中节为本，以明德者修身之功，而率性修道者必先率修其喜怒哀乐者也，不可不察。②

王吉相以《中庸》的"率性"对应《大学》的"明德"，以"修道"对应"新民"，以"戒惧慎独"对应"明德之止于至善"，以"天地位万物育"对应"新民之止于至善"，等等，通过将《中庸》与《大学》首章范畴一一对应，来凸显《中庸》对《大学》的发明和揭示之功。王吉相这一论述实际上强调和推进了《大学》与《中庸》两书在义理上的关联。近现代学者冯友兰先生主张《大学》归属荀学系统，《中庸》归宗孟学系统，③ 强调两者的区分，则是另外一种立场。当然，王吉相并没有止于此，他认为《中庸》虽然是发明《大学》要义，但最终是归宗于《论语》的，原因在于：一是《论语》主旨在于言仁，而仁无非是人心，《中庸》则是以"存心"为本，这就用类似于"本体"和"工夫"的关系来规范《论语》和《中庸》。另外一层原因，王吉相在回答友人之问时予以指出。

> 或问："《论语》《学》《庸》三书有优劣否？"曰："其理一、其功同也。但《学》《庸》有立意，而《论语》为从心不逾矩也。试看《大学》一

---

① 陈荣捷先生说："（朱子）括《中庸》一书之义为《大学》首章，正与相反也。"（陈荣捷：《王阳明〈传习录〉详注集评》，重庆，重庆出版社，2017年，第63页。）
② （清）王吉相：《四书心解》，王丕忠整理，西安，三秦出版社，2015年，第29页。
③ 冯友兰：《中国哲学史》，上海，华东师范大学出版社，2000年，第267～268页。

部重修身，《中庸》一部重戒惧慎独，《论语》虽无非言仁，而其中却无仁之见也，《孟子》一部亦以仁义为主，皆不若《论语》之浑而全也，此圣人、大贤之别也。"①

　　子思作《中庸》，明仲尼之道也。②

王吉相的意思再清楚不过，他从圣贤相分的角度来论证这一主张，那就是《论语》是圣人孔子所作，而《中庸》则是"孔门传授心法"③，也就是由孔门后学所作，《论语》一书整全地体现了儒家要旨，而《中庸》则只是就儒家某一角度推阐。《中庸》与《论语》在义理上是局部与整体的关系，是贤者与圣人的关系。正是基于以上两方面原因，王吉相认为《中庸》在义理上最终是归宿于《论语》的，这就突出了《论语》在四书中的首出地位。若依牟宗三先生的陆象山、王阳明一系"以《论》、《孟》摄《易》、《庸》，而以《论》、《孟》为主"④，王吉相的这一主张则与陆王心学保持一致，并从四书间的关系来衡定《中庸》的地位。

　　在《中庸》一书的性质上，王吉相指出：

　　　　《论语》《学》《庸》三书，皆是言学，不是论治。《孟子》一部然后治、学备矣。⑤

　　　　大抵《论语》《学》《庸》皆是论学，不是论治；皆是论道，不是论事。⑥

王吉相认为《中庸》与《论语》和《孟子》一样，三书的内容都是探讨如何为学的，与治世无关，与理政不涉，而《孟子》则是为学与治世兼备。王吉相对包括《中庸》在内的四书的认识实际上并不符合四书的性质。四书在内容上都是为学与治世并讲的，只不过是偏重不同罢了。如《中庸》的"凡为天下国家有九经"就是讲治国理政的，并不单单只是讲下学工夫，更何况《中庸》"说下学处少，说上达处多"⑦。再如《大学》除了讲诚意正心外，很大篇幅也讲治国、平天下。由上论述中可知，王吉

---

①　(清)王吉相：《四书心解》，王丕忠整理，西安，三秦出版社，2015 年，第 29 页。
②　(清)王吉相：《四书心解》，王丕忠整理，西安，三秦出版社，2015 年，第 31 页。
③　(宋)程颢、程颐：《二程集》，王孝鱼点校，北京，中华书局，1981 年，第 411 页。
④　牟宗三：《心体与性体》，上海，上海古籍出版社，1999 年，第 42 页。
⑤　(清)王吉相：《四书心解》，王丕忠整理，西安，三秦出版社，2015 年，第 29 页。
⑥　(清)王吉相：《四书心解》，王丕忠整理，西安，三秦出版社，2015 年，第 31 页。
⑦　(宋)黎靖德编：《朱子语类》，王星贤点校，北京，中华书局，1986 年，第 1479 页。

相主要是从《中庸》与《大学》的关系以及《中庸》的内容上来厘定《中庸》的地位，而从这种厘定中，显示出王吉相对《中庸》的重视并不如其他三书。

二、通部尽于"中庸"二字

"中庸"二字的释义乃是诠释《中庸》一书首先面临的问题，自古以来便众说纷纭，难有定论。王吉相在诠释《中庸》时，对此问题尤加留意，他说：

> 通部尽于"中庸"二字，言天地，言鬼神，言帝王，无非"中庸"之弥纶；言配天，言如天，言其天，皆属"中庸"之本领，若一些儿看得高奇便不是"中庸"，而为隐怪矣。[①]

王吉相认为《中庸》一书要义完全可以用"中庸"二字括尽，因为《中庸》所说的"天地""鬼神""帝王"都是"中庸"之梗概，而"配天""如天""其天"则是"中庸"之本领，如此"中庸"就成为《中庸》一书的核心和要旨。他继续论道：

> 世间惟"中庸"是平坦的路，是安乐的窝，除却"中庸"皆是网罗坑坎，择"中庸"而不能守，只是此心不虚择的不是本，等择时原与自心不相合，故过此便自亡去。[②]

这就是说，"中庸"是最通畅、平坦的大道，是最能充实德性的，故而也就是最为安乐的所在，也即孔颜之乐。离开"中庸"二字，其他皆是坎坷陷阱。如此王吉相就将"中庸"拔擢至无上地位。既然"中庸"二字如此重要，那么何为"中庸"呢？我们先来看一下学术史上对此的解释。"中庸"二字最早是由孔子提出的，乃"至德"之义。就"中"来讲，概有三义：时中、适中、中礼(中道)；[③]"庸"字同样有三义：不易、平常、使用。王吉相则对"中庸"解释道：

---

① (清)王吉相：《四书心解》，王丕忠整理，西安，三秦出版社，2015年，第29页。
② (清)王吉相：《四书心解》，王丕忠整理，西安，三秦出版社，2015年，第34页。
③ 李景林：《教化的哲学——儒学思想的一种新诠释》，哈尔滨，黑龙江人民出版社，2007年，第391页。

> 中庸兼体用存发说，浑然中含者中也。万事适当者亦中，浑然
> 中含为己所自成者庸也，万事适当为天下共由者亦庸，然总是率性
> 的，合着性的是中庸，合不着性的便不是中庸，修道正修其反中庸
> 者，而归于中庸也。①

这里，王吉相认为"中庸"是兼"体用存发"而言的，这就与朱子的"中庸之
中，实兼体用。且其所谓庸者，又有平常之意焉，则比之中和，其所该
者尤广"②之意相同。而不同的是，他并没有直接采用朱子的"中庸"之
训，而是用"浑然中含者""万事适当者"解释"中"，前者强调的是浑然一
体，自然而然，并无文献上的依据，可谓是其独创之论，后者实际上也
就是"无过无不及"的变相说法。与之相应，"庸"亦有两义，那就是"浑然
中含为己所自成者"和"万事适当为天下共由者"，这两者实际上就是运用
"中"所达到的结果。王吉相这一认识实际上是符合"中庸"本义为"用中"
的原则的。更进一步，他认为"中庸"的标准就是能否"率性"，也就是是
否可以遵循内在的本然之性，不借助人为造作。而"修道"就是返归"中
庸"。王吉相实际上就是用《中庸》首章的前三句来解释"中庸"，他的解释
对前儒既有沿袭，亦有突破。

而在"中庸"之道的具体应用上，他着重以"君子中庸，小人反中庸"
章为例指出：

> 中庸只是一个，自有君子小人，所以分成两家，这小人不是等
> 闲，却是世人眼里看得强似君子的，故把他的反中庸，他也叫做中
> 庸，世人也信为中庸，子思莫奈何，也只是顺住他说个君子之中庸、
> 小人之中庸。中庸是至平易的，却是至难捉弄的，此心一些儿放松，
> 他即便亡去，即便不中庸了，不特初学之人捉弄他甚难，即那成德
> 之人，到得坦荡地位，也要时时习着他，常自敬畏而不敢放，故曰
> "君子而时中"。这时是彻内彻外，无静无动，无昼无夜的，时常恐
> 其不中，故无时而不中也。那小人的中庸，是他心上也想出一个见
> 识，他便自矜自喜，说是古今莫人知的道理，他独自得来。他本反
> 了中庸，他却大胆的说话，放心的行事，只说他的中庸全无一些儿
> 戒慎，故曰"小人而无忌惮也"。这小人何处见他，只他不是率性便

① （清）王吉相：《四书心解》，王丕忠整理，西安，三秦出版社，2015年，第32页。
② （宋）朱熹：《朱子全书》第6册，朱杰人、严佐之、刘永翔主编，上海，上海古籍出版
社；合肥，安徽教育出版社，2002年，第549页。

了，即前云闭目冥心而不率五官四肢之性，舍家山居而不率爱亲敬长之性是也。①

在王吉相看来，中庸原本只有一个，有君子、小人，才分为二。那么，小人之行径为何也可被称作"中庸"呢？那是因为小人善于伪装自己，故而子思也将小人行径称为中庸，而实质上这两种"中庸"是不尽相同的，君子之"中庸"是常自敬畏而不敢有一毫之松弛，故而能够顺应时变，保持中道。反过来，小人之"中庸"，则是小人偶得一识，便妄自狂大，这恰恰不是"中庸"之道，这从根本上就违背了前述的"率性"之道，也就是小人之行径完全没有内在的德性作支撑，完全没有"戒惧慎独"工夫作依据，他遵循的只是自然欲望之性，而不是仁义礼智之性。王吉相的这种判释提醒我们，"中庸"不是知识，不是方法，而是一种心性修养，其根本依据在于内在的德性，早在孔子所言的"中庸之为德也"那里就已经规范了"中庸"之道的理解和方向。接续这一话题，王吉相进一步在君子、小人的对举中，来推阐此旨，他说：

> 世上认得中庸的便是君子，认不得中庸的便都是民，这民虽鲜能，虽不及那小人的才情学问，倒还是中庸家里人，还不曾失那本性。那小人与之游虽可与为恶，若与君子游也还可与为善，只有望于主持世道者耳，故曰："齐一变至于鲁，鲁一变至于道。"②

王吉相以"中庸"来区分君子和民，主张识得"中庸"的都是君子，不识得便不是，即便民少有能达至中庸之道的，也仍旧不失人之本性，依然在"中庸"轨辙之内，与小人完全背离自己的德性而任意妄为自是不同。王吉相并不限于此，他进一步申述道："凡不合于中庸者皆是重异端，一边善不必高美之理，精微之论，凡合于中庸者皆是。"③很明显，王吉相突破前说，将"中庸"与否当作正统与异端的界限，以此可见他对"中庸"之道的重视，这也符合《中庸》一书以"中庸"为名之义。那么，"中庸"之道有何特质呢？王吉相指出：

---

①　(清)王吉相：《四书心解》，王丕忠整理，西安，三秦出版社，2015年，第32页。
②　(清)王吉相：《四书心解》，王丕忠整理，西安，三秦出版社，2015年，第32页。
③　(清)王吉相：《四书心解》，王丕忠整理，西安，三秦出版社，2015年，第33页。

> 中庸是至平易的，却是至难捉弄的。①
>
> 盖中庸是最难捉弄的，是圣人的实话，能得中庸则无所不能。②

这就是说，"中庸"之道虽然是平易的，但是又难以把握，而一旦达至，则无所不能。王吉相用寥寥数语将"中庸"之道所具备的那种平实却不易把握的性质揭示出来。他着重指出"中庸"的宗旨在于"为人"，他说："为人二字便是《中庸》本旨，便是自己身心上做工，得一善必就浑一说为是。"③这句话将"中庸"面向修德成性而非累积知识推阐出来，与儒家一贯宗旨相符合，凸显出王吉相敏锐的理论视角和正统的学术取向。

三、《中庸》重戒惧慎独

《中庸》首章前三句旨在探究性道本体，紧接其后的便是复归性体工夫的探讨，也即"戒惧慎独"。王吉相对此工夫极为重视，他首先从整体上对此旨予以申明：

> 首章以戒惧慎独始，而末复以戒惧慎独终焉。故次章即溯源于仲尼，而三十章又归统于仲尼焉。其自第二章以至十二章，皆言戒惧慎独之不可须臾离，而《中庸》之实功备矣。自十三章以至二十章，见惧慎独之著于达德达道，而为鬼神，帝王之不可外，中庸之事实全矣。自二十一章以至三十章，见戒惧慎独有安勉之分，而诚者，诚之者之无异中庸也。三十一、三十二章，明仲尼之行事为至圣，而存心为至诚。三十三章，见学者之宜勉于戒慎，而即子思子率修之实功也。④

在王吉相看来，《中庸》一书完全是围绕"戒惧慎独"建构起来的，首章以"戒惧慎独"开始，第二章到第十二章则言"戒惧慎独之不可须臾离"，第十三章至第二十章则是"戒惧慎独"显著于达德达道，第二十一章至第三十章则是讲"戒惧慎独"的判别，第三十一、三十二章则是讲圣人之所以圣就在于有"戒惧慎独"之实功，最后一章则是勉励学者从事"戒惧慎独"。这样，王吉相就用"戒惧慎独"将《中庸》统领起来，构成一个完整的理论

---

① （清）王吉相：《四书心解》，王丕忠整理，西安，三秦出版社，2015年，第32页。
② （清）王吉相：《四书心解》，王丕忠整理，西安，三秦出版社，2015年，第34页。
③ （清）王吉相：《四书心解》，王丕忠整理，西安，三秦出版社，2015年，第34页。
④ （清）王吉相：《四书心解》，王丕忠整理，西安，三秦出版社，2015年，第28～29页。

闭环。由此可见王吉相对《中庸》主旨把握的独特性，更可见其对"戒惧慎独"的重视。他进一步指出：

> 戒惧慎独，《中庸》特表之，以示务本之学之重也。《大学》言诚正，而此徒言戒惧慎独，诚正就为学时说，此就成德时说，见到成德时，犹然如此，顺史不离。莫见二句，即《大学》诚中形外之意，慎独只不令念起便了，非存好念而去妄念也。戒惧，仁也；慎独，知也，是一心非二念也。①

这里，王吉相所要表达的是，《中庸》特别突出"戒惧慎独"的首出地位，主要目的就是向学者示明为学务本之所在。而《中庸》所讲的"戒惧慎独"主要是从成德方面立论。王吉相此言不虚，《中庸》所讲的工夫主要就是为了修养德性立论，而非为增益知识。在"戒惧"与"慎独"的关系上，王吉相认为"戒惧"属于"仁"，"慎独"属于"知"，两者统归于一心，并无好念、妄念之分。他进一步推阐道："慎独非果有念，而戒惧非真无念也。慎独是不令念起，戒惧是不令念忘，即所谓静而无静，动而无动也。"②王吉相的意思很明白，慎独是不令邪念、妄念萌发，戒惧也并非无念，这与阳明的"戒惧亦是念。戒惧之念，无时可息"③之意是相同的。而对慎独的理解，王吉相则不同于朱子，朱子认为慎独是已发工夫，是在念虑初萌处保持谨慎，并非王吉相所说的不起念，若如此，则与佛氏禅定之说难以区分。更进一步，王吉相对两者关系的理解也近似于阳明的"一"，而不同于朱子的"二"。朱子认为两者是不同阶段的工夫，他说：

> 戒慎恐惧是未发。④
> 慎独是已思虑，已有些小事，已接物了。⑤

这就是说"戒慎恐惧"是思虑未发萌、未发阶段的工夫，"慎独"是思虑初萌、已发阶段的工夫。王阳明则反对朱子此论：

---

① （清）王吉相：《四书心解》，王丕忠整理，西安，三秦出版社，2015 年，第 30 页。
② （清）王吉相：《四书心解》，王丕忠整理，西安，三秦出版社，2015 年，第 46 页。
③ （明）王守仁：《王阳明全集》，吴光、钱明、董平等编校，上海，上海古籍出版社，2012 年，第 31 页。
④ （宋）黎靖德编：《朱子语类》，王星贤点校，北京，中华书局，1986 年，第 1499 页。
⑤ （宋）黎靖德编：《朱子语类》，王星贤点校，北京，中华书局，1986 年，第 1503 页。

正之问：“‘戒惧是己所不知时工夫，慎独是己所独知时工夫’，此说如何？”先生曰：“只是一个工夫，无事时固是独知，有事时亦是独知。人若不知于此独知之地用力，只在人所共知处用功，便是作伪。”①

在王阳明看来，“戒惧”与“慎独”是一个工夫，绝对不是两个工夫，因为“无事”“有事”时皆是“独知”，皆须在人所不知己所独知之处用功，没有朱子所说的那种不同阶段的区分。而从王吉相的判释中可见，他实际上更倾向于阳明的主张。

四、王吉相诠释《中庸》的特质

在清初《中庸》学诠释史中，王吉相的《四书心解·中庸》因其“本其心所独自得，发前人所未发，其有功于后世”②，被作为清代书院的重要教材而两次刊印。③ 相较于同时期的其他《中庸》学著作，王吉相《四书心解·中庸》的特质在于以下几点。

1. 重义理而轻训诂

朱子解四书，以汉宋兼采为进路，成为一代经学理学化的典范。而王吉相在诠释《中庸》时，延续和继承了其师《四书反身录·中庸》的风格，就是全书不见考据训诂，纯是义理推阐，也就是所谓“宋学”风格。这一特质的形成一方面可经李二曲溯源至阳明；另一方面是因为考据学只是江南一域，而非全国性的学术现象，④ 也就是说，陕西因为不具备江南地区从事考据训诂的经济条件以及远离学术中心，而少受汉学之洗礼。需要指出的是，这种诠释风格一方面可不受章句的限制，实现自由立说，最大程度地呈现诠释者的本意；另一方面也因之显示出极大的随意性，

---

① （明）王守仁：《王阳明全集》，吴光、钱明、董平等编校，上海，上海古籍出版社，2012年，第31页。

② （清）王吉相：《四书心解》，王丕忠整理，西安，三秦出版社，2015年，第236页。

③ 王丕忠：《李二曲与王吉相》，《西安晚报》1986年6月16日。

④ 关于这一点，清代的焦循曾说：“江南千余里中，虽幼学鄙儒，无不知有许、郑者。”〔（清）焦循：《与刘端临教谕书》，《雕菰集》卷十三，《续修四库全书存目丛书》编纂委员会编：《续修四库全书》第1489册，上海，上海古籍出版社，2002年，第247页。〕美国学者艾尔曼、新加坡国立大学教授王昌伟亦有相近看法。参见〔美〕艾尔曼：《从理学到朴学——中华帝国晚期思想与社会变化面面观》，赵刚译，江苏人民出版社，2012年，第4～7页；王昌伟：《王心敬续〈关学编〉与康乾之际关中理学传统的建构》，余英时、黄进兴、王汎森等编：《思想史》(5)，台北，联经出版事业股份有限公司，2013年，第32页。

出现"脱略章句，妄牵己意"的弊病。而这在王吉相的《四书心解·中庸》中皆有淋漓尽致的呈现。

2. 以《大学》注《中庸》

王吉相特别重视四书文本之间的学术关联，在《中庸》诠释中常常引用《大学》进行文本的互证和义理的关联。例如，在诠释《中庸》"天命"时，王吉相指出：

> 此章与《大学》圣经相表里。率性，明德之学也；修道，新民之学也；戒惧、慎独明德之止于至善也；天地位、万物育，新民之止于至善也，率性、修道尽乎格物之功，戒惧慎独又特表诚正之重也。①

这是用《大学》首章内容来比附和解读《中庸》。

又如，在诠释"戒惧慎独"时；他指出：

> 《大学》言诚正，而此徒言戒惧慎独，诚正就为学时说，此就成德时说，见到成德时，犹然如此，须臾不离。莫见二句，即《大学》诚中形外之意。②

这是用《大学》的"诚正"与《中庸》"戒惧慎独"对举。

再如，他认为，在"君子之道"章中，

> 《大学》终于齐家，《中庸》造端夫妇，皆是一意。③

如此事例，在《四书心解·中庸》中不胜枚举，显示出王吉相跨越文本，从更高层次上对《大学》《中庸》进行一体化建构的努力。

3. 推阐"心解"之法

"心解"之法最早由关学宗师张载提出，是其有感于汉唐经学固守于章句训诂，也就是所谓"小学"工夫，不能体察经书之大义，故而创造性提出的新的诠释经典的方式，也就是主张学者不能泥于经文，不要因循汉唐学者之成论，而是要充分发挥"心"的思之功能，濯去旧见以求新意，

---

① （清）王吉相：《四书心解》，王丕忠整理，西安，三秦出版社，2015 年，第 29 页。
② （清）王吉相：《四书心解》，王丕忠整理，西安，三秦出版社，2015 年，第 30 页。
③ （清）王吉相：《四书心解》，王丕忠整理，西安，三秦出版社，2015 年，第 36 页。

达到"自出议论，自抒新意，自立新说，自成体系"①。张载这种诠释经典的方法受到朱子的高赞。② 王吉相作为关学一脉在清初的重要传承人物，对张载这一解经之法极为推崇，并直接在其书名中体现出来。王吉相对"心解"推衍道：

> 心解者何，解心也，经书传心录也，读书治心功也。治心而不解心，恐讲习讨论之总无当于心也。故书言体，当解我心之体为如何，书言用，当解我心之用为如何，书言功夫效验，当解我心之功夫效验为如何。解之而心安，则古人之书诚然，解之而心不安，则古人之书未必然。③

相较于张载的"心解"，王吉相更多地融入了心学的思想和内容来对其进行解读。如果说张载的"心解"之法已经让经典诠释失去客观规范，走向肆意解经的话，那么王吉相则比张载走得更远，他将"心"是否安作为解释经典的标准。心不安，即使代代相传的经典亦未必可信，这就一定程度上消解了经典的神圣性和权威性，走向"六经注我"的一边。王吉相所推崇的"心之所安"实是从阳明之后，非朱一系普遍接受和认可的释经基调。

4. 排斥异端之学

宋明理学本身就是儒释道三教融合的产物，但儒者为表明自己的正统身份，往往将他们曾经借鉴吸收的对象变为极力克服的对象，从而大行鞭挞佛道之举。王吉相自然不外于这一传统，他同样在四书诠释中极力排斥佛老，但他并没有全面铺开，而是集中批评佛老有内无外，舍弃人伦之弊：

> 见不是致虚守寂的物事，那佛老何尝不止，但废却人伦大道，不惟不为至善，想来成得甚人。④
>
> 凡不合于中庸者皆是重异端，一边善不必高美之理，精微之论，

---

① 林乐昌：《张载哲学化的经学思想体系》，姜广辉主编：《中国经学思想史》卷三上，北京，中国社会科学出版社，2010年，第524～573页。

② 朱子说："横渠先生言观书有疑，当且濯去旧见，以来新意，此法最妙。"[（宋）朱熹：《朱子全书》第22册，朱杰人、严佐之、刘永翔主编，上海，上海古籍出版社；合肥，安徽教育出版社，2002年，第2531页。]

③ （清）王吉相：《四书心解》，王丕忠整理，西安，三秦出版社，2015年，第11页。

④ （清）王吉相：《四书心解》，王丕忠整理，西安，三秦出版社，2015年，第20页。

凡合于中庸者皆是。①

这两段话的意思是说，佛老只有致虚守寂，没有经世泽民，不仅不能实现至善之性，更不能使人成为一个完整意义的人。王吉相对佛老的这一判定无疑是切中了佛老的软肋。这恰恰是其对佛老空虚不实的针砭和矫正，是其个人笃行实践的必然体现，更是清初经世致用学风昌盛的一个掠影。

小　结

在清初朱子学日趋定于一尊，阳明心学渐趋式微的时代背景下，王吉相借助对《中庸》的重新解读，推阐己说，回应关切，成为清初较具典范的《中庸》注解。王吉相通过对《中庸》的创新性解读，将自己的思想投射到经典诠释之中，表征出宗本陆王、驳斥程朱、倡导躬行的思想特质，从而在思想史上产生了重要的典范意义。一是捍卫和挺立阳明心学。明清易代，阳明心学被贴上亡国学术遭到上至庙堂，下至民间的清算，这种风气直接影响学者对阳明心学的信从和研习，至康熙朝，阳明学者已然是寥若晨星，阳明心学迅速滑落，昔日风靡海内、万人影从之象已不复存在，只有少数学者仍然在惨淡经营，而王吉相就是其中的代表。他通过对四书的诠释，继续揭示和拔擢阳明心学的核心要旨，延续阳明心学的学术生命，使其赖以不坠，迟至清代中期李绂那才渐趋无声②，为阳明心学在晚清民国的再度崛起赓续学脉。二是更新和补正阳明心学。王吉相虽然没有区分清楚阳明与阳明后学，但他毕竟是意识到了心学一系的弊病所在，那就是舍弃人伦，抛却致用，沦为空谈。既然知道病根所在，那就必须对症下药，王吉相开出的良方是"在身心事理上做工"③，"只在实事上做工"④，也就是强调在人伦日用中、在实学实工中践行阳明心学，效仿阳明的宏伟功业，成就传统儒家所谓真儒，这就开显出阳明心学的新面向、新取向，从而与清初经世致用的学术思潮合流，并"超越了个体的自我完善而转向经世致用的外部世界"⑤。要之，清初阳明心

① （清）王吉相：《四书心解》，王丕忠整理，西安，三秦出版社，2015年，第33页。
② 李绂（1675—1750），字巨来，学主阳明，梁启超称其为清代陆王派之最后一人。参见梁启超：《中国近三百年学术史》，北京，商务印书馆，2011年，第67页。
③ （清）王吉相：《四书心解》，王丕忠整理，西安，三秦出版社，2015年，第19页。
④ （清）王吉相：《四书心解》，王丕忠整理，西安，三秦出版社，2015年，第19页。
⑤ 复旦大学哲学系中国哲学教研室编：《中国古代哲学史》（下），上海，上海古籍出版社，2011年，第771～772页。

学视域下的四书诠释因时所累，数量屈指可数，王吉相的《四书心解·中庸》无疑是我们从阳明心学的视角把握《中庸》诠释乃至透视清初学术面貌的一个具体而鲜活的个案，值得我们给予足够的重视。

第四节　《中庸》为纲，羽翼朱子：
孙景烈的《四书讲义·中庸》

孙景烈（1706—1782），字孟扬，号酉峰，陕西武功人。年十八，为诸生，后于1735年中举人，四年后中进士，授翰林院庶吉士，1742年升任检讨，1743年会朝廷大考，一方面因其本人潜心学术，无意仕途，另一方面因言事忤旨，定为不合格档，被责令原官致休。返籍后，以授徒讲学为业，前后达三十余年。先后主讲关中书院、兰山书院和明道书院，四方学者翕然宗之，门徒数以千计。孙景烈律己甚严，冬不炉，夏不扇，有邵雍之气象。杨梅似称其："关中一时人才济济，尤以先生为当世无双。"①王巡泰称其："务实不务名，务真修实践，不尚标榜浮华，邻于虚车轮辕之饰。"②孙景烈笔耕不辍，著述等身，主要有《四书讲义》《四书讲义补》《关中书院课解》《兰山书院课解》《酉麓山房存稿》《滋树堂存稿》《菜根园慎言录》《郃阳县志》《鄠县新志》《郃封闻见录》《馆课焚余录》《孙氏族谱》《校正康对山先生武功县志》等。孙景烈恪守朱子，虽博览群书，但以四书为主，尤尊朱子集注，他说："余读四子书，虽恪遵集注而无得于心，诸解或泥于字句，囿于见闻，敢谓其不差之毫厘而谬以千里也乎。"③这就是说，孙景烈认为是时推阐朱注的解释多泥于章句，不合朱子本意，故而他倾力著述《四书讲义·中庸》及《四书讲义补·中庸》，扫除成见虚说，推衍科举制艺，恢复朱子本义，是书受到学者高赞，李元春称其"一生精力毕萃《四书讲义》中"，可见其用力之勤。④玛星阿亦说："先生夙明性理之学，故其说四子书一以考亭《集注》为主，研精覃思，辨

---

① （清）李元春：《关学续编》，王美凤整理编校：《关学史文献辑校》，西安，西北大学出版社，2015年，第127～128页。
② （清）王巡泰：《太史孙酉峰先生文集序》，（清）孙景烈：《滋树堂文集》，《清代诗文集汇编》编纂委员会：《清代诗文集汇编》第307册，上海，上海古籍出版社，2010年，第69页。
③ （清）孙景烈：《关中书院课解》序，《关中书院课解》，滋树堂藏版，乾隆辛巳年刻，1761年，第3页。
④ （清）李元春：《李元春集》，王海成点校整理，西安，西北大学出版社，2015年，第334页。

析毫芒,而论议所及更有以发前人所未发。"①薛尺庵亦高赞其:"自吾与人讲四子书,未见有体认朱子《集注》如君之深细者,关学一脉如线,君其勉之。"②由此可见,"四书"以及《四书讲义·中庸》在孙景烈学术体系中的重要性和根基性地位。

一、四书中推重《中庸》

关学宗师张载在四书学草创阶段,就极为重视四书文本之间的义理关联,以求将四书进行一体化建设,使其超越了任何一个单本所具备的力量。这一传统为孙景烈所沿承,在清代四书地位有所下降的刺激下,孙景烈还有意重倡和强化这一传统。先来看孙景烈对四书的认识和定位:

> 《大学》是万世治平书也。③
> 《中庸》言道。④
> 《论语》是政学合一之书。⑤
> 七篇不外性善二字。⑥

在孙景烈看来,《大学》是治国理政之书,《中庸》是言道之书,偏于形而上的致思,《论语》则是统合理政与为学之书,《孟子》则是道心性之书。孙景烈对四书性质的理解和把握大致与四书单本的性质若合符节,显示出其敏锐的理论观察。那么,四书之间是各自标榜,还是相互联系呢?孙景烈显然是取后者,他指出:

> 《大学》《中庸》二书相为表里,《大学》言学,《中庸》言道,《中庸》之道即《大学》之根底,《大学》乃《中庸》之径途也。⑦
> 《孟子》七篇根底《大学》《中庸》两书,读者须章章句句与《学》

---

① (清)玛星阿:《刻太史孙西峰先生课解序》,孙景烈:《关中书院课解》,滋树堂藏版,乾隆辛巳年刻,1761年,第1页。
② (清)孙景烈:《薛尺庵先生小传》,《滋树堂文集》,《清代诗文集汇编》编纂委员会:《清代诗文集汇编》第307册,上海,上海古籍出版社,2010年,第119页。
③ (清)孙景烈:《四书讲义·大学》卷一,滋树堂藏版,乾隆己丑年刻本,1769年,第8页。
④ (清)孙景烈:《四书讲义·大学》卷一,滋树堂藏版,乾隆己丑年刻本,1769年,第1页。
⑤ (清)孙景烈:《四书讲义·大学》卷一,滋树堂藏版,乾隆己丑年刻本,1769年,第9页。
⑥ (清)孙景烈:《四书讲义·孟子》卷一,滋树堂藏版,乾隆己丑年刻本,1769年,第1页。
⑦ (清)孙景烈:《兰山书院讲义》附,滋树堂藏版,乾隆己丑年刻本,1769年,第32页。

《庸》相印证始得。①

《孟子》七篇本于《中庸》。②

《孟子》七篇都从《中庸》一篇得来也，学者须互为发明。③

在上述引文中，孙景烈对四书关系的看法主要有：一是《大学》与《中庸》是互为表里的关系，《中庸》所言的"道"是《大学》一书的根基和出发点，而《大学》则是《中庸》的途辙和阶梯，两者的关系类似于本体与工夫的关系；二是《孟子》以《大学》《中庸》为根底，且尤以《中庸》为据，研读《孟子》必须与《大学》和《中庸》相参照，然后才能明白其中精义。从孙景烈的主张可以看出，他认为《孟子》《大学》《中庸》三书之间存在着极强的义理关联，且《中庸》在三书中的地位更为根本。至于《论语》，孙景烈虽没有直接说明，但从他所说的"读《论语》要识得仁字……乃孔门圣贤传授之真血脉也"④可以看出，他是将"仁"字作为圣门的传授内容，循此而论，《论语》一书的核心即是"仁"，而"仁"又是整个圣学体系的核心，由此亦可以看出他对《论语》的拔擢不可谓不高。

孙景烈更从具体的文内义理来论证四书义理间的深度关联。在解释《孟子》和《中庸》的内在关系时，他说：

《孟子》七篇本于《中庸》，其实不外"天命之谓性"一句，所谓性善专指性之理而言也，所谓养气即养性所兼之气也。天命之理不离乎气，养成浩然之气，配义与道，则气无不听命于理，即所谓率性之道也，读《孟子》须先识得此意。⑤

孙景烈将《孟子》所言与《大学》相类比，认为《孟子》一书所讲没有溢出《中庸》首句"天命之谓性"。《孟子》一书的主旨"性善"指的是圣凡皆同的"类本质"，意思是指"性之理"，也就是"天命之性"，《孟子》所讲的"养气"指

---

① （清）孙景烈：《四书讲义·孟子》卷一，滋树堂藏版，乾隆己丑年刻本，1769 年，第 1 页。
② （清）孙景烈：《四书讲义·孟子》卷一，滋树堂藏版，乾隆己丑年刻本，1769 年，第 1 页。
③ （清）孙景烈：《四书讲义·中庸》，滋树堂藏版，乾隆己丑年刻本，1769 年，第 1 页。
④ （清）孙景烈：《四书讲义·论语》卷一，滋树堂藏版，乾隆己丑年刻本，1769 年，第 1 页。
⑤ （清）孙景烈：《四书讲义·孟子》卷一，滋树堂藏版，乾隆己丑年刻本，1769 年，第 1 页。

的是"养性所兼之气"，而养浩然之气则可使"气"受到"理"的决定和支配，这就是《中庸》所讲的"率性之道"。孙景烈这种比附有一定的合理之处，如认为孟子讲的"性善"与"天命之谓性"的义理关联，但将"养浩然之气"与"养性所兼之气"等同则略显勉强。再来看孙景烈对《大学》与《中庸》义理的关联：

> 《大学》之物格知至，即《中庸》之明善；《大学》之诚正修，即《中庸》之诚身；《大学》之齐治平，即《中庸》之赞化育、与天地参也。①

这就是说，《大学》和《中庸》中的核心概念在内涵上是一致的。"物格知至"等同于"明善"，"诚正修"等同于"诚身"，"齐治平"等同于"赞化育、与天地参"。孙景烈的这种类比从大的方面来讲大致不差，基本抓住了两书概念之间的关联，进一步细化和证实了《大学》与《中庸》之间的义理关联。另外，对于《孟子》与《大学》的关系，孙景烈说：

> 《孟子》知言从格物致知来，浩然之气从诚意正心修身来，此得之子思而本于曾子者。②

孙景烈认为《孟子》讲的"知言"源自《大学》的"格物致知"，"浩然之气"来源于《大学》的"诚意、正心和修身"，这说明孟子得之于子思而本源于曾子。结合前面所述，孙景烈已经将《孟子》《大学》《中庸》从义理方面打通，强化了四书之间的一体性和整体性。

二、"中庸"之道

"不得一篇之旨，则亦无以得子思著书之意。"③这就将厘清《中庸》篇名、主旨作为面对《中庸》文本时必须首先解决的问题，因为它关乎对《中庸》一书的基本理解和把握。就《中庸》大旨来讲，以往学者多将其定位为明道之书，也就是主要关注其形而上的层面，④ 也正因此，朱子将其看作四书当中最后研读之书。在此问题上，孙景烈指出："《中庸》言道而学

---

① （清）孙景烈：《兰山书院讲义》附，滋树堂藏版，乾隆己丑年刻本，1769 年，第 33 页。
② （清）孙景烈：《兰山书院讲义》附，滋树堂藏版，乾隆己丑年刻本，1769 年，第 33 页。
③ （宋）黄榦：《中庸总论》，（清）黄宗羲、全祖望：《宋元学案》，陈金生、梁运华点校，北京，中华书局，1986 年，第 2024 页。
④ 朱熹说："《中庸》说下学处少，说上达处多。"[（宋）黎靖德编：《朱子语类》，王星贤点校，北京，中华书局，1986 年，第 1479 页。]

即在其中，故程子曰'其味无穷，皆实学也。'实学者，诚也。"①这就是说，《中庸》虽然是言"道"之书，但实际上"学"则自然涵括在内，也就是说《中庸》既言"形上之道"，又说"下学工夫"，是融下学与上达为一体的经典文本。故而孙景烈推崇程颐的"实学"之论，这就有意改变以往将《中庸》拔擢太高，学者视其为畏途的情形。至于对篇名的理解，孙景烈解释说：

> 中者，不偏不倚、无过不及之名，而程子但曰"不偏之谓中"，盖倚由于偏，而过不及由于倚也，故不偏足以尽中之义焉。庸训平常，而程子曰"不易之谓庸"，要知不易处全在平，平则常。②

孙景烈对"中庸"的释义自然没有溢出朱子的诠释。不同于朱子的是，孙景烈着重分析朱子补正程颐注解的缘由，也就是进一步推阐朱子的未尽之义。就"中"来讲，孙景烈认为若只言"不偏"，难以尽显"中"的内涵，只有将"不倚"纳入进来，才能无过无不及，同时"不倚"也离不开"不偏"，两者只有互济才能整全地凸显出"中"的内涵。对于"庸"，他认为程颐以"不易"解释"庸"，是不明白只有平实的东西才能够常，才能够久，才能够不易，也就是说，"平常"能包含"不易"，反过来则不可。我们可以借助朱子的比喻来进一步说明这一问题：

> 譬如饮食，如五谷是常，自不可易。若是珍羞异味不常得之物，则暂一食之可也，焉能久乎！③

朱子以饮食为例，认为"五谷"最为常见，所以不易，而山珍海味是不常见的，故不能长久，不能不易。孙景烈所要表达的意思与朱子如出一辙，只是比朱子推阐得更加清楚。

以上是孙景烈对"中庸"宗旨的基本把握，下面再通过他对《中庸》文本中"中庸"范畴的论述来进一步彰显孙景烈的学术主张。首先，就"君子中庸，小人反中庸"这章来说，孙景烈解释道：

> "君子中庸"句，语气极难理会。《章句》云"惟君子为能体之"，

---

①　(清)孙景烈：《四书讲义·中庸》，滋树堂藏版，乾隆己丑年刻本，1769 年，第 1 页。
②　(清)孙景烈：《四书讲义·中庸》，滋树堂藏版，乾隆己丑年刻本，1769 年，第 1 页。
③　(宋)黎靖德编：《朱子语类》，王星贤点校，北京，中华书局，1986 年，第 1481 页。

> 盖谓君子体中庸于身，而一身无非中庸也。君子中庸，犹言君子即
> 中庸，正见与中庸不相反也……小人之心，不中不庸之心也，而又
> 无所忌惮，故不能与中庸为体。①

朱子判释君子与小人的差异在于君子有德，且能够随时处中，小人无知，
且无忌惮，故反中庸。也就是说，朱子是从德性和行为两个维度来判断
其是否为中庸的。君子有德，但不能时中，也不能许之以中庸，而小人
必须具备"无德"和"无忌惮"才是"反中庸"。孙景烈在朱子的基础上，将
是否能够将"中庸"体之于身作为君子与小人的分野，这实是对朱子之意
的进一步推扩和应用。

在对"中庸其至矣乎！民鲜能久矣"章进行解释时，孙景烈说：

> 《论语》言"中庸之德"，子思引以明道，无德字，故加一能字。
> 《章句》云"中庸之德，人所同得者"，从能字前一层说起也。"与行"
> 是能字正解……中庸之鲜能，由于修道之教不立，民不兴行。此章
> 言鲜能之故，非尽由世教之衰，亦由世人生禀之异而不加察也。②

《论语》文本中关于"中庸"的论述是："中庸之为德也，其至矣乎！民鲜久
矣。"③和《中庸》相比，《论语》无"能"字，但多出"之为德也"四字。孙景
烈对此章解释的贡献在于：一是用"兴行"来解释"能"字，弥补《中庸章
句》的不足；二是将"中庸"鲜能的缘由归结为两方面：修道之教不立和人
生气禀。较之朱熹单从后天立论，他从先天与后天两面加以解释，显得
更加全面和深刻。孙景烈以颜回为例，来进一步说明"中庸"的落实和
应用：

> 回是个中庸路上人，故曰"回之为人也"云云，为人二字宜玩。
> 回之为人也，不违乎中庸者也。不违在于能守，能守验之于行，而
> 能守由于能择，能择由于真知，真知是道所以明之根。④

孙景烈这段话仍然是对朱子释文的发明和推阐。他以颜回为例，认为颜

---

① （清）孙景烈：《四书讲义·中庸》，滋树堂藏版，乾隆己丑年刻本，1769 年，第 5 页。
② （清）孙景烈：《四书讲义·中庸》，滋树堂藏版，乾隆己丑年刻本，1769 年，第 5 页。
③ （宋）朱熹：《四书章句集注》，北京，中华书局，1983 年，第 91 页。
④ （清）孙景烈：《四书讲义·中庸》，滋树堂藏版，乾隆己丑年刻本，1769 年，第 8 页。

回之所以能不违中庸，就在于恪守不变，这还不是最为根本的缘由，最为根本的缘由在于真知，也就是真正地把握"中庸"之道。这就借助颜回之例表明依乎中庸的根本在于真知。当然，只有"真知"还不够，孙景烈继续论道："中庸不可能矣，欲能之者，必如子路之强而后可。"①子路是"勇"的代表，孔子就说："由也好勇过我。"②孙景烈的意思很清楚，那就是依乎中庸必须有"勇"才可，也就是在能守、能知之后，还需要有"勇"来坚守，这就是朱子所谓"遵道而行，则能择乎善矣；半途而废，则力之不足也。此其知虽足以及之，而行有不逮，当强而不强者也"③。由上述分析可知，孙景烈主张依乎中庸之道和持守中庸之道的关键在于真心体之，强力守之。

三、辨正心学

孙景烈所处的时代，阳明心学虽然已不复清初尚能与朱子学对垒的情形，但余波尚在，仍有一大批学者在研习和传承。如何回应朱王之争仍然是学界热议的话题。孙景烈自不能外此时代思潮，他对朱子学态度前已述及，那就是羽翼尊奉。而对阳明心学，孙景烈既不像他所推崇的陆世仪那样斥阳明心学为亡国祸水，也不像关学集大成者李二曲那样以王学相标榜，而是采取较为中肯的态度来评判陆王心学。他首先对朱王之争回应道：

> 学者于朱陆之辩，各持门户，聚讼纷纷数百年矣。朱子之学，广大精微，原无所庸其斑驳。象山资学超绝，其说间有偏者，然于朱子亦未尝无所合……阳明倡为致良知之说，盖宗象山而不免于偏者，然其偏究在正学中，非背正学而入于他途也。而浮慕朱子之学者，往往斥阳明为异端，无惑乎？学陆王者不得其平，而肆口以诋之，甚且斥朱子为支离，两家门户，遂争持而不相下，其为学术之害，岂小哉？余谓阳明良知二字，本于《孟子》，致字本于《大学》，但《大学》言致知，兼良知在内，阳明专言良知，则所谓良知者，本指爱亲敬长，而阳明于人心之灵，凡有所知，俱目为良知，与《孟子》之学略异，与《大学》之说亦异。此所以不免于偏。至其人品事业，嚼然卓然，虽朱子与之同时，不能有所短也……余谓阳明为人，

① （清）孙景烈：《四书讲义·中庸》，滋树堂藏版，乾隆己丑年刻本，1769年，第9页。
② （宋）朱熹：《四书章句集注》，北京，中华书局，1983年，第77页。
③ （宋）朱熹：《四书章句集注》，北京，中华书局，1983年，第22页。

实无可疑，惟所学与象山均有过高者，而其均为正学，不尽戾于朱
子之说，亦无疑也。①

在孙景烈看来，朱子之学属于正学，中正不偏，陆九渊之学虽有所偏，
但与朱子仍有诸多相合之处，王阳明学本陆九渊，自然有所偏，但并没
有溢出正学之外，仍属于正学之列，那种门户之争实在是毫无必要。他
进一步指出：

宜平心言之，毋穿凿，毋调停……若更争持门户，党同伐异，
毁誉失真，则忠信又安在乎？②

钱穆曾指出，研究理学最为忌讳的就是"争道统、立门户"③，孙景烈同
样持此立场。在他看来，对待朱王之争绝对不能徒持门户之私，罔顾学
术实情进行毫无原则的挞伐，正确的态度应该是以公平心对待，不要穿
凿，亦不能调停，真正做到荀子所讲的"以仁心说，以学心听，以公心
辨"④。孙景烈这一态度实是关学宗风的真实体现。基于此，他首先对陆
王心学的可取之处指出：

陆象山谓"人之所喻由于所习，所习由于所志"，是探本之说。⑤
王心斋云"致知是致'知所先后'之知，格物是格'物有本末'之
物"，确然。⑥
阳明曰："个个人心有仲尼"，又曰："万化根源总在心"，此等
精语，令读者茅塞顿开，有功圣学不小。⑦
（阳明）其人不可贬也。⑧

① （清）孙景烈：《冉蟫庵先生语录序》，《滋树堂文集》，《清代诗文集汇编》编纂委员会：
《清代诗文集汇编》第307册，上海，上海古籍出版社，2010年，第78页。
② 张骥：《关学宗传》，王美凤编校整理：《关学史文献辑校》，西安，西北大学出版社，
2015年，第478~480页。
③ 钱穆：《阳明学述要》，北京，九州出版社，2010年，第1页。
④ 《荀子》，杨倞注，耿芸标校，上海，上海古籍出版社，2014年，第151页。
⑤ （清）孙景烈：《四书讲义·论语》卷一，滋树堂藏版，乾隆己丑年刻本，1769，第
27页。
⑥ （清）孙景烈：《兰山书院讲义》附，滋树堂藏版，乾隆己丑年刻本，1769，第36页。
⑦ 张骥：《关学宗传》，王美凤编校整理：《关学史文献辑校》，西安，西北大学出版社，
2015年，第483页。
⑧ （清）孙景烈：《与陈榕门先生书》，《滋树堂文集》，《清代诗文集汇编》编纂委员会：《清
代诗文集汇编》第307册，上海，上海古籍出版社，2010年，第105页。

在这三段引文中，孙景烈首先赞赏的是陆九渊的"义利之辨"，认为其是探本之论。其次则认为王艮的格物致知之说与圣贤本义若合符节。最后则主张应该对阳明本人和阳明学区分对待，对待阳明本人，绝不能贬低，而阳明所说的"个个人心有仲尼""万化根源总在心"则有补于圣人之道匪浅。以上是孙景烈对陆王心学的肯定。我们再来看一下孙景烈对心学核心概念的评判，以凸显其中肯之态度。首先，就颇受争议的阳明心学的"无善无恶心之体"来讲，孙景烈指出：

> 阳明王氏谓"无善无恶心之体"，似近于告子"无善无不善"之说。故东林起而力排之欤。吾乡王丰川先生书《顾泾阳集》后，又谓"无善无恶"，依然濂溪"无极"之义，《大易》"无思无为"之旨，孔、周是而阳明不得独非，岂曲为袒护耶？抑确见其是而云然耶！①

孙景烈论证阳明"无善无恶"之说无误的逻辑是这样的：李二曲高弟王心敬认为阳明"无善无恶"之说与《周易》的"无思无为"、周敦颐的"无极"之义是相同的，既然《周易》、周敦颐之言无误，那么阳明之说自然也不能错。孙景烈的这种逻辑显然是引先贤往圣之语来为自己观点张目，颇有挟圣贤之语杜众人之口之嫌疑，更何况王心敬尊崇阳明的心学立场也使其说的公正性大打折扣。

"致良知"是王阳明 50 岁左右提出的哲学命题，此后被奉为瑰宝，成为心学一脉的学问宗旨。孙景烈认为阳明此说"固偏"②，并不惜笔墨解释何以偏：

> 或问："爱亲敬兄之理无穷，就孩提稍长所知之爱敬推而极之，岂非致良知乎？"余曰："孩提稍长所知之爱敬是良知从此推而极之，却是致知，不是致良知，良知不待致，致知不可谓之良也。良是本然之善，不加推致之名。"③

愚曩谓致知亦有良知在内者，尚属未确之见。孟子云："人之所

---

① 张骥：《关学宗传》，王美凤编校整理：《关学史文献辑校》，西安，西北大学出版社，2015 年，第 478 页。
② （清）孙景烈：《与陈榕门先生书》，《滋树堂文集》，《清代诗文集汇编》编纂委员会：《清代诗文集汇编》第 307 册，上海，上海古籍出版社，2010 年，第 105 页。
③ （清）孙景烈：《四书讲义补》，滋树堂藏版，乾隆戊戌本刻本，1778 年，第 3 页。

不虑而知者，其良知也。"《大学》致知之功全靠一虑字，不虑则无以致知，虑则所致之知不谓之良矣，孟子既以不虑而知者为良知，是良知不待致也，若云致良知，则非不虑而知矣，尚得谓之良乎？此义甚明，不难辨也。①

阳明的"致良知"是其将《大学》的"致知"和孟子的"良知"融合而成，使其超越了任何一个概念所具备的理论力量。但因为阳明后学"各以意见掺和，说玄说妙，几同射覆，非复立言之本意"②，"致良知"之说歧义丛生。孙景烈认为这种分歧的焦点在于将"致知"和"致良知"混淆不分。"良知"是指那种先验的，不需要经过任何思虑造作就具有的道德意识，如恻隐之心，这种"知"是不待推致就具有的。而"致知"则主要指向后天获得的经验知识，是经过"虑"而有的，这种"知"前面不能加一"良"字，因为"良"是本然之善。这就是说，"致知"主要指向的是知识维度，而"致良知"主要指向的是"道德"维度，两者势若天壤，绝对不能等同。孙景烈这一说法很明显有朱子学的底色，并不切合阳明本意。因为阳明并没有完全割裂"良知"与"见闻之知"，而是主张"良知不由见闻而有，而见闻莫非良知之用，故良知不滞于见闻，而亦不离于见闻"③。就是说，"良知"与"见闻之知"是差异一体的关系。但孙景烈只看到两者的差异，没有注意到两者之间的联系。

从孙景烈对陆王心学的评判可以看出，他对陆王心学的态度总体是比较缓和的，虽然认为阳明心学有所偏驳，但"阳明之学稍偏于此，然偏在正学之中，不在正学之外"④。

四、一本朱注

作为朱子学的忠实拥护者，孙景烈在《四书讲义·中庸》中将这一学术旨趣体现得淋漓尽致。而这种体现主要通过两个方面展开，一是对朱注的直接表赞，试举几例以显其意。

---

① （清）孙景烈：《四书讲义补》，滋树堂藏版，乾隆戊戌年刻本，1778 年，第 4 页。
② （清）黄宗羲：《明儒学案（修订本）》，沈芝盈点校，北京，中华书局，2008 年，第 178 页。
③ （明）王守仁：《王阳明全集》，吴光、钱明、董平等编校，上海，上海古籍出版社，2012 年，第 62 页。
④ 张骥：《关学宗传》，王美凤编校整理：《关学史文献辑校》，西安，西北大学出版社，2015 年，第 480 页。

例1：饮食二字要作鸢飞鱼跃看，一看煞便谬以千里，《章句》极精。①

这是孙景烈对"道不远人"章的注解。朱子在此章中，以最为平常的"饮食"为例，来说明"道不远人"。孙景烈认为朱子之解极为精当。

例2：《章句》"意"字下的精确之至，最得子思引《诗》及孔子之言本旨，学者细玩此一字，可以得读书之要道矣。②

朱子在《中庸》第十五章中的释文是"子思引《诗》及此语，以明行远自迩、登高自卑之意"③，孙景烈认为朱子这段释文中，"意"字用得最为到位，准确把握住子思、孔子的立言要旨。

例3：程子以鬼神为天地之功用，张子以鬼神为二气之良能。朱子二气一气及性情功效之说，尤为明且尽。④

这段话是孙景烈对朱子的释文"愚谓以二气言，则鬼者阴之灵也，神者阳之灵也。以一气言，则至而伸者为神，反而归者为鬼，其实一物而已。为德，犹言性情功效"⑤的推崇和高赞。在他看来，程颐和张载对"鬼神"的解释还不够全面，只是触及某一个侧面，不如朱子的解释完备详尽。

例4："诚者自成也"二句细玩两"也"字，语气便含君子诚之为贵意，故朱子云"诚与道皆泊在'诚之为贵上'"，此妙解也。⑥

孙景烈赞同朱子的"诚"与"道"皆落在"诚为贵"的注解上，认为这是巧言妙解。

例5："悠"字对"促"字看，是悠然不尽之意。"远"字对"近"字看，是远而莫域之意。《章句》于博厚高明以积字、发字分别言之，

①　（清）孙景烈：《四书讲义·中庸》，滋树堂藏版，乾隆己丑年刻本，1769年，第6页。
②　（清）孙景烈：《四书讲义·中庸》，滋树堂藏版，乾隆己丑年刻本，1769年，第14页。
③　（宋）朱熹：《四书章句集注》，北京，中华书局，1983年，第25页。
④　（清）孙景烈：《四书讲义·中庸》，滋树堂藏版，乾隆己丑年刻本，1769年，第15页。
⑤　（宋）朱熹：《四书章句集注》，北京，中华书局，1983年，第25页。
⑥　（清）孙景烈：《四书讲义·中庸》，滋树堂藏版，乾隆己丑年刻本，1769年，第30页。

甚精切。①

这是孙景烈对《中庸》第二十六章的释文。他赞成朱子的"悠远，故其积也广博而深厚；博厚，故其发也高大而光明"②的解释，缘由在于朱子并没有含混而言，而是分别解释，这就抓住了经文的要义，可谓精准切要之言。

孙景烈不仅仅在一般层次上直接表彰朱注，更进一步，他直接接受和遵循朱注进行解释。首先，他完全沿袭朱子从理气论的视角诠释《中庸》之根、之本"天命之谓性"，他说：

> 训性为理则遗气，非性也。兼理气而训之，则于天命二字说不去。盖理可以云命，而气不可以云命也。故朱子曰："'性即理也'一语自孔子后，惟伊川说的尽，颠扑不破。"③

"天命之谓性"是整个《中庸》的理论基础和学术基点。朱子训释"天命之谓性"的创新就在于他"摒弃了汉代阴阳五行的宇宙观和天人观，以新的理论证成人性之善，以道德的内在超越进路来证成天人相合"④，此言不虚。孙景烈遵照朱子这一思路，采取以"理善证性善"以及"理气并构"的方式来解释"天命之谓性"，这就与同时期的戴震以"气"为根源，否定朱子的形上天理学说有着明显的区别。其次，"戒惧"与"慎独"是朱子诠释《中庸》时所主张的两大工夫支点。朱子以架构性的方式主张戒惧是未发工夫，慎独是已发工夫，未发对应于下文的致中，已发对应于下文的致和，当然，两者也绝不是只有分的一面，它们是一体连续的工夫，互相成就。朱子的这种划分是否合适容可再论，但他却将《中庸》的学理结构清晰地展现出来。孙景烈对此的解释是：

> 戒慎恐惧包动静功夫，而侧重静一边。慎独乃由静入动之始，最吃紧功夫是从戒惧里面抽出来说。⑤
> 致中之功不外戒惧，致和之功不外慎独。⑥

---

① （清）孙景烈：《四书讲义·中庸》，滋树堂藏版，乾隆己丑年刻本，1769年，第32页。
② （宋）朱熹：《四书章句集注》，北京，中华书局，1983年，第34页。
③ （清）孙景烈：《四书讲义·中庸》，滋树堂藏版，乾隆己丑年刻本，1769年，第2页。
④ 许家星：《朱熹〈中庸章句〉首章"三位一体"的诠释特色》，《中州学刊》2010年第5期。
⑤ （清）孙景烈：《四书讲义·中庸》，滋树堂藏版，乾隆己丑年刻本，1769年，第4页。
⑥ （清）孙景烈：《四书讲义·中庸》，滋树堂藏版，乾隆己丑年刻本，1769年，第4页。

孙景烈主张"戒惧"可涵括"慎独"，"慎独"是对"戒惧"的延续和深化，同时前者是致中的工夫，后者是致和的工夫。很明显，孙景烈的这种看法完全是朱子的翻版，以此可见其对朱子深深服膺。

在《中庸》的另一核心问题"诚明"上，孙景烈指出：

> 两"自"字只依《章句》作"由"字说，不可如时讲作"就"字说，自诚明者，由诚而明也；自明诚者，由明而诚也。①

这里，孙景烈完全袭用朱子将"自"解释为"由"的说法，反对将其解释为"就"字，并由此推阐"自明诚"和"自诚明"的内涵。由上面论述可知，孙景烈在《中庸》的大关节处，完全是采取羽翼朱子的态度，显示出其推尊朱注的学术取向。

小　结

孙景烈处在清代学风由理学向考据学转变之际，其《四书讲义·中庸》呈现出鲜明的特质。一是呼应清朝推尊朱子的学术思潮。清初自"圣祖以朱子学倡天下"②，朱子学再次获得官身，自庙堂至民间渐趋形成"崇朱黜王"的学术思潮。孙景烈的《中庸》注解正是这一时代的产物，同时反过来又强化和助推尊朱思潮。故而无论是其自述，还是后学所评，皆称其为朱子学者。二是恪守关学义理注经的学术传统。柏景伟曾说："我朝李二曲、孙酉峰前后主讲关中书院，阐扬关学，克绍恭定之传，三辅人士不尽汩没于词章记诵者，皆两先生之力也。"③这就将孙景烈在抵制和防止关学陷溺于词章之学之功揭示出来。柏景伟之说确属无疑，这可从孙景烈自述的"少不知学，为词章所误，既而悔之。自罢史官归里，掌关中书院，始有志于实学，而词章之学未能决去……自获是书，日与诸生相研求，乃于词章绝无嗜好"④中反映出的逃脱词章之学的经历得到间接证明，更可从其《四书讲义·中庸》不事章句训诂，直求经文义理获

---

① （清）孙景烈：《四书讲义·中庸》，滋树堂藏版，乾隆己丑年刻本，1769年，第27页。
② 赵尔巽等：《清史稿》，北京，中华书局，1976年，第10282页。
③ （清）柏景伟：《关中书院课艺》序，（清）孙景烈：《关中书院课艺》，光绪戊子年刻本，1888年，第2页。
④ （清）孙景烈：《与陈榕门先生书序》，《滋树堂文集》，《清代诗文集汇编》编纂委员会：《清代诗文集汇编》第307册，上海，上海古籍出版社，2010年，第91～92页。

得直接的印证。以此，王巡泰赞其"羽翼关学，扶持名教"①，这并非过誉之论。总而言之，孙景烈的《中庸》学无论是在关学《中庸》学上，还是《中庸》学史上都具有重要的学术价值，是窥探关学《中庸》学演进乃至《中庸》学史不可或缺的一环。

第五节 广泛引证，归准朱注：王巡泰的《四书札记·中庸》

王巡泰，生卒年不详，据其在乾隆五十一年(1786 年)所述的"望七十未老而衰"②可知，其应该为雍正、乾隆年间人，且主要活跃于乾隆时期。字岱宗，号零川，陕西临潼(今陕西省西安市临潼区)人，乾隆十九年(1754 年)甲戌科进士，授山西五寨县知县，不久即丁父忧返归故里，后历任广西兴业、陆川等县知县，因政绩卓著，名声显赫，被拔擢至吏部考功司主事。年老辞官，返归故里之后，先后到临潼、渭南、直隶、山西等地四处讲学，所到之处，听众甚多，常常是人满为患，从学之徒不计其数。王巡泰一生为官清廉，乐善好施，家计屡空，以致死后连棺葬之钱都没有，可见其志。后在道光五年(1825 年)，因其贤名入祀乡贤祠。王巡泰先后从学于关中大儒史调③、孙景烈二先生，研习程朱之学，多有所获，成为孙景烈最为器重的弟子，受到孙景烈高赞："吾门治古文学者，有韩城王某，雒南薛某，而言义理者，惟零川一人。"④主要著作有《四书札记》《解梁讲义》《格致内篇》《齐家四则》《服制解》《仕学要言》《丁祭考略》《河东盐政志》《纯孝录》《文法辑要》《童子指南》《零川日记》等，多数已不可见。其中《四书札记》乃其研读朱子《四书章句集注》的研读日记，有所得便记之于册，前后达二十余年，成书后仍不敢拿出示人，后在1774 年侨居直隶望都之时，与旧友及学生反复讨论，一字一句皆讨论数日方有定论，删改十之三四，增入十之六七，终在1775 年付梓。后又于1786 年再次亲手修订出版，增易不及十分之三，可见是书已臻于完善，目前所存即为其修订本。从是书的创作和修改历程可见，王巡泰对是书的慎重和期待。尤其在是书的命名上，王巡泰颇费了一番心力，以"札

---

① (清)王巡泰：《太史孙西峰先生文集序》，(清)孙景烈：《滋树堂文集》，《清代诗文集汇编》编纂委员会：《清代诗文集汇编》第 307 册，上海，上海古籍出版社，2010 年，第 70 页。

② (清)王巡泰：《重订〈四书札记〉序》，《四书札记》，来鹿堂藏版，道光乙未年刻本，1835 年，第 2 页。

③ 史调(1697—1747)，字勺五，号复斋，陕西华阴人，著有《复斋文集》。

④ 张骥：《关学宗传》，王美凤编校整理：《关学史文献辑校》，西安，西北大学出版社，2015 年，第 494 页。

记"为名，绝非随意为之，很大程度上是其谦虚、审慎态度的体现："不以讲义自居而谓姑存其说以俟订正于将来。"①而具体到行文中，王巡泰则力求"章章有特讲，句句有确解，字字有真诠"②，凸显出卓异的治经风范。下面我们就深入具体的文本当中，以乾嘉时期的学术和时代背景为衬托，将其置于清代中期的学术思潮之下进行考量，详细剖析王巡泰《四书札记·中庸》的学术旨趣和诠释特质。

一、《中庸》解题

《中庸》书名及其主旨是探究《中庸》一书首先面临的问题。朱子将《中庸》定位为"子思子忧道学之失其传而作也"③，也就是申明儒家道统之作。而王巡泰则对《中庸》论道：

> 《中庸》之言极广大，极精微。唐虞授受只言中而不言庸，中则未有不庸者，子思必并言之，为隐怪者发也。④
>
> 《中庸》，明道也。⑤

很显然，王巡泰对《中庸》的评价不可谓不高，他认为《中庸》是广大精微的，是"明道"之书，当然，这种表述与朱子所明确指出的《中庸》乃发挥道统内容相比，显得较为模糊，并未指出明什么道，道的内容等问题。虽然他本人并未直接指出，但是借崔纪⑥之言以为己意："《中庸》一书是推尊孔子能继尧舜执中之道统。"⑦这实际上与朱子的意思毫无二致，显示出王巡泰对朱子之意的认可与接受。更进一步，他的表述将《中庸》一书的形上性质揭示出来，这同样与朱子的定位是一致的，而与阳明的旨趣不一。在对"中庸"二字的解释上，王巡泰主要从"中""庸"的内涵、关

---

① （清）阎成化：《零川先生〈四书札记〉序》，（清）王巡泰《四书札记·中庸》，来鹿堂藏版，道光乙未年刻本，1855 年，第 1 页。

② （清）阎成化：《零川先生〈四书札记〉序》，（清）王巡泰：《四书札记·中庸》，来鹿堂藏版，道光乙未年刻本，1855 年，第 2 页。

③ （宋）朱熹：《四书章句集注》，北京，中华书局，1983 年，第 14 页。

④ （清）王巡泰：《四书札记·中庸》，来鹿堂藏版，道光乙未年刻本，1835 年，第 1 页。

⑤ （清）王巡泰：《四书札记·中庸》，来鹿堂藏版，道光乙未年刻本，1835 年，第 2 页。

⑥ 崔纪（1693—1750），初名珺，字南有，号虞村，山西永济人，年幼丧母，康熙五十七年（1718 年）进士，改为庶吉士，后迁国子监司业，三迁祭酒。乾隆二年（1737 年），任陕西巡抚、湖北巡抚等职，著有《周易讲义》十二卷、《学庸讲义》二卷、《论语温知录》二卷、《读孟子札记》一卷、《读周子札记》一卷、《太极图》等。

⑦ （清）王巡泰：《四书札记·中庸》，来鹿堂藏版，道光乙未年刻本，1835 年，第 1 页。

系以及具体的行为上着手展开论述，他首先指出：

> 中，万物统体一太极也……中即明德，即人之所得乎天而虚灵
> 不昧以具理而应万事者也。①

这里，王巡泰对"中"的解释特色就在于将"中"与"太极""明德"相关联，一方面赋予其形而上本体的意味，另一方面亦与"心""性"相关联，使"中"的含义更加丰富，成为既关涉本体，亦统摄心、性的论域。王巡泰对"中"的解释并没有沿袭和采用惯常的"不偏不倚之谓中"的诠释进路，而是独辟蹊径，用宇宙本体的形式切入"中"的诠释上，显示出其独到的学术视野。而对于"庸"，王巡泰并没有详细地解释，缘由在于"中则未有不庸者"，也就是说，言"中"则"庸"在其中，故不必再多说"庸"。这与朱子的"未有中而不庸者，亦未有庸而不中者"②意在双向强调"中"与"庸"的关系自是不同。当然，王巡泰亦并非完全不言"庸"，相反，他道出《中庸》何以将"庸"与"中"并举，那就是针对"隐怪者"而言的，也就是为言行怪异之人立论，使其知晓儒家之道的要义所在。

那么，"中庸"之道有什么样的特质呢？王巡泰指出：

> 中庸，其至矣乎！中庸之道，即不可须臾离之道也，须臾离之
> 不可，而可久鲜能乎？③

王巡泰的意思很清楚，中庸之道的特质就是"须臾不可离"，这就是说，中庸之道是不能须臾离的，离开就成为外物，而不是"道"。王巡泰此意强调的是道乃日用事物当行之理，凸显了道的遍在性。由上述论述可知，王巡泰对《中庸》要旨和篇名的解读，基本上与朱子的取向相近，与其一贯的宗朱立场保持一致。

二、对《中庸》首章的解读

《中庸》首章乃全篇之体要，它涵具本体、工夫和境界，其他诸章不过是对首章的延伸和展开。王巡泰同样对首章极为重视，给予大篇幅的解读。首先，就首章的体要前三句来讲，他解释道：

---

① （清）王巡泰：《四书札记·中庸》，来鹿堂藏版，道光乙未年刻本，1835年，第3页。
② （宋）黎靖德编：《朱子语类》，王星贤点校，北京，中华书局，1986年，第1483页。
③ （清）王巡泰：《四书札记·中庸》，来鹿堂藏版，道光乙未年刻本，1835年，第5页。

> 天地万物只是一性……天地不在吾性外，天命我以性，即命我
> 以官，天地付万物之具，但须由教而入，本戒惧慎独之功，以全率
> 性之道而已。①

在这段释文中，王巡泰着重突出"性"的地位，主张它是天地万物所共有
的本质，且这种本质来源于天，这就从宇宙论的视角对传统儒学进行诠
释和解读。同时，圣人之教是不可或缺的，且须依赖"戒惧慎独"之功才
能够使人与物皆能够遵循和顺从自己的内在本性。很显然，王巡泰把首
三句看作紧密相关的整体，它们环环相扣，直承而下，这实际上也是本
体、工夫和境界三者关系自然涵具的。他进一步对首三句论道：

> 三句合看只重一"道"字。《中庸》，明道也。上两句合并读，直赶出
> "道"字来。逐句看，首句重"天"字，次句重"性"字，三句重"道"字。②

王巡泰认为前三句若合并看，其重心在一个"道"字，之所以如此，与他
将《中庸》定位为"明道"之书不无关系。若分开来看，每一句的重心则都
不一样，分别是天、性、道。这一看法与朱子所说的首三句"此先明性、
道、教之所以名"③所强调的重心不同。

紧接着他对工夫论域中的"戒惧慎独"给予理学化的解读，他说："戒
慎是敬谨，恐惧是敬畏，须臾不敬即须臾离道。"④这就是用程朱理学所
主张的"敬"来诠释、解读二者。我们知道，"主敬"工夫显然是程朱一系
的学派标识，因为阳明是极不赞成"主敬"的。⑤ 作为服膺朱子的学者，
王巡泰对此学派标识推崇有加，处处高赞和推阐"主敬"工夫，以至于他
的弟子阎成化在总括其学术梗概时就明确指出："先生之学以主敬为根
柢。"⑥下面我们就深入注本当中，从王巡泰对"敬"的定位、对"敬"的释

---

① （清）王巡泰：《四书札记·中庸》，来鹿堂藏版，道光乙未年刻本，1835年，第1页。

② （清）王巡泰：《四书札记·中庸》，来鹿堂藏版，道光乙未年刻本，1835年，第2页。

③ （宋）朱熹：《朱子全书》第6册，朱杰人、严佐之、刘永翔主编，上海，上海古籍出版
　　社；合肥，安徽教育出版社，2002年，第550页。

④ （清）王巡泰：《四书札记·中庸》，来鹿堂藏版，道光乙未年刻本，1835年，第2页。

⑤ 王阳明说："若须用添个敬字，缘何孔门倒将一个最要的字落了，直待千余年后要人
　　来补出？正谓以诚意为主，即不须添敬字，所以提出个诚意来说，正是学问的大头脑
　　处。"[（明）王守仁：《王阳明全集》，吴光、钱明、董平等编校，上海，上海古籍出版
　　社，2012年，第34页。]

⑥ （清）阎成化：《四书札记》序，载王巡泰：《四书札记》，来鹿堂藏版，道光乙未年刻本，
　　1835年，第2～3页。

义来一窥他的这一学术特质。首先来看一下王巡泰对"主敬"的认识和在整个理学体系中的定位：

> 敬是圣学之所以成始而成终。①
> 敬是虞廷传心之要。《大学》言"慎独"，《中庸》亦言"慎独"，敬实孔门传心之要也。②
> 圣学不外一个敬。③

从上面三段引文中可以看出，王巡泰对"敬"的定位既有对朱子的承继，亦有一定程度的发挥。就继承而言，王巡泰与朱子一样，皆认为"敬"在圣人之学中具有根基性和统领性地位，如朱子说：

> "敬"字工夫，乃圣门第一义，彻头彻尾，不可顷刻间断。④
> "敬"之一字，真圣门之纲领，存养之要法。⑤

很显然，王巡泰的说法不过是朱子之意的另外一种表达。就发挥朱子之意来说，王巡泰主要是将"敬"作为《大学》的首出工夫和核心要领来看待，这就不同于朱子将"格物"看作《大学》首要工夫的主张。如朱子说：

> 格物致知是《大学》第一义，修己治人之道无不从此而出。⑥
> 所谓格物致知，亦曰知此而已矣。此《大学》一书之本指也。⑦

在朱子看来，"格物致知"才是《大学》的根本，一切工夫皆围绕"格物致知"展开。同时，我们必须注意到的是，朱子对"敬"与"格物"的关系亦曾

---

① （清）王巡泰：《四书札记·论语》上，来鹿堂藏版，道光乙未年刻本，1835 年，第 3 页。
② （清）王巡泰：《四书札记·论语》上，来鹿堂藏版，道光乙未年刻本，1835 年，第 32 页。
③ （清）王巡泰：《四书札记·论语》下，来鹿堂藏版，道光乙未年刻本，1835 年，第 29 页。
④ （宋）朱熹：《朱子全书》第 23 册，朱杰人、严佐之、刘永翔主编，上海，上海古籍出版社；合肥，安徽教育出版社，2002 年，第 2691 页。
⑤ （宋）黎靖德编：《朱子语类》，王星贤点校，北京，中华书局，1986 年，第 210 页。
⑥ （宋）朱熹：《朱子全书》第 23 册，朱杰人、严佐之、刘永翔主编，上海，上海古籍出版社；合肥，安徽教育出版社，2002 年，第 2773 页。
⑦ （宋）朱熹：《朱子全书》第 22 册，朱杰人、严佐之、刘永翔主编，上海，上海古籍出版社；合肥，安徽教育出版社，2002 年，第 2040 页。

提到：

> "敬"字是彻头彻尾工夫。自格物、致知至治国、平天下，皆不
> 外此。①

这就是说，"敬"是贯穿内圣外王的，尤其是贯穿《大学》的"八条目"，故
而朱子并未将其作为《大学》工夫的起点。若如此，那就是小觑了"敬"。

再从概念的角度来看王巡泰对"主敬"的释义。众所周知，朱子在吸
收和借鉴前人理论的基础上，对"主敬"的解释主要有五层含义：敬畏、
常惺惺、整齐严肃、收敛身心和主一无适。② 这五层含义可谓是哲学史
上较为全面的对"敬"的解释，主导和规范了后世学者对"敬"理解的边界。
王巡泰对"主敬"的理解自然亦未越出朱子所确定的范围。首先，王巡泰
对"敬"解释道：

> 敬者，主一无适。③

用"主一无适"来解释"敬"可由朱子溯源至程颐，乃是指"把全部注意力集
中于意识的养善闲邪，对其他事物无所用心"④。其次，王巡泰说：

> 下气怡色，柔声，敬之至也。⑤
> 容貌之变，只是一个敬。⑥
> 朝服而立，敬也。⑦

这三条的意思很明显，意在从外在的容貌言辞来解释"敬"，这同样是程
朱一系的意思，强调外在的整齐严肃可以促发内在的"敬"。总而言之，
王巡泰对程朱一系"主敬"思想的继承，在大的方面沿袭了他们从内外两

---

① （宋）黎靖德编：《朱子语类》，王星贤点校，北京，中华书局，1986 年，第 371 页。
② 陈来：《宋明理学》，上海，华东师范大学出版社，2004 年，第 138 页。
③ （清）王巡泰：《四书札记·论语》上，来鹿堂藏版，道光乙未年刻本，1835 年，第 3 页。
④ 陈来：《宋明理学》，上海，华东师范大学出版社，2004 年，第 82～83 页。
⑤ （清）王巡泰：《四书札记·论语》上，来鹿堂藏版，道光乙未年刻本，1835 年，第
23 页。
⑥ （清）王巡泰：《四书札记·论语》上，来鹿堂藏版，道光乙未年刻本，1835 年，第
63 页。
⑦ （清）王巡泰：《四书札记·论语》上，来鹿堂藏版，道光乙未年刻本，1835 年，第
62 页。

面理解"敬"的传统，所不同的是对内在"敬"的理解，王巡泰并没有全部绍述，而主要择取"主一无适"之义。显而易见，王巡泰对"主敬"的理解并没有太多的个人见解，他的优长在于对"主敬"的应用和落实。在阐释四书时，王巡泰用"敬"来解释经典的例子不胜枚举，试举几例如下：

例1：在《中庸》"衣锦章"中，他说：

此章以诚为根本，以敬为工夫。①

例2：在《论语》"不重"章中，他说：

不重之弊最害事，却易犯，故首及之。不重只是不敬。②

例3：在《论语》"礼用"章中，他说：

礼主于敬，却说以和为贵奇，自先王制作，言之曰道。道即礼也，唯美为贵。礼之用本和，人用礼时却只以敬为主，敬则自和，不以礼节之，是不敬也，便不是和。③

例4：在《论语》"《诗》三百"章，他说：

思无邪只是敬，思无邪者，诚也。敬然后诚，思无邪其要只在慎独，《诗》"思无邪"，《礼》"毋不敬"，足知六经一原。④

例5：在《论语》"子游"章，他说：

只说意本无他，便是不敬根苗。⑤

例6：在《论语》"平仲"章，他说：

---

① （清）王巡泰：《四书札记·中庸》，来鹿堂藏版，道光乙未年刻本，1835年，第39页。
② （清）王巡泰：《四书札记·论语》上，来鹿堂藏版，道光乙未年刻本，1835年，第3页。
③ （清）王巡泰：《四书札记·论语》上，来鹿堂藏版，道光乙未年刻本，1835年，第4页。
④ （清）王巡泰：《四书札记·论语》上，来鹿堂藏版，道光乙未年刻本，1835年，第6页。
⑤ （清）王巡泰：《四书札记·论语》上，来鹿堂藏版，道光乙未年刻本，1835年，第7页。

朋友，天下之达道也。只是个久而敬之四字。愈久愈当敬，愈敬愈能久，不独交友为然也，为学为治，举不外此。①

例7：在《论语》"绝四"章，他说：

意必固我，总是不敬。②

例8：在《论语》"雍也"章，他说：

仲弓本领只是一个简，得力处却在敬。③

由上例子可以看出，王巡泰对"主敬"工夫极为青睐，将其应用到四书主要章节的诠释当中，这凸显出王巡泰对朱子"主敬"工夫的认可、推崇和实践。

下面再论及《中庸》首章所涉及的境界。我们知道，首章最后两句"致中和，天地位焉，万物育焉"是"中和"所达到的境界。王巡泰对此解释道：

致中属天地位，是就本原处说；致和属万物育，是就流行处说。但未有致和而不本致中者，分看始得其精，合看始得其妙。戒惧慎独分贴是各有得力处，到极其中处，总根戒惧得来。到极其和处，总根慎独得来。④

我们知道，朱子认为四书当中唯有《中庸》是"枝枝相对，叶叶相当"⑤的，他将此应用到诠释《中庸》境界论当中，他说：

自戒惧而约之，以至于至静之中，无少偏倚，而其守不失，则

---

① （清）王巡泰：《四书札记·论语》上，来鹿堂藏版，道光乙未年刻本，1835 年，第 28 页。
② （清）王巡泰：《四书札记·论语》上，来鹿堂藏版，道光乙未年刻本，1835 年，第 52 页。
③ （清）王巡泰：《四书札记·论语》上，来鹿堂藏版，道光乙未年刻本，1835 年，第 32 页。
④ （清）王巡泰：《四书札记·中庸》，来鹿堂藏版，道光乙未年刻本，1835 年，第 4 页。
⑤ （宋）黎靖德编：《朱子语类》，王星贤点校，北京，中华书局，1986 年，第 1479 页。

极其中而天地位矣。自谨独而精之，以至于应物之处，无少差谬，而无适不然，则极其和而万物育矣。[①]

朱子的意思很清楚，那就是"戒惧"对应"中"，进而达至"天地位"，而"慎独"工夫则可实现"和"，借此达至"万物育"的境界。这种对应是泾渭分明、不容错乱的。王巡泰明显沿袭了朱子之意，恪守两者的一一对应。更为重要的是，他也沿袭朱子以"体用"的视角来界定两者的关系，主张"致中"是"体"，"致和"是"用"。要之，王巡泰对《中庸》首章的解读基本遵循着朱子的途辙，少有创越之处。

三、广泛引证

王巡泰《四书札记·中庸》的最大特色之一就是广泛引证他人言论，以为己意。引证的情况如表 4-1 所示。

表 4-1　王巡泰《四书札记·中庸》所引学者及次数

引用学者	次数
崔纪	68
朱熹	15
薛瑄	6
冯从吾	4
管志道	1
真德秀	1
孙景烈	1

从王巡泰所引人物可以看出以下几点信息。一是基本上都是朱子一系的人物。如薛瑄、崔纪、孙景烈、真德秀等，仅有管志道是泰州学派一系的学者。二是深受崔纪的影响，这从其引用崔纪之说达 68 次可见一斑。崔纪曾于乾隆二年(1737 年)任陕西巡抚，仅有一年时间，也就是这一年时间，他的思想深刻影响到王巡泰、刘绍攽。尤其是对王巡泰的影响已经远远超过其师孙景烈的影响。三是注重对关学一系人物的引证。如冯从吾、孙景烈等都是关学中的佼佼者，他的引用已经说明他有意地、

---

① (宋)朱熹：《四书章句集注》，北京，中华书局，1983 年，第 18 页。

自觉地在倡导、复兴关学。

四、《四书札记·中庸》的诠释特色

考察王巡泰的《四书札记·中庸》，必须将其置于乾嘉时期特殊的学术脉络中予以分析，方能彰显出其学术特质。

1. 不尚训诂，直探义理

王巡泰所处的年代正是乾嘉汉学炙手可热之时，出现"家家许郑，人人贾马"①的学术局面，以致"究心、理学者盖鲜"②。而反观王巡泰的《四书札记·中庸》，全书不涉字义的考证、训诂，全是长段的义理阐发，这就与整个时代的学术风气格格不入，显得较为特殊和另类。我们需要追问的是，王巡泰何以能够不受时代的熏陶，而独创独证呢？这就需要结合社会史、思想史来进行综合考察。我们知道，从事考据学需要具备丰厚的藏书、雄厚的经济条件以及官方、民间的支持，绝非有心就可为之。而清代的关中地区显然并不具备这样的条件，因为"关中几乎是个自耕农社会，地权极为分散，地主不是没有，但却是很少"③，这种"关中模式"决定了关中地区并不具备从事考据学的条件。王巡泰不唯不具备这样的条件，甚至连正常的生活都难以为继，更别说从事经济门槛较高的考据学研究。

2. 札记体而非注疏体

就经典注疏而言，常见的方式主要有语录体、注疏体和札记体。语录体最早可以追溯到《论语》，至宋明理学蔚为大观；注疏体则在汉唐时期最为流行；札记体则是学者利用笔记的形式将其读经心得记录下来，日积月累，汇编成书，大致产生于唐宋时期，在明清时期应用较为广泛。三种体例各有优劣，它们兴衰的轨迹既可以映射出时代特征，又可以窥见学者的治学诉求。就札记体而言，梁启超对此有详细而精准的观察，他说：

> 札记实为治此学者所最必要，而欲知清儒治学次第及其得力处，固当于此求之……要之当时学者喜用札记，实一种困知勉行工夫，其所以能绵密深入而有创获者，颇恃此，而今亡矣……此类函札，

---

① 梁启超：《清代学术概论》，北京，中华书局，2011年，第97页。
② 杨峰、张伟：《清代经学学术编年》（上），南京，凤凰出版社，2015年，第305页。
③ 秦晖、苏文：《田园诗与狂想曲——关中模式与前近代社会的再认识》，北京，中央编译出版社，1996年，第53页。

皆精心结撰，其实即著述也。此种风气，他时代亦间有之，而清为
独盛。其为文也朴实说理，言无枝叶，而旨壹归于雅正。①

这段话透露给我们几个重要信息：一是清儒最喜札记体，故而这就成为
理解和把握清儒学术的重要津梁；二是札记体是一种困知勉行的工夫；
三是札记体文风朴实，旨趣雅正。梁氏所言可谓确论，准确道出札记体
的渊源和特质，尤其是用"困知勉行"来界定札记体，可谓一语中的。王
巡泰的《四书札记·中庸》恰恰具备了梁氏所言的"困知勉行"的特质，也
就是说，此书绝非只是为著述而著述，恰恰是融入了王巡泰本人的生命
体验，是其刻苦自励的直接体现。

小　结

　　王巡泰的《四书札记·中庸》是乾嘉时期汉学风行下的一种偏离时代
风气的注经之作，其学术意义自然不可小觑。对此，我们可从三个视角
来定位和审视。首先，从王巡泰所处的时代来讲，由他的《四书札记·中
庸》可以看出，当时风靡一时的乾嘉汉学绝非全国性的学术现象，更多的
只是江南一地的学术现象。王巡泰的《四书札记·中庸》就以个案的形式
佐证了艾尔曼观察的准确性。② 其次，从关学的角度来讲，清代是有八
百余年历史的关学最为鼎盛的时期，这种鼎盛是需要一大批以身体道的
士人来推动和建构的，王巡泰在《四书札记·中庸》中积极拔擢关学人物，
引证他们的思想，对于弘扬关学功不可没，有力地改变了周元鼎所谓"自
丰川先生（王心敬）后，吾关中之学其绝响矣"③的学术局面，成为关学振
兴的中坚力量。最后，从《中庸》学史的角度而言，王巡泰其人虽然在中
国哲学史上并非节点式的人物，但其《四书札记·中庸》却是《中庸》学史
上为数不多的"札记体"著作之一，为我们把握《中庸》学的注经体例的多
面性和丰富性提供了一个鲜活而具体的个案。要之，以往囿于学界的研
究视角，王巡泰的《四书札记·中庸》并未得到应有的重视，通过上述分
析，我们应一改以往那种只专注于经学大家的学术研究现状，从而弥合学
术史研究的断裂部分，凸显以王巡泰为代表的这类群体的学术特性。

---

① 梁启超：《清代学术概论》，北京，中华书局，2011年，第93～94页。
② 〔美〕艾尔曼：《从理学到朴学——中华帝国晚期思想与社会变化面面观》，赵刚译，南京，江苏人民出版社，2012年，第4～7页。
③ （清）周元鼎：《关学续编》后序，（明）冯从吾：《关学编（附续编）》，陈俊民、徐兴海点校，北京，中华书局，1987年，第96页。

第六节 不废训诂、发明朱注：刘绍攽《四书凝道录·中庸》

刘绍攽(1707—1778)，字继贡，号九畹，陕西三原人，与杨鸾、吴镇和胡釴并称为"关中四杰"。刘绍攽"自束发受书，即知古圣贤非异人。任于六经、诸史、天官地理、礼乐兵农，宋、元、明诸大儒之书，无不熟读而切究之"①。正是这种深厚的学术底蕴，使其在雍正十三年(1735年)受到陕西巡抚史贻直的赏识，作为贡生被荐入国子监深造，后以朝考第一名出任四川什邡知县，历知南充、太原、阳曲等，因政声斐然，获拜文绮之赐。后因病辞官归乡，讲学布道，接引后学，及门弟子众多，享誉关中大地。刘绍攽学脉纯正，早年拜师陕西督学王信芳，而王信芳乃清初朱子学大家李光地的高足，恪守光地为学宗本朱子的学术旨趣，亦以羽翼朱子学为务。受其师影响，刘绍攽"以朱子为宗"②，"潜心集注"③，成为清代卫道朱子的重要派系。绍攽著作丰富，主要有《九畹集》《九畹续集》《二南遗音》《周易详说》《书考辨》《春秋通论》《春秋笔削微旨》《四书凝道录》《学韵纪要》《卫道编》《皇极经世书发明》等。其所著《四书凝道录》完成于乾隆二十五年(1760年)，共计十九卷，篇幅巨大，卷帙丰富，在体例上先录四书原文，再录朱子注解，或随文注解，或广引群说，或施加按语，可视为对朱子《四书章句集注》的再诠释。刘绍攽自述是书创作缘由道：

> (朱子)生平所尤致力于者莫如《四书集注》，训诂本之汉唐，义理一宗二程，复参稽于游扬吕谢及诸老……是书之广大精微，诚非一蹴可跻者，不敏少从王信芳先师，窃闻大义，壮岁驰驱，与当世有识之士游，遍考诸家之论说，恍然若有所见，辄就是书指实言之，颇有乖于引而不发之义。④

绍攽高度肯定朱子《四书章句集注》的析理之粹、补备之精、释诂之准，

---

① (清)白国栋：《卫道编》序，(清)刘绍攽：《卫道编》，《四库未收书辑刊》编纂委员会编：《四库未收书辑刊》陆辑·拾贰册，北京，北京出版社，1997年，第206页。

② (清)钱仪吉：《清代传记丛刊》(113)，台北，明文书局，1985年，第123~139页。

③ (清)白遇道：《白遇道集》，白金刚等点校整理，西安，西北大学出版社，2017年，第21页。

④ (清)刘绍攽：《四书凝道录》自序，《四书凝道录》，光绪甲午泾阳刘文在堂刊，1894年，第1页。

但是书并非没有缺点，多有引而未发之处，使晚生后学难以问津是书大
义。故而需要对其进行进一步解释。这是从正面的角度来说。从反面的
视角而言，刘绍攽指出：

> 是世之读是书（《四书章句集注》）者流弊有三：一则帖括之习，
> 不能尽众论不同之极致；一则糟粕六经，指讲说为支离；一则是汉
> 非宋，援旧章以滋议。自非学有本原，鲜不为其所惑。①

在刘绍攽看来，乾隆时期学界研读朱子《四书章句集注》呈现出三种流弊：
一是为应对科举考试，只是口诵；二是蔑视经注，指责朱注为支离；三是
崇汉抑宋，拿旧说来妄议朱注。这三种流弊严重误导学者对朱注的理解和
信从，削弱朱注的权威，故而必须矫正时弊，重新梳理、推明朱注。更为
忧心的是，即使那些尊奉集注的学者亦陷入"尊朱者，守其一说，不知兼综
众说"②的窠臼。正是这些原因，迫使以道自担的刘绍攽倾力著述《四书凝
道录》，以期抉发朱注本旨，重塑朱子学的权威。刘绍攽对《四书凝道录》颇
为自信，自认其书"扩俗学之拘墟，辟杂统之糟粕，校汉宋之精粗得失"③，
同时学人亦借"昔人谓有天地不可无四书，有四书不可无《集注》，有《集注》不
可无是编"④来高赞其羽翼、发明朱注之功。而后的白遇道亦有类似判断：

> 广采诸家之说，节解支分，梳栉而证明之，名之曰"凝道录"，
> 如经之有传，注之有疏，总靳有合于阐明圣道之旨，则亦集注之羽
> 翼，吾道之捍卫矣。⑤

白遇道不唯以更加明确的"集注之羽翼，吾道之捍卫"来定位《四书凝道
录》，更以"广采诸家之说，节解支分，梳栉而证明"来详细描述是书之特

---

① （清）刘绍攽：《四书凝道录》自序，《四书凝道录》，光绪甲午泾阳刘文在堂刊，1894
　　年，第 3 页。
② 徐世昌等编纂：《清儒学案》，沈芝盈、梁运华点校，北京，中华书局，2008 年，第
　　8038 页。
③ （清）刘绍攽：《答邱省斋论〈易〉书》，《九畹续集》卷一，乾隆刘传经堂藏版，第 45 页。
④ 据载："因出向所为《四书凝道录》三十卷，扩俗学之拘墟，辟杂统之糟粕，校汉宋之精
　　粗得失，附以西河而审辨焉。杨公见之，握余手曰：'昔人谓有天地不可无四书，有四
　　书不可无《集注》，有《集注》不可无是编。'"（刘绍攽：《答邱省斋论〈易〉书》，《九畹续
　　集》卷一，乾隆刘传经堂藏版，第 45 页。）
⑤ （清）白遇道：《白遇道集》，白金刚等点校整理，西安，西北大学出版社，2017 年，第
　　21 页。

质，这就精准而详细地将刘绍攽《四书凝道录》的学术贡献揭示出来。下面我们就深入文本当中，一一揭示刘绍攽《四书凝道录·中庸》的学术旨趣，以期由此具体而鲜活的个案窥探清代中期关学、朱子学的演进面貌。

一、推明朱注

在"许、郑之学大明，治宋学者已鲜"①的清代中期，朱子学的地位已与清初的独尊地位难以相提并论，呈现渐趋式微之势。而刘绍攽并不随时代风气所转，极为赞赏清廷的尊朱政策：

> 我朝际五百年之运，极治教之隆，进朱子于十哲，纂《全书》以颁行，所以推崇之者至矣。②

这是刘绍攽对清廷国是的高度概括，他准确道出了清廷尊奉朱子学的文化策略。他将这种国是应用和贯彻到对朱注的诠释当中，反复申明"《集注》确不可易"③。具体而言，刘绍攽主要遵循"义有未显者，为之证明；解有未备者，为之补充"的原则，来彰显这一学术情怀。首先，以朱证朱。刘绍攽在诠释集注时，大量引用《朱子语类》《中庸或问》《晦庵先生朱文公文集》中的原文来对集注中的话进行再解释，以求义理详备。如在解释《中庸章句》的注文"若其可离，则为外物而非道矣"④时，他引用《中庸或问》中的"若其可以暂离，而道自为道，我自为我，则是人力私智之所为者，而非率性之谓矣"⑤作解。如在解释《中庸章句》序言"程夫子兄弟者出，得有所考，以续夫千载不传之绪"⑥时引用《晦庵先生朱文公文集》中"明道不及为书"⑦一段进行说明解释。再如在解释《中庸章句》的注文"愚谓以二气言，则鬼者阴之灵也，神者阳之灵也"⑧，刘绍攽同样引用

---

① （清）皮锡瑞：《经学历史》，周予同注释，北京，中华书局，2004年，第249～250页。

② （清）刘绍攽：《四书凝道录》自序，《四书凝道录》，光绪甲午泾阳刘文在堂刊，1894年，第4页。

③ （清）刘绍攽：《四书凝道录·论语》卷四，光绪甲午泾阳刘文在堂刊，1894年，第29页。

④ （宋）朱熹：《四书章句集注》，北京，中华书局，1983年，第17页。

⑤ （宋）朱熹：《朱子全书》第6册，朱杰人、严佐之、刘永翔主编，上海，上海古籍出版社；合肥，安徽教育出版社，2002年，第554～555页。

⑥ （宋）朱熹：《四书章句集注》，北京，中华书局，1983年，第15页。

⑦ （宋）朱熹：《朱子全书》第24册，朱杰人、严佐之、刘永翔主编，上海，上海古籍出版社；合肥，安徽教育出版社，2002年，第3639页。

⑧ （宋）朱熹：《四书章句集注》，北京，中华书局，1983年，第25页。

《朱子语类》卷三的"问:'鬼神便只是此气否?'曰:'又是这气里面神灵相似。'"①进行注解。如此事例,在其书中不胜枚举,显示出刘绍攽借朱子之言来推阐《中庸章句》的用心。当然,刘绍攽亦非随意、盲目采用朱子之语,而是经过慎重考量和选择,择取与《四书章句集注》当中意思最为切合的条目进行解释。其次,标明朱注。刘绍攽在是书中,将朱子自己所加的按语皆注明出处,使研习之人能够知其来源,明其出处。我们同样举例来说明这一取向,如对于朱子的释文"罟,网也;擭,机槛也;陷阱,坑坎也"②,刘绍攽注明其为"俱本《注疏》(赵岐《孟子注疏》)"③;对注文"拳拳,奉持之貌"④、朱注"'考其弓弩,以上下其食'是也"⑤,标注"本郑注"⑥。刘绍攽注为"本郑注(郑玄)"的概有 22 处,对释文"素,按《汉书》当作索"⑦,刘绍攽标注为"见《汉书·艺文志》"⑧;对释文"追祭太祖之所自出于太庙,而以太祖配之也"⑨,刘绍攽标注"见《论语》"⑩。从这些例子可以看出,刘绍攽标明出处的地方,既有名物制度,亦有义理论说,这实际上是将朱注推向更加明确和清晰的境地,尤其是从引用次数最多的"郑注"可见朱子对郑玄的推崇,亦可见刘绍攽标注之广、之细。最后,演绎朱注。刘绍攽认为朱注多有简略含糊之处,因此需要进行更为清晰的解释。如在解释朱注"以至于至静之中,无少偏倚,而其守不失,则极其中而天地位矣"⑪时,刘绍攽指出:

> 注意将戒惧自励处说起,如有所感触而惧,自此而收敛之,以至于未发时一无偏倚,而工夫不间断则极其中矣。⑫

在此,刘绍攽对朱子所谓如何达到"极其中"进行了详细的阐释,认为须从戒惧工夫做起,在有感而生戒惧之时,收敛内心,做到未发时的无所

---

① (清)刘绍攽:《四书凝道录·中庸》,光绪甲午泾阳刘文在堂刊,1894 年,第 25 页。
② (宋)朱熹:《四书章句集注》,北京,中华书局,1983 年,第 20 页。
③ (清)刘绍攽:《四书凝道录·中庸》,光绪甲午泾阳刘文在堂刊,1894 年,第 4 页。
④ (宋)朱熹:《四书章句集注》,北京,中华书局,1983 年,第 20 页。
⑤ (宋)朱熹:《四书章句集注》,北京,中华书局,1983 年,第 30 页。
⑥ (清)刘绍攽:《四书凝道录·中庸》,光绪甲午泾阳刘文在堂刊,1894 年,第 51 页。
⑦ (宋)朱熹:《四书章句集注》,北京,中华书局,1983 年,第 21 页。
⑧ (清)刘绍攽:《四书凝道录·中庸》,光绪甲午泾阳刘文在堂刊,1894 年,第 18 页。
⑨ (宋)朱熹:《四书章句集注》,北京,中华书局,1983 年,第 27 页。
⑩ (清)刘绍攽:《四书凝道录·中庸》,光绪甲午泾阳刘文在堂刊,1983 年,第 42 页。
⑪ (宋)朱熹:《四书章句集注》,北京,中华书局,1983 年,第 18 页。
⑫ (清)刘绍攽:《四书凝道录·中庸》,光绪甲午泾阳刘文在堂刊,1894 年,第 7 页。

偏倚，如此便可达到"极其中"的境地。在解释朱注"乃其体物而不可遗之验也"①时，刘绍攽指出：

> 愚按《章句》，"验"字作证验解，不作效验说。②

朱子虽然在《中庸章句》释文中并没有说明"验"之何谓，但在《朱子语类》中却有明确的说明，即"'体物而不可遗'是功效"③，也就是"效验"的意思，是"体物而不可遗"所达至的结果。但刘绍攽却将其理解为"证验"，即印证、证实之意。实际上，"证验"在某种程度上亦包含着"效验"的意思，只不过两者的侧重点不同罢了。在解释朱注"困知勉行者勇也"④时，刘绍攽说："此段非本文正意，乃朱子看出有此义理，故并及之。"⑤也就是说，朱子的注解并非经文的本义、正解，而是朱子的发挥。要之，刘绍攽的解释是否属于诠释过度仍可再论，但将朱子之意阐释明白确是不容否定的，尤其是他所体现的较为客观的态度是值得肯定的，既与那些"学一先生之言，则暖暖姝姝而私自说也"⑥不同，更与"专求异于朱子"⑦之徒拉开距离。可见，刘绍攽对朱子《中庸章句》绝非只是简单地羽翼，更多的是充实和抉发朱注的内在义理，使其走向简明和完备。

二、折中百家

"广采诸家之说"⑧是刘绍攽《四书凝道录》最为显著的特征之一。朱子在《四书章句集注》中"征引诸家解说，共计 923 条。而汉、魏、梁、唐四代学者的记说，一共只引了 75 条（汉 60 条，魏 4 条，梁 1 条，唐 10 条）；其余 848 条皆为宋儒之说。而在这 848 条中，二程夫子之说计为 304 条"⑨。而刘绍攽在《四书凝道录》中征引诸说则达 6558 次，其中引古

---

① （宋）朱熹：《四书章句集注》，北京，中华书局，1983 年，第 25 页。
② （清）刘绍攽：《四书凝道录·中庸》，光绪甲午泾阳刘文在堂刊，1894 年，第 20 页。
③ （宋）黎靖德编：《朱子语类》，王星贤点校，北京，中华书局，1986 年，第 1549 页。
④ （宋）朱熹：《四书章句集注》，北京，中华书局，1983 年，第 29 页。
⑤ （清）刘绍攽：《四书凝道录·中庸》，光绪甲午泾阳刘文在堂刊，1894 年，第 46 页。
⑥ 陈鼓应：《庄子今注今译》，北京，商务印书馆，2007 年，第 755 页。
⑦ （清）郭嵩焘：《郭嵩焘全集》第 2 册，梁小进主编，长沙，岳麓书社，1992 年，第 599 页。
⑧ （清）白遇道：《白遇道集》，白金刚等点校整理，西安，西北大学出版社，2017 年，第 21 页。
⑨ 陈铁凡：《〈四书章句集注〉考源》，钱穆等：《论孟论文集》，台北，黎明文化事业股份有限公司，1981 年，第 39～67 页。

注 280 次，朱子 357 次，程子 333 次，陆陇其 265 次，李光地 164 次，张载 50 次，王信芳 44 次，徐世沐 42 次，薛轩 37 次，饶鲁、高攀龙、王应麟各 17 次，李二曲 14 次，引蔡清《四书蒙引》323 次，引朱熹《四书或问》146 次，引《史记》67 次，等等。[①] 由此可见刘绍攽引证之多而广，已非朱子所能企及。这当然与刘绍攽为后出学者，与朱子相差 600 余年，有足够的史料可供其选取有直接关系，而更为重要的则是刘绍攽"集思以广益，历选儒先之说"[②]的治经取向。那么，具体到《四书凝道录·中庸》，引用情形如表 4-2 所示。

表 4-2 刘绍攽《四书凝道录·中庸》所引学者及次数

引用学者	次数
李光地	23
朱熹	23
陆陇其	17
王信芳	17
蔡清	15
张居正	6
程颐	5
罗钦顺	5
徐青麓	5
薛瑄	4
胡云峰	3
李二曲	3
饶鲁	3
许衡	3
张载	3
冯从吾	2

---

① 浩小艳：《刘绍攽〈四书凝道录〉之审美研究》，西安建筑科技大学硕士学位论文，2019 年。

② （清）刘绍攽：《四书凝道录》自序，光绪甲午泾阳刘文在堂刊，1894 年，第 4 页。

续表

引用学者	次数
顾麟士	2
胡广	2
李毅侯	2
史伯璿	2
吴因之	2
陈淳	1
陈建	1
陈寿祺	1
董日铸	1
顾宪成	1
赵贞吉	1
郭伟	1
黄榦	1
湛甘泉	1
司马迁	1
苏紫溪	1
孙景烈	1
王观涛	1
熊伯甘	1
徐儆弦	1
许白云	1
袁了凡	1
张风林	1
朱公迁	1
邹东廓	1

从这张表中，我们可以获得以下信息：一是征引之多、之广；二是征引以朱子学学者为主，如李光地、陆陇其、蔡清等；三是兼引关学学者如张载、李二曲、冯从吾和孙景烈等。当然，"广引"只是刘绍攽的治经手段，他绝非只是将这些材料进行文字堆积，而是对诸家之说进行裁断和取舍，以期平衡诸家，择优选用。根据刘绍攽的自述，在折中百家的过程中，既有取舍，亦有综合。首先，在对朱注"及其至而圣人不知不能。则举全体而言"①进行注解时，刘绍攽指出：

> 按郭洙源之说亦是如此，稼书云"此即语小莫破意"。愚见正欲如此看，玩《大全》、朱子亦然。②

在这段引文中，刘绍攽平衡诸家（如郭伟③、陆陇其、《四书大全》和朱熹）思想，认为他们思想一致，符合经文本意，故而取之。

在对朱注"谓故学之矣，复时习之也"④进行解释时，刘绍攽指出："讲家皆以故为良知，《章句》谓'故，学之矣'，则合昔时之见闻，皆是也。"⑤这就是说，对于"故"，朱子解为"见闻"，讲家释为"良知"，这两种内涵在刘绍攽看来，都是可以的。平实而论，从上下文的逻辑来看，将"故"解释为"良知"就与后面的"学之矣"意思不通，因为"良知"是不待学而先天具有的，显然讲家之解并不恰当。刘绍攽的这种平衡有失客观。再如对朱注"必其体立而后用有以行，则其实亦非有两事也"⑥进行解释时，刘绍攽指出：

> 或疑中和分配位育，不免支离，稼书以天地位只是天下大纲都好了，致中便能如此。万物育是天下事事都好，须致和方能如此。愚谓非也，朱子原说得明白，《或问》云："未有天地已位而万物不育者，亦未有天地不位而万物自育者也，特据其效而推本其所以然，则各有所从来，而不可紊耳。"⑦

---

① （宋）朱熹：《四书章句集注》，北京，中华书局，1983年，第22页。
② （清）刘绍攽：《四书凝道录·中庸》，光绪甲午泾阳刘文在堂刊，1894年，第65~66页。
③ 郭伟（1549—1619），字洙源，福建晋江人，著有《四书集注发明》《集注正宗》《鳌头龙翔集注》《集注衍文》《集注真诠》《集注归正》《集注抄评》《集注珠玑》等书，这些著作家传户诵，累世称赞。
④ （宋）朱熹：《四书章句集注》，北京，中华书局，1983年，第35页。
⑤ （清）刘绍攽：《四书凝道录·中庸》，光绪甲午泾阳刘文在堂刊，1894年，第68页。
⑥ （宋）朱熹：《四书章句集注》，北京，中华书局，1983年，第18页。
⑦ （清）刘绍攽：《四书凝道录·中庸》，光绪甲午泾阳刘文在堂刊，1894年，第8页。

我们知道，朱子的哲学体系往往是二元对立又以一元为主的，这在其论述"中和"与"位育"的关系时有明确的体现。他首先强调"中和"与"位育"的对举，也就是由"致中"可达"天地位"，由"致和"可进至"万物育"，但这并不是说两者是并行不交的关系，而是类似于体用的关系。在这段引文中，刘绍攽反对陆陇其割裂两者的说法，认为这是罔顾朱子在《中庸或问》中的观点，故而这种质疑是不合理的。

刘绍攽对朱注"尽己之心为忠，推己及人为恕"①进行诠释时指出：

> 吾道一以贯之，曾子以为忠恕矣。《中庸》不曰"忠恕即道"，而曰"违道不远"，见忠恕之非即一贯。朱子所谓借学者尽己、推己之目，以著明之是也。近儒有谓忠恕即是一贯，致疑于《集注》者，当即此而深思之。②

"忠恕"与"一贯之道"的关系是学界一直争议不断的话题。从文本"忠恕""违道不远"的角度讲，"忠恕"显然还不是"道"；而"道、仁之'一'乃于个体内心生活得一实证，因此落实为个体人生之境界而为一具体之共相。从这个意义上说，忠恕亦即是道，亦即是仁"③。刘绍攽显然赞同朱子之说，依据文本来否定"忠恕"与"道"的对等关系，否定时儒之论。这就显示出他以朱子为据来裁断学者之论。

在对朱注"凡此皆不远人以为道之事"④的训释中，刘绍攽说：

> 《章句》从张子分作三段，讲家以为气脉不贯，《蒙引》欲以忠恕贯之，惟厚庵谓"爱己责人是恒人之心，然以此心而爱人责己便是君子之道矣"。此可见道不远于人也。惟道不远于人，故能推是心者，则去道不远。《注》虽分为三而血脉本自流通。⑤

"道"是人所本有的，只能人自远其道，非道远人。也就是说，在"道"与否在人不在道。朱子遵从张载分作三段之意来解析，讲家认为这样语义不通，而蔡清则以"忠恕"来释义，李光地则强调君子之道必须是"爱人责

---

① (宋)朱熹：《四书章句集注》，北京，中华书局，1983年，第23页。
② (清)刘绍攽：《四书凝道录·中庸》，光绪甲午泾阳刘文在堂刊，1894年，第25页。
③ 李景林：《教化的哲学——儒学思想的一种新诠释》，哈尔滨，黑龙江人民出版社，2007年，第330页。
④ (宋)朱熹：《四书章句集注》，北京，中华书局，1983年，第24页。
⑤ (清)刘绍攽：《四书凝道录·中庸》，光绪甲午泾阳刘文在堂刊，1894年，第26页。

己"心，而非"爱己责人"心。刘绍攽在这几家注释中，最为赞赏和推崇的是李光地的注解，因为他的解释最合朱子之意。

在对"宗庙之礼"中的"适士二"①的解释上，刘绍攽对诸家学说裁断道：

> 稼书曰："适士只是诸侯之上士，若天子之上士，则受地视子、男，而庙亦例此矣。"许东阳以为天子之元士，《蒙引》又引祭法注曰："适士，天子上中下之士及诸侯之上士，恐俱不是。"②

朱子对"适士"并没有给予明确的解释，刘绍攽也没有解释"适士"何谓，但他却从反面否定陆陇其、许东阳、蔡清的解释。从上述例举中可见，刘绍攽在具体的释义中，折中百家，有取有舍，精选良解，以求不误朱子注文。

三、不废训诂

在清代，乾嘉汉学只是江南一域的学术现象，并不具有全国性的意义。进一步来讲，关学自张载创立以来，一直就沿袭和尊奉张载所开创和奠定的"心解"之法，根本不重视训诂在经典诠释中的作用。而刘绍攽则一定程度上偏离了关学这一传统，在注释四书时，沿袭的恰恰是朱子注释四书的方法，他明确指出"读书要字字挑剔……无穷道理俱在里面"③，强调文字训诂在诠释经典、阐发义理方面的重要性。在这种原则的指导下，他在《四书凝道录》中，凡名物制度、草木鸟兽、山川湖海无不引经据典，加以翔实考证，以期为义理阐释的正确性提供最为基础的保障。我们试举几例，以观其详。

例 1：在对"子姓、兄弟"④的考证上，刘绍攽指出：

> 子姓，谓子孙也，本祭统。⑤

---

① （宋）朱熹：《四书章句集注》，北京，中华书局，1983 年，第 27 页。
② （清）刘绍攽：《四书凝道录·中庸》，光绪甲午泾阳刘文在堂刊，1894 年，第 38 页。
③ （清）刘绍攽：《四书凝道录·孟子》卷六，光绪甲午泾阳刘文在堂刊，1894 年，第 12 页。
④ （宋）朱熹：《四书章句集注》，北京，中华书局，1983 年，第 27 页。
⑤ （清）刘绍攽：《四书凝道录·中庸》，光绪甲午泾阳刘文在堂刊，1894 年，第 39 页。

例 2：在对"言诚者物之所以自成"①的训释上，刘绍攽借助程颐之语解释道：

> 此物字是君臣父子之类。②

例 3：在对"蒲芦"③的解释上，刘绍攽说：

> 蒲芦，只是一物，如杨柳杞柳之类。④

例 4：在对"天、地、山、川，实非由积累而后大"⑤进行考释时，刘绍攽引用考据学大家阎若璩的话说：

> 《周礼》：豫州山镇曰"华"，雍州山镇曰"岳"。《尔雅》：河南曰"华"，河西曰"岳"，皆并配对举，今人混作一山者，非是。⑥

例 5：在朱注"祖庙：天子七，诸侯五，大夫三，适士二"⑦中，朱子并没有给予详细的解释，刘绍攽说：

> 三昭三穆与太祖之庙而七……二昭二穆与太祖之庙而五……一昭一穆与太祖之庙而五……曰考庙曰王考庙。⑧

例 6：对朱注"昭，如字。为，去声"⑨，刘绍攽解释道：

> 昭字，旧有作韶、作佋者，故曰如字。⑩

---

① （宋）朱熹：《四书章句集注》，北京，中华书局，1983 年，第 33 页。
② （清）刘绍攽：《四书凝道录·中庸》，光绪甲午泾阳刘文在堂刊，1894 年，第 60 页。
③ （宋）朱熹：《四书章句集注》，北京，中华书局，1983 年，第 28 页。
④ （清）刘绍攽：《四书凝道录·中庸》，光绪甲午泾阳刘文在堂刊，1894 年，第 42 页。
⑤ （宋）朱熹：《四书章句集注》，北京，中华书局，1983 年，第 35 页。
⑥ （清）刘绍攽：《四书凝道录·中庸》，光绪甲午泾阳刘文在堂刊，1894 年，第 66 页。
⑦ （宋）朱熹：《四书章句集注》，北京，中华书局，1983 年，第 27 页。
⑧ （清）刘绍攽：《四书凝道录·中庸》，光绪甲午泾阳刘文在堂刊，1894 年，第 38 页。
⑨ （宋）朱熹：《四书章句集注》，北京，中华书局，1983 年，第 27 页。
⑩ （清）刘绍攽：《四书凝道录·中庸》，光绪甲午泾阳刘文在堂刊，1894 年，第 39 页。

例 7：对于朱注"宗庙之次"①，绍攽引李光地语作解：

> 祖庙者，太祖之庙，宗如殷之三宗，周之文武世室是也。庙则群昭群穆皆是。无论大祫、时祫，群庙之主皆合食于太祖之庙。及祭之日，群庙之主皆入祖庙，则以昭穆序言其位次。②

例 8：在朱注"左为昭，右为穆"③的释文中，刘绍攽指出：

> 按《或问》：庙皆南向，凡庙主在本庙之室中皆东向，及其祫于太庙之室中，则惟太祖东向，自如而位最尊之位。群昭之入乎此者，皆列于北牖下而南向，群穆之入乎此者，皆列于南牖下而北向。南向者，取其向明故谓之昭；北向者，取其深远故谓之穆。④

例 9：在朱注"爵，公、侯、卿、大夫也"⑤的释文中，刘绍攽借助蔡清之口说：

> 公、侯自侯国言，该伯、子、男、卿大夫，自内朝言，该上士、中士。⑥

例 10：在对朱注"哀公，鲁君，名蒋"⑦的注解中，刘绍攽引徐青麓之语以为己意：

> 哀公十一年冬，孔子自卫反鲁，年已六十八矣。问政其十二年事乎？⑧

从上述例子可以看出，刘绍攽考证得非常详细和精确，每下一字必有考究，择其精良者以为注文，绝无空言揣测之语，使得朱注更加清晰和明

---

① （宋）朱熹：《四书章句集注》，北京，中华书局，1983 年，第 27 页。
② （清）刘绍攽：《四书凝道录·中庸》，光绪甲午泾阳刘文在堂刊，1894 年，第 39 页。
③ （宋）朱熹：《四书章句集注》，北京，中华书局，1983 年，第 27 页。
④ （清）刘绍攽：《四书凝道录·中庸》，光绪甲午泾阳刘文在堂刊，1894 年，第 39 页。
⑤ （宋）朱熹：《四书章句集注》，北京，中华书局，1983 年，第 27 页。
⑥ （清）刘绍攽：《四书凝道录·中庸》，光绪甲午泾阳刘文在堂刊，1894 年，第 40 页。
⑦ （宋）朱熹：《四书章句集注》，北京，中华书局，1983 年，第 28 页。
⑧ （清）刘绍攽：《四书凝道录·中庸》，光绪甲午泾阳刘文在堂刊，1894 年，第 42 页。

确，可加深人们对四书的理解。

小　结

刘绍攽所处的乾隆时期，程朱理学受统治者政策的影响，已无清初的那种鼎盛之势。我们知道，乾隆皇帝早年十分推崇程朱理学，即位之初，乾隆五年（1740 年），他晓谕群臣道："有宋周、程、张、朱子……有功后学，不可不讲明而切究之也。"①他要求有识之士研习程朱理学，尤其是次年便下诏将"谢济世所注经书中有显与程、朱违悖、牴牾，或标榜他人之处，令其查明具奏，即行销毁，毋得存留"②。而这种对程朱的推尊态度到乾隆二十一年（1756 年）后，渐渐向质疑、批评理学的态度转变。如乾隆二十三年（1758 年），直接把胡安国《春秋传》从科举程式中剔除出去，同时亦开始在经筵讲解中质疑朱子之说，并开始倡导"学于古训，见诸躬行"的六经之学，从而为汉学的兴起埋下伏笔。而刘绍攽正是处在这种程朱理学渐趋式微，汉学日益崛起的学术境地。因此考察刘绍攽《四书凝道录·中庸》的学术意义，须从三个坐标展开：一是在汉学兴盛的乾隆时期，刘绍攽依然以尊奉程朱理学为务，并未随波逐流，卷入汉学的洪流之中，成为卫道宋学的标杆人物之一，延缓了宋学的衰落；二是从关学角度而言，刘绍攽的《四书凝道录·中庸》以个案的形式昭示着关学并非铁板一块，全部不重训诂，它的实际情况远比我们想象的要复杂得多；三是从《中庸》学史的角度而言，刘绍攽的注解是对朱注的推阐和演绎，较之其他同类注解，刘绍攽的注解引证之广，考证之精，推阐之细，皆是难得一见的，以往限于版本错乱等原因，其学术价值并未得到足够的挖掘，我们要进一步深入文内梳理和阐释，以期推进关学、清代学术史乃至《中庸》学史的研究。

第七节　首重乎诚，尊奉朱注：
张秉直《四书集疏附证·中庸》

张秉直（1695—1761），字含中，号萝谷，陕西澄城人。出自诗书世家，六岁父亲去世，后由其叔父教以课业，授其小学、四书、《周易》、

---

① 《高宗纯皇帝实录》卷一百二十八，《清实录》第 10 册，北京，中华书局，1985 年，第876 页。

② 《高宗纯皇帝实录》卷一百二十八，《清实录》第 10 册，北京，中华书局，1985 年，第1166 页。

《诗经》和《尚书》等，十岁即能成诵。稍长，"即不自菲薄，不以圣贤为不可及"①；年二十，其母争羡他人之子有功名，遂应考秀才，中举后便不复仕进，被革除功名。张秉直生性纯粹，学行纯笃，乐善好施，广交名流，声闻日昌，"论者或高其严峻，或重其含容"②，中丞陈宏谋荐之于朝，秉直以母老婉拒。其不以仕途为志，倾心圣学，著述丰富，于经书当中独重四书，不仅"于四书用力甚勤"③，更主张"舍四子书外，更无可讲之学"④，故贺瑞麟称"张萝谷得力四书最多"⑤。先著有《四书集疏》，后间有片解，不忍舍弃，积久成帙，于乾隆二十年（1755年）编为《四书集疏附证》，是书由乡人连毓太捐资400金刊刻于道光十五年（1835年），同时刊刻的还有张秉直所著的《论语绪言》。《四书集疏》主要是张秉直广征博引，为四书做的集疏，自己并没有作注，难以窥见其思想，而《四书集疏附证》则是其对四书的注释之作，故仅以《四书集疏附证·中庸》为文本来考察张秉直的《中庸》学思想。

一、四书重《论语》而非《中庸》

朱子将四书进行一体化的建构，而在四书当中，他最为重视的当数《大学》，将其视为四书之主脑，群经之纲领。后世学者多承袭朱子这一看法，但也并非铁板一块，清初关学学者王吉相就主张四书以《论语》为宗，张秉直虽宗朱子，但并没有羽翼朱子这一说法，而是与王吉相的论点保持一致，同样主张四书当以《论语》为首，这首先可以从其做完《四书集疏附证》之后，另做《论语绪言》直接印证出来，据他儿子张南金记载：

> 先君子于四书用力甚勤，删订先儒有《集疏》，其自著有《集疏附证》，晚又以《论语》言近指远，愈发明愈无穷尽，复著《绪言》一卷。⑥

---

① （清）李元春：《关学续编》，王美凤编校整理：《关学史文献辑校》，西安，西北大学出版社，2015年，第136页。
② （清）李元春：《关学续编》，王美凤编校整理：《关学史文献辑校》，西安，西北大学出版社，2015年，第136页。
③ （清）张秉直：《论语绪言》，刘传经堂藏书，同治十二年刻本，1873年，第64页。
④ （清）连毓太：《四书集疏附证》序，（清）张秉直：《四书集疏附证》，刘传经堂藏书，同治十二年刻本，1873年，第2页。
⑤ （清）贺瑞麟：《贺瑞麟集》，王长坤、刘峰点校整理，西安，西北大学出版社，2015年，第1030页。
⑥ （清）张秉直：《论语绪言》，刘传经堂藏书，同治十二年刻本，1873年，第64页。

从其子的叙述中可以看出，张秉直认为《论语》一书内涵丰富，义理无穷，仅在《四书集疏附证》里难以括尽，故须另作他书以发挥《论语》义理。这就显示出张秉直对《论语》的特别定位和格外重视。以上是借他人之口从《论语》的性质上叙述的简要缘由。下面再来看一下张秉直本人对《论语》的认识：

> 《论语》，圣人教人之书。①
>
> 《小学》《论语》二书，圣之所以为圣者，要不外此。若舍此二书，又何学乎。②
>
> 《论语》者，道学大成之书，而其中所云乃圣人教人之法也。③

从上述引文中可以透露出几点关键信息：一是《论语》的性质不仅是圣人教化民众的文本，亦蕴含圣人育人之法，更是道学大成之书；二是优入圣域必须以《论语》、小学为入门。可以看出，张秉直对《论语》的这种定位主要是从《论语》一书多是涵具教人下学方法的角度而言的，这也与其一贯主张的为学必须循序渐进、教不躐等保持高度一致。他进一步围绕此点展开论述：

> 试看《论语》一书何等审慎，有一言张大者乎，降至孟子，其言论气象遂不侔矣，此圣贤之别。④
>
> 然求内外精粗之全旨，下学上达之实功，学者日用动静有可持循而固守之者，无过《论语》一书……若舍此不学，高谈性命，则是圣门诸贤之所不得闻者，而末学浅儒，凡欲闻之，学者固失圣人下学上达之序。⑤

张秉直的意思再清楚不过，那就是《论语》语言平实，无张狂之语，无高谈之论，涵摄内外，全是下学上达之实功，学者须是循此而进，才能符合儒学一贯的为学宗旨。张秉直的这一论述无疑是符合《论语》本旨的，因为《论语》确是孔子就人伦日用处提点教化，少有涉及高大虚远之语，

---

① （清）张秉直：《四书集疏附证·论语》卷一，刘传经堂藏书，同治十二年刻本，1873年，第9页。
② （清）张秉直：《四书集疏附证·论语》卷一，刘传经堂藏书，同治十二年刻本，1873年，第1页。
③ （清）张秉直：《四书集疏附证·论语》卷六，刘传经堂藏书，同治十二年刻本，1873年，第9页。
④ （清）张秉直：《论语绪言》，刘传经堂藏书，同治十二年刻本，1873年，第49页。
⑤ （清）张秉直：《四书集疏附证·论语》序，刘传经堂藏书，同治十二年刻本，1873年，第1页。

故而其核心要旨即在于"下学而上达"。

张秉直继续通过比较《论语》与四书中的其他书来彰显此意,他说:

> 圣人之所以教人者,《论语》是也。若《中庸》《孟子》直是明道之言。彼盖有所为而言之,与夫子合下教人用工夫处,立言稍别,今之学者以《论语》为平常,动言性命之奥,即教者亦以《论语》为浅近,每称存主之微,吾不知其所学与其所教人,将欲驾乎?①
> 《大学》文字疏宕,不比《论语》严密。②

在张秉直看来,《中庸》《孟子》是明道之书,没有指明入手工夫,没有明确工夫途径,而《大学》则是"言治平之事"③,只有《论语》当下即指明圣人之学入手工夫,使人人可以有途辙可循,那种将《论语》看作浅近之作的观点无疑是好高骛远之论。由此可见,张秉直将《论语》拔擢至四书之首,与其一贯的学术宗旨直接相关,那就是他所宗本的程朱一系的为学进路,即"下学上达",他说:"《论语》、小学多下学之旨,学者有可持循。"④也就是说,《论语》恰恰是这一宗旨的最好诠释者,故而他高赞道:"赵韩王谓半部《论语》足以定天下,渠虽非其人,然其言诚不诬也。"⑤

二、标举朱子

清儒连毓太在评价张秉直《四书集疏附证》时指出:"以朱子之说为宗,信之最笃,好之最深。"⑥此言不虚,张秉直在是书字里行间中处处透显出其卫道朱子的注经旨趣。首先,我们来看张秉直对朱子的高赞和推崇:

> 凡朱子解经止以经释经,不以一毫己意参乎其间。⑦

---

① (清)张秉直:《四书集疏附证·论语》序,刘传经堂藏书,同治十二年刻本,1873年,第1页。

② (清)张秉直:《四书集疏附证·大学》卷二,刘传经堂藏书,同治十二年刻本,1873年,第5页。

③ (清)张秉直:《四书集疏附证·论语》卷一,刘传经堂藏书,同治十二年刻本,1873年,第6页。

④ (清)张秉直:《开知录》卷一,光绪元年三原刘传经堂刻本,1875年,第1页。

⑤ (清)张秉直:《四书集疏附证·论语》卷六,刘传经堂藏书,同治十二年刻本,1873年,第15页。

⑥ (清)连毓太:《四书集疏附证》序,(清)张秉直:《四书集疏附证》,刘传经堂藏书,同治十二年刻本,1873年,第2页。

⑦ (清)张秉直:《四书集疏附证·中庸》,刘传经堂藏书,同治十二年刻本,1873年,第2页。

> 朱子之心即圣人之心也，故其注四书不啻出诸其口。①
> 朱子论人之心之公，其言之平，真后学模楷。②
> 朱子，孔子之真传也，学孔子者宜学朱子。③

从上述引文中可见，张秉直用"得孔子真传""后学楷模""圣人之心""公正无私"来定位和高赞朱子，这些赞语已将朱子拔擢至无以复加的地步，足见张秉直对朱子的服膺和推崇。更为重要的是，他认为朱子所解四书全是以圣人之心推阐，毫无私意掺杂其间，最为公正不偏。这是张秉直对朱子最为直白的羽翼。下面再从张秉直在《中庸》的肯綮和关节处的态度来一展这一学术宗旨。

在对《中庸》首句"天命之谓性"的解释中，张秉直说：

> 人性，天命；物性，非天命乎？人率性为道，物率性非道乎？单就人言，则于性不备，故必兼人物言之，此程朱有功圣道处，不特能训诂子思之言也。④

子思所言的"天命之谓性"并未把天命的对象言说清楚，朱子则推阐其意，认为"人物之生，因各得其所赋之理，以为健顺五常之德，所谓性也"⑤，这就明确将天所命的对象指点出来，也就是既指涉人，又关乎物，这是朱子的创新之处。但朱子采取的是不证自明的方式，并未说明个中缘由。张秉直则给予详细的论证。在他看来，人性源于天，物性同样是天所授，若只言人，作为形上本体的性、理就不全备，如此就有损于本体无物不照的特质。因此，必须人、物并举，方是全备之论。张秉直认为这正是朱子有功于圣学之处，这一评判洵为的论。

在《中庸》首章中，直承本体而下的是工夫。张秉直对此亦颇多留意，他针对朱子之意评价道：

> 致中虽兼动静，然语其成功对下致和则不得不属之静存，以中

---

① （清）张秉直：《四书集疏附证·论语》卷六，刘传经堂藏书，同治十二年刻本，1873年，第17页。
② （清）张秉直：《开知录》卷七，光绪元年三原刘传经堂刻本，1875年，第8页。
③ （清）张秉直：《开知录》卷一，光绪元年三原刘传经堂刻本，1875年，第1页。
④ （清）张秉直：《四书集疏附证·中庸》，刘传经堂藏书，同治十二年刻本，1873年，第2页。
⑤ （宋）朱熹：《四书章句集注》，北京，中华书局，1983年，第17页。

是静时境界也，故朱子亦时涵养、省察分说，然《章句》《或问》解致中，俱由动说至静，解致和，俱由动静之际说至应事接物，则是一片循环工夫，彼强分动静者，亦是不曾细读朱子之书耳。《或问》《章句》云是其一体一用，虽有动静之殊，然必其体立而后用有以行，则是言致中而后能致和也。今子偏重省察，不与朱子之说相反乎？①

张秉直批评时人强分动静、强分省察和涵养以及偏重涵养的做法，缘由在于他们只是注意到朱子区分两者的说法，而未能看到朱子亦强调两者的不可偏废。就朱子的主张来说，他首先强调的是工夫的一一对应，也就是"戒慎恐惧—未发—致中—天地位""慎独—已发—致和—万物育"这样两条相对应的工夫进路。但必须指出的是，这两条进路并不是泾渭分明、毫不相干的。相反，朱子指出："未发已发，只是一件工夫，无时不涵养，无时不省察耳。谓如水长长地流，到高处又略起伏则个。如恐惧戒慎，是长长地做；到慎独，是又提起一起。"②这显然是在强调未发、已发之间的关联性。而对于"中""和"之间的关系，朱子亦有明确的说明：

> 曰："然则中和果二物乎？"曰："观其一体一用之名，则安得不二？察其一体一用之实，则此为彼体，彼为此用，如耳目之能视听，视听之由耳目，初非有二物也。"③

朱子的意思很清楚，"中""和"的关系是在分别基础上的体用如一的关系，绝对不是毫不相干的两个范畴。由此可见，张秉直极为推崇朱子的这种架构性的工夫主张，并以此为据来辩驳异论，显示出其对朱子的认可和服膺。

"尊德性"与"道问学"不唯是《中庸》文本中的一对重要范畴，亦是朱陆之争的焦点，甚至成为划分门户的标准。黄宗羲就明确指出："（陆九渊）先生之学，以尊德性为宗……同时紫阳（朱子）之学，则以道问学为主。"④黄宗羲的这种判定显然并不符合朱子的思想实际，朱子所主张的

① （清）张秉直：《四书集疏附证·中庸》，刘传经堂藏书，同治十二年刻本，1873年，第5页。
② （宋）黎靖德编：《朱子语类》，王星贤点校，北京，中华书局，1986年，第1514页。
③ （宋）朱熹：《朱子全书》第6册，朱杰人、严佐之、刘永翔主编，上海，上海古籍出版社；合肥，安徽教育出版社，2002年，第559页。
④ （清）黄宗羲、全祖望：《宋元学案》，陈金生、梁运华点校，北京，中华书局，1986年，第1885页。

并非以"道问学"为主，而是力主两者的互补，甚至是以"尊德性"为主，他说：

> 固当以尊德性为主，然于道问学，亦不可不尽其力，要当使之有以交相滋益，互相发明，则自然该贯通达，而于道体之全无欠阙处矣。①

很显然，朱子绝非只在意"道问学"，不问"尊德性"，恰恰相反，他认为两者不可或缺，且"须于尊德性上用功；于德性上有不足处，便须于讲学上用功"②，这更加突出"尊德性"的优先性。③　就这一点，冯友兰先生亦加以肯定，他说："朱子之学之最终目的，亦在于明吾心之全体大用。此为一般道学家共同之目的。故谓象山不十分注重道问学可，谓朱子不注重尊德性不可。"④张秉直在这一问题上的态度是沿袭、推尊，他说：

> 尊德性所以修德凝道也，道问学亦所以修德凝道也……欲尊德性必不能不道问学，而道问学亦所以尊德性，其实一事而已。然圣贤立言各有攸当，尊德性就涵养本原说，道问学就细密工夫说，一内一外亦须逐项各还他实落处，不得朦胧混过也。⑤

张秉直的释文基本是融会《章句》《或问》而成，所用术语也基本上是沿袭朱子，他的理论核心亦在于"尊德性"与"道问学"分别基础上的互相成就，这与朱子的主张是毫无二致的。由上可见，在辐辏于《中庸》的关键问题上，张秉直皆与朱子趋同，呈现出明显的标举朱子的学术趋向。

---

① （宋）朱熹：《朱子全书》第24册，朱杰人、严佐之、刘永翔主编，上海，上海古籍出版社；合肥，安徽教育出版社，2002年，第3592页。
② （宋）黎靖德编：《朱子语类》，王星贤点校，北京，中华书局，1986年，第2371页。
③ 实际上，朱熹在这一问题上有前后期的不同。乐爱国教授就指出："朱熹早年建立了以'道问学'为先的学术体系，并且在'道问学'上多了，而在'尊德性'上'多不得力'，后来则要求'去短集长'，以求达到'尊德性'与'道问学'二者的不相偏颇。"（乐爱国：《朱熹〈中庸〉学阐释》，北京，北京师范大学出版社，2016年，第220页。）
④ 冯友兰：《中国哲学史》下册，上海，华东师范大学出版社，2000年，第280页。
⑤ （清）张秉直：《四书集疏附证·中庸》卷三，刘传经堂藏书，同治十二年刻本，1873年，第5页。

三、知先行后

知行关系同样是张秉直在诠释《中庸》时着重展开的。他首先指明知行问题在圣学中的重要性，他说：

> 圣学工夫不过知行两者。①
> 圣学工夫虽千头百绪，要总不外知行两者。②

在张秉直看来，圣学工夫名目虽多，不外知、行二者，换言之，知、行完全可以涵盖圣学工夫。这就将知、行工夫擢升至极高的地位。同时较之朱子，有过之而无不及。在对知行关系的论述上，张秉直指出：

> 论君子为学必先知而后行，则知宜居先。③
> 盖先知后行，此自为学必然之序。④
> 圣人之道，先知后行，未有不知而能行者，亦安有能行而尚不知者。⑤
> 学必先知而后行，此自为学之序，古人总无两样教法，只是弟子知识未开，故当先培养其性情耳。⑥

张秉直反复强调的观点都是知先行后，主张"知"为"行"的基础，为"行"提供方向和范导。离开"知"，"行"就是盲目的。反过来，"行"是对人已有知识的落实和实践。这很明显与朱子所主张的"论先后，当以致知为先"⑦的观点相一致。同时，张秉直亦注意发挥朱子知行观的另一面，他说：

---

① (清)张秉直：《论语绪言》，刘传经堂藏书，同治十二年刻本，1873 年，第 21 页。
② (清)张秉直：《四书集疏附证·孟子》卷二，刘氏传经堂藏书，同治十二年刻本，1873 年，第 4 页。
③ (清)张秉直：《四书集疏附证·中庸》卷二，刘传经堂藏书，同治十二年刻本，1873 年，第 16 页。
④ (清)张秉直：《四书集疏附证·中庸》卷一，刘传经堂藏书，同治十二年刻本，1873 年，第 9 页。
⑤ (清)张秉直：《四书集疏附证·孟子》卷七，刘传经堂藏书，同治十二年刻本，1873 年，第 4 页。
⑥ (清)张秉直：《四书集疏附证·论语》卷一，刘传经堂藏书，同治十二年刻本，1873 年，第 8 页。
⑦ (宋)黎靖德编：《朱子语类》，王星贤点校，北京，中华书局，1986 年，第 148 页。

学者工夫，行重于知，须大加猛省，所谓"知之匪艰，行之惟艰也"。圣贤工夫，知重于行，不消大段着力，知进一步，行自进一步也。此圣凡用功不同处。①

圣贤工夫全在知边，凡所知者未有不能行者也，此所以为圣贤之学。②

我们知道，朱子对"知""行"的界定除了从先后层面规范外，亦从轻重层面指出"行"重于"知"。③ 张秉直同样承袭这一指向，所不同的是，较之朱子却做了更加详细的区分，主张从学者的角度而言，应该是"行"重于"知"，须从力行的角度不断提升自己，而圣贤工夫则恰恰相反，不需要过多力行，"知"自然能够"行"，因为圣贤已臻于纯化之境。张秉直的这种区分是否合宜，可再议，但他确实注意到一般学者和圣贤在境界上的差异，从而有针对性地提出不同的工夫路径，这无疑是值得肯定的，在一定程度上细化了朱子之论。

朱子既强调"知""行"之间的分际，亦强调两者之间的关联，他说："知、行常相须，如目无足不行，足无目不见。"④这就是说"知"与"行"两者是相互成就的关系，"知"如同"目"，"行"如同"足"，两者互为前提，密不可分。张秉直接续朱子这一说法，他继续推阐道：

圣门功夫知行相资，知进一分，行亦进一分，行高一格，知亦高一格，未有先习其事而后知其理者。⑤

在张秉直看来，"知"与"行"是相互促进的，"知"进"行"亦进，"行"进"知"亦进。很显然，张秉直这里隐含了这样一种预设，那就是"知"必带动"行"，"行"亦带动"知"，两者是一种充分必要的关系，这实际上也是朱子所讲的真知、真行，真知必能行，真行也必能带动知。在上述四书所关涉的核心问题上，张秉直皆表现出一尊朱子的学术取向。同时，不能忽视的是，张秉直在著作中亦有悖逆朱子之语，他说："不得必以朱子

① （清）张秉直：《论语绪言》，刘传经堂藏书，同治十二年刻本，1873年，第4页。
② （清）张秉直：《论语绪言》，刘传经堂藏书，同治十二年刻本，1873年，第5页。
③ 朱子说："论轻重，行为重。"［（宋）黎靖德编：《朱子语类》，王星贤点校，北京，中华书局，1986年，第148页。］
④ （宋）黎靖德编：《朱子语类》，王星贤点校，北京，中华书局，1986年，第148页。
⑤ （清）张秉直：《论语绪言》，刘传经堂藏书，同治十二年刻本，1873年，第51页。

之言为是也"①，"解经尊理不尊经文语气，朱子特开此一法门，然学者须各还他本意方为得之"②；"是知遵注而不知遵圣人之言矣"③。这就是说，不能舍弃圣人之意，而屈从朱子之论。当然，他也交代了他说这些话的苦心：

> 余非敢独抗朱子，欲存圣人之真是，不妨显明朱子之小失，使朱子而在，当不吾罪也。④

这就是说，张秉直并非要抗衡朱子，他只不过是要明圣人之学的本真面目，即使朱子在世，他自信朱子亦不会怪罪于他。很明显，在遵从孔孟还是朱子上，张秉直选择的是孔孟的原始儒学。我们必须要明确的是，张秉直虽然对朱子注解经文有不满之处，但这并不减杀其宗本朱子的学术旨趣，而是凸显出其并非因为门户之别而罔顾学术事实的开放心态。

四、子思首重乎诚

朱子曾说："诚者，实此篇之枢纽也。"⑤赵顺孙亦说："《中庸》一书，无非说'诚'。"⑥后来的张岱年先生亦说："'中庸'的观念却不是最重要的观念；而最重要的中心观念，乃是'诚'。"⑦不同时期学者的表述旨在表明"诚"在《中庸》一书当中的肯綮地位。张秉直同样力主"诚"在《中庸》当中的首出地位，他指出："子思阐明天道，首重乎诚。"⑧这就与朱子的思想保持一致。略显不足的是，张秉直并未给予详细的说明。在具体的诠释中，张秉直主要通过"诚"与其他概念的对举来彰显"诚"的学术内涵和特质。就"诚"与"道"的关系来讲，张秉直指出：

---

① （清）张秉直：《四书集疏附证·论语》卷五，刘传经堂藏书，同治十二年刻本，1873年，第7页。
② （清）张秉直：《四书集疏附证·论语》卷一，刘传经堂藏书，同治十二年刻本，1873年，第11页。
③ （清）张秉直：《四书集疏附证·论语》卷五，刘传经堂藏书，同治十二年刻本，1873年，第13页。
④ （清）张秉直：《四书集疏附证·论语》卷五，刘传经堂藏书，同治十二年刻本，1873年，第7页。
⑤ （宋）朱熹：《四书章句集注》，北京，中华书局，1983年，第32页。
⑥ （宋）赵顺孙：《四书纂疏·中庸》，通志堂经解，康熙十六年，1677年，第105页。
⑦ 张岱年：《中国哲学大纲》，北京，中国社会科学出版社，1982年，第328页。
⑧ （清）张秉直：《四书集疏附证·中庸》卷三，刘传经堂藏书，同治十二年刻本，1873年，第1页。

　　　　道，何道也，即求诚之道也。盖物本无不实之理，故学者用功不可无求诚之道……天下容有尽道而不本于诚者，未有存诚而不由于道者，则言诚而道即在其中矣。①

这段是对《中庸》"诚者，自成也；而道自道也"的解释。张秉直的解释着重突出了"诚"与"道"的相切互动的关系，也就是"道"为"诚"所涵具。这一点就与朱子的定论相一致。朱子说：

　　　　某旧说诚有病。盖诚与道，皆泊在"诚之为贵"上了。后面却便是说个合内外底道理。若如旧说，则诚与道成两物也。②

朱子修订早年将"诚"与"道"分为两物的说法，主张两者实际上是一事，并突出了"诚"的重要性。

　　"诚明"问题在张载《中庸》学中的重要性，从其弟子给予其的谥号"明诚子"即可得到直接的印证。而具体到张载哲学当中，他确实是将其作为成性的工夫进路而大加推阐，以至于成为其学术的标志性符号。张载说：

　　　　须知"自诚明"与"自明诚"者有异。自诚明者，先尽性以至于穷理也，谓先自其性理会来，以至穷理；自明诚者，先穷理以至于尽性也，谓先从学问理会，以推达于天性也。③

学界对张载所强调的"自明诚"工夫自然没有异议，反倒对其所主张的"自诚明"工夫疑惑甚多，焦点在于"自诚明"工夫是否可能。④ 对于这种争论，因不是此节重点，故而不再置喙。本书认可两者是"一个相互包含而又相互衔接的动态过程"，"表现为一种双向的统一关系"。⑤ 后来的朱子在此问题上首先主张"诚者，实此篇之枢纽"，将"诚"在《中庸》一书中的核心地位揭示出来，进而主张"以诚而论明，则诚明合而为一；以明而论

---

① （清）张秉直：《四书集疏附证·中庸》卷三，刘传经堂藏书，同治十二年刻本，1873年，第2页。
② （宋）黎靖德编：《朱子语类》，王星贤点校，北京，中华书局，1986年，第1576～1577页。
③ （宋）张载：《张子全书》，林乐昌编校，西安，西北大学出版社，2015年，第267页。
④ 详参米文科：《"自明诚"何以可能——张载思想中的"自诚明"与"自明诚"问题》，《唐都学刊》2014年第2期。
⑤ 丁为祥：《虚气相即——张载哲学体系及其定位》，北京，人民出版社，2000年，第162页。

诚，则诚明分而为二"①，以及"德无不实而明无不照者，圣人之德。所性而有者也，天道也。先明乎善，而后能实其善者，贤人之学。由教而入者也，人道也。诚则无不明矣，明则可以至于诚矣"②，肯定"自诚明"的合理性，并以圣人之德与贤人之学来区分这两种不同进路的工夫，同时也强调两者"一而二，二而一"的关系。张秉直对此的理解是：

> 自，由也。诚是全体，无一不实，明是全体中一节，正由全体无一不实，故此明睿一节亦无一不尽，论圣之所至，必知之尽而后行之至，故孟子推尊孔子偏重乎智。论圣之秉赋，必德无不实而后明无不照，故子思阐明天道，首重乎诚，道理四通八达，既无穷尽，亦无方体，学者但当各就本章细细绎之，不得执彼而泥此也。③

张秉直用全体和局部来区分"诚"与"明"。"诚"是全体，是"实"，是自然成就的道理，而"明"只是"诚"这个全体中的一节。因此，"诚"显然是涵具了"明"。从张秉直的论述中可以看出，他用全体与局部的关系来界定"诚""明"实属其创越之处，但就对两者的关系的界定来看，实际上并未超出朱子矩矱。由上可见，张秉直极为重视"诚"在《中庸》当中的地位，提出"诚之为贵"，④ 整体上与朱子的思想趋近。

小　结

张秉直的《中庸》诠释，承继了关学《中庸》学一贯的不事考据、探究义理的解经方式，全书少有对名物制度的考证，纯是长篇的义理阐发，这在清代中期考据学方兴未艾的境遇下是比较有特色的，也再次以个案的形式印证了关中地区少受汉学影响的学术特质。同时必须注意的是，张秉直在关学一贯的主题——回应朱王之争上，走的是"尊朱辟王"的路线，但他对朱子、王阳明既不回护其短，也不意气用事，而是尽可能保持了较为中肯的态度。这一学术取向和与他来往密切的王心敬相比，自是不同，王心敬走的是调停路线，张秉直择取的是尊一辟一的路径。要之，张秉直的《中庸》学应该被视为尊朱视域下的经学著作，连毓太就直

---

① （宋）黎靖德编：《朱子语类》，王星贤点校，北京，中华书局，1986年，第1567页。
② （宋）朱熹：《四书章句集注》，北京，中华书局，1983年，第32页。
③ （清）张秉直：《四书集疏附证·中庸》卷三，刘传经堂藏书，同治十二年刻本，1873年，第1页。
④ （清）张秉直：《四书集疏附证·中庸》卷三，刘传经堂藏书，同治十二年刻本，1873年，第2页。

接说："由是书以求朱子之书，或不无小补也。"①这肯定其作为把握朱子之书的工具和阶梯。虽然其关学成分并不直接和明显，但对关学所开创的心解之法、以义理解经的方式直接给予自觉或不自觉的沿袭。他曾指出：

> 记诵词章中尽多不成器人，盖他学问时，原未尝求有用，所以一无成就耳。②
> 看书当在圣学实地体认，不可专在语言文字上理会。③
> 学者读先儒书，不能探本穷原而徒求之一字一句之间，妄为讥评，亦见其不知量矣。④

张秉直的意思与关学宗师张载所述如出一辙，都是要学者从记诵词章、文字训诂当中解脱出来，去寻求圣人大意，践履圣人本旨。要之，张秉直的《中庸》学既有对关学的承继，亦有对朱子的宗本，更有对阳明的辩驳。

第八节 兼采汉宋，学宗朱子：李元春的《中庸论》

李元春(1769—1854)，字仲仁，号时斋、桐阁。陕西朝邑（今陕西省渭南市大荔县朝邑镇）人。李元春年少家贫，父亲早逝，由母抚养长大，并送其至潼川书院读书学习，李元春刻苦自励，终在嘉庆三年（1798 年）中举，授大理寺评事，尔后九次参加礼部考试不中，遂不复仕进，又逢老母年迈，便辞官归家，赡养母亲，著述讲学，以 86 岁高龄终于家。殁后两年，入祀乡贤祠。1875 年，入《儒林传》。李元春曾直白地说："予之学，朱子之学也。"⑤固其为学"恪守程朱"⑥，"于心学'良知'之说辟之

---

① （清）连毓太：《四书集疏附证》序，（清）张秉直：《四书集疏附证》，刘传经堂藏书，同治十二年刻本，1873 年，第 2 页。
② （清）张秉直：《四书集疏附证·论语》卷三，刘传经堂藏书，同治十二年刻本，1873 年，第 1 页。
③ （清）张秉直：《四书集疏附证·论语》卷一，刘传经堂藏书，同治十二年刻本，1873 年，第 18 页。
④ （清）张秉直：《四书集疏附证·孟子》卷六，刘传经堂藏书，同治十二年刻本，1873 年，第 4 页。
⑤ （清）李元春：《李元春集》，王海成点校整理，西安，西北大学出版社，2015 年，第 119 页。
⑥ （明）冯从吾：《关学编（附续编）》，陈俊民、徐兴海点校，中华书局，1987 年，第 116 页。

甚力"①，成为晚清北方朱子学的杰出代表。② 门下弟子贺瑞麟高赞道："桐阁先生之于关中，犹朱子之于宋，陆稼书之于国朝。"③李元春对关学宗师张载亦极为推崇，称张载为"儒者中豪杰"④，并对其思想推崇甚力。李元春著述宏富，涉及《中庸》学的主要有《中庸论》《四书杂释》以及文集中关于《中庸》篇章的解读等。这些解读虽然篇幅都很短小，但亦能由此来一展李元春的学术旨趣，更可进一步窥见中晚清关学《中庸》学的演进方向。

一、《中庸》非子思不能作

《中庸》究竟为何人所作，学界一直有争议。在《史记》当中，曾有这样的记载："孔子生鲤，字伯鱼。伯鱼年五十，先孔子死。伯鱼生伋，字子思，年六十二。尝困于宋。子思作《中庸》。"⑤这将《中庸》的作者明确定为子思。后东汉的郑玄亦说："孔子之孙子思伋作之，以昭明圣祖之德。"⑥另一汉魏时期的文献《孔丛子》亦载子思本人的话："文王囚于羑里作《周易》，祖君屈于陈蔡作《春秋》，吾困于宋，可无作乎？于是撰《中庸》之书四十九篇。"⑦可见，这些早期文献皆以子思为《中庸》的作者，并没有产生分歧。而到宋代，在"不难于议经"⑧风气的推动下，欧阳修则首开质疑《中庸》为子思所作的风气，他说："礼乐之书散亡，而杂出于诸儒之记，独《中庸》出于子思。子思，圣人之后也，其所传宜得其真，而其说有异乎圣人者，何也？"⑨欧阳修这一质疑一直在尔后的思想史中不乏追随和认可者，作为一种潜在的声音存在于思想史中，成为维护儒家正统所必须面对和回应的问题。作为羽翼朱子的学者，李元春对此问题极为关注，并给予回应：

---

① （清）贺瑞麟：《贺瑞麟集》，王长坤、刘峰点校整理，西安，西北大学出版社，2015年，第734页。

② 龚书铎主编：《清代理学史》（下），广州，广东教育出版社，2007年，第62页。

③ （清）贺瑞麟：《贺瑞麟集》，王长坤、刘峰点校整理，西安，西北大学出版社，2015年，第958页。

④ （清）李元春：《李元春集》，王海成点校整理，西安，西北大学出版社，2015年，第705页。

⑤ （汉）司马迁：《史记》，北京，中华书局，1982年，第1946页。

⑥ （汉）郑玄注、（唐）孔颖达疏：《礼记正义》，北京，北京大学出版社，1999年，第1422页。

⑦ 《孔丛子·居卫第七》，《百子全书》（一），长沙，岳麓书社，1993年，第256页。

⑧ （清）皮锡瑞：《经学历史》，周予同注释，北京，中华书局，2004年，第156页。

⑨ （宋）欧阳修：《欧阳修全集》，张春林编，北京，中国文史出版社，1999年，第232页。

《中庸》断非子思不能作，而世儒顾多疑之。彼见《大学》、《中庸》皆在《礼记》中，《礼记》杂出汉人手，故亦以《中庸》为汉人作也。呜呼！谬矣。《大学》言学，《中庸》言理，其书本同原而共贯。《大学》言学至为谨密，即似曾子之为人。《中庸》言理至为精博，即似子思之为人。言理者正以见为学之当然，是《中庸》又实因《大学》作也。于《大学》不疑，且必以古本为据，而独疑《中庸》乎？汉人言理仅得其皮肤，于《中庸》并未能窥见万一，而谁其作之？虽以文章论，《中庸》之文不如《大学》，然犹在《孟子》之上，况汉儒哉？疑之者曰："子思，鲁人也。其言载华岳而不重。华岳，关内山也，鲁人言山当言泰山而不当言关内之山，足证其出于汉人。"此亦不通之说矣。夫汉都关内，汉人著书者，岂必皆关内人与？泰山为五岳长，而华岳实大，言山之重而举华岳，当时习语耳。泾以渭浊，非卫人诗耶？可以其言泾、渭而谓为秦人作耶？近人读书每于无甚关要之处，好生异议，以自矜其特见，《中庸》之疑，其又奚怪？但平心思之，皆可不攻而自破也。或云："子思生于周时，举周境内之山，故言华岳。"是说也，吾犹以为曲焉。①

李元春所处的时代是乾嘉汉学"凡汉必好，凡古必真"②风气仍有影响的时代。与之相应，《中庸》的作者问题再次成为争议的焦点，这也是李元春在此时仍然给予回应的根本原因。在李元春看来，以往学者怀疑《中庸》为子思所作的第一个理由是，《中庸》出于《礼记》，既然《礼记》是汉人所作，那么《中庸》自然也应是汉人所作，而非先秦的子思所作。李元春认为这种观点是极为荒谬的，他从文理上给予反驳，主张《大学》言学缜密，与曾子为人相似，而《中庸》言理精博，与子思为人相似，且《中庸》是对《大学》的进一步推阐，学者质疑《中庸》而不质疑《大学》是厚此薄彼，于理不通。更为重要的是，虽然《中庸》之文不如《大学》，但至少在《孟子》之上，汉人言"理"极为粗糙，连《孟子》的学理深度都达不到，更何况《中庸》。学者怀疑《中庸》为子思所作的第二个理由是，子思是鲁国人，当其言山时应该说泰山，而不应该说关内的华山，说华山应该是关内之人，故《中庸》不是子思所作，定是出于汉人之手。李元春认为这个理由是站不住脚的。虽然汉朝的都城在关内，但并不能以此推出著书之人都

---

① （清）李元春：《李元春集》，王海成点校，西安，西北大学出版社，2015年，第16～17页。

② 梁启超：《清代学术概论》，成都，四川人民出版社，2018年，第43页。

是关内之人，泰山为五岳之首，但华山则体量庞大，当时人说山重而举华山，应为习语，故子思虽非关内之人，但说华山并不奇怪。① 第三个理由是，《中庸》文本中的"车同轨、书同文"这一现象乃秦统一后才出现的，故《中庸》非子思所作。李元春则认为："'车同轨，书同文'亦言其大概，车间有不同轨，亦或小有异。外国服属之人各有文字，然不害其为同也。"②这就是说，"车同轨，书同文"并不是绝对意义上的，只是个概说，以此为据来质疑《中庸》的作者是不可靠的。平实而论，李元春这一理据并没有多少深度，亦并没有打在七寸之上，不如陈槃的先秦以前既有"车同轨，书同文"的先例论证得详密，也不如徐复观的"此语乃后世学者杂糅进去"的观点有说服力。③ 这反衬出李元春在考据训诂上功力不深，虽然李元春的辩护在义理上未必站得住脚，但是有力地反驳了时论，挺立和坚守《中庸》为子思所作的主张，贯彻了他学宗朱子的为学宗旨，更维护了儒家道统的纯洁性。

二、《中庸》义理判释

李元春虽然没有对《中庸》进行体系性、完整性的解读，但对部分重要篇章给予了观照。下面我们择取重要篇章进行分析。在对"修道之谓教"进行解释时，李元春说："修，品节之也，品节之即礼。故礼者，先王治世之法，仁义之范也，中庸之矩也。"④这一解释与朱子的"修，品节之也。性道虽同，而气禀或异，故不能无过不及之差，圣人因人物之所当行者而品节之，以为法于天下，则谓之教，若礼、乐、刑、政之属是也"⑤，既有同，亦有异。李元春因袭朱子对"修"的解释，将其解释为"品"，也就是规范约束。而以何为据来进行节制，朱子主张以礼、乐、刑、政为依据，而李元春则独标揭"礼"，将其作为先王之世法、仁义之规范和中庸之规矩来看待，将"礼"的地位无限拔擢。李元春独重"礼"，恰恰是关学"以礼为教"精神的直接反映，显示出李元春对关学的学派传统的承继和发挥。在对"尊德性"和"道问学"的解释上，李元春指出：

---

① 徐复观认为《中庸》所说的"华岳"并不是指今天的西岳华山，而是指鲁国境内的华山和岳山。因此子思说华岳完全可以理解。(徐复观：《中国人性论史(先秦篇)》，上海，上海三联书店，2001年，第127~128页。)

② (清)李元春：《李元春集》，王海成点校整理，西安，西北大学出版社，2015年，第526页。

③ 徐复观：《中国人性论史(先秦篇)》，上海，上海三联书店，2001年，第105页。

④ (清)李元春：《病床日札》，《李元春集》，王海成点校整理，西安，西北大学出版社，2015年，第757页。

⑤ (宋)朱熹：《四书章句集注》，北京，中华书局，1983年，第17页。

自陆子静与朱子讲学有异，则同途而又遂不免歧出。朱子曰：
"子静之学在'尊德性'，吾之学在'道问学'。"平心论之，二句中加一
"而"字，德性本也，功夫则全在"道问学"，"道问学"正所以"尊德
性"也。朱子"道问学"即其"尊德性"处，观注《论语》首章"学"字，提
出人性皆善，指出明善、复初两端，知行皆在于是，而他日改人"道
问学"斋名为"尊德性"，其意昭然。陆子专主尊德性，非不问学，而
问学之功轻矣。德曰性，可知《大学》之明德即性。而注解"止至善"
云"必其有以尽夫天理之极而无一毫人欲之私"，解"中庸"云"不偏不
倚，无过不及，而平常之理"……仁为性之所先得，统四端，兼万
善，皆合内外言之，而未尝不重夫内，由内以及外，外皆归于内。①

李元春借朱陆之辩来回应这一问题。我们知道，在认识和把握真理上，
朱子主张的方法是"道问学"，而陆九渊主张的进路是"尊德性"。但必须
说明的是，朱子和陆九渊都没有尊一废一，而是给予了它们不同的定位。
只是后学出于门户之争，将此作狭隘化的理解。李元春则给予别样的解
释，就朱子而言，尊德性是根本，而工夫则全在道问学；就陆九渊来说，
偏重尊德性，但也不完全舍弃道问学。两者皆是由内而外的，皆是合内
外的。平实而论，李元春这一理解是符合朱子、陆九渊的思想实际的。

在对《中庸》"性之德，合内外之道"章进行诠释时，李元春指出：

性合内外本《中庸》之说，而明道与张子书言之为详，今更推而
论之。夫内外亦视其说之所指耳。有内外则亦有本末、体用、动静
之分。以人己言，己内也；人外也。治己，本也、体也；治人，末
也，用也。然成己仁也；成物智也，皆性之德，则皆内也；成己、
成物皆有事，又皆外也，故曰"合内外之道"也。以身言，内本也、
体也；外末也、用也，无事则皆静也。浑然在中，内也、本也、体
也；有所感而情发，应乎物，则皆外也、末也、用也、动也。专以
内言，未发，本也、体也、静也；发即末也、用也、动也。以事言
亦有内外、本末、体用之殊；而以理言，则内外、本末、体用、动
静未有不主于理。顾天下之事物，外多而内少，亦动多而静少，特
内皆为本为体而外皆为末为用。人道由内、由本，由体，由静而及
外，及末、及用、及动，必尽其事物之理，乃所以为内也。虽吾身

---

① （清）李元春：《李元春集》，王海成点校整理，西安，西北大学出版社，2015年，第
45页。

内亦岂不分事物与理哉！明道与张子言，质之濂溪，一也。讲陆王
者每据濂溪、明道非伊川、朱子，谓不知本，本不知伊川、朱子，
并不知濂溪、明道也。①

朱子对这章的解释是："仁者体之存，知者用之发，是皆吾性之固有，而
无内外之殊。"②李元春则在朱子的基础上，给予更加清晰的发明。在他
看来，这里所说的内外因所指的对象不同而应有相异的理解。若对象是
人、己，那么己就是内，人就是外，治己就是本和体，治人则是末和用。
成己是仁，成物是智，两者皆是性的本质，从这个角度讲，两者是内，
但成己和成物又是关涉到具体事的，这就是外，因此"性之德"是合内外
的。若以"身"言，内是本、体，外是末、用，无事时静，有事时，则发
于外，如此就是合内外。若从事、理等的角度来说，道理同样是如此，
都彰显了传统儒学的由内及外，内外一体的思想宗旨。因此，张载、程
颢、周敦颐等从这个角度讲都是一致的，甚至程朱、陆王在此维度上也
是一致的。可见，晚清时的李元春对程朱、陆王之间的门户之争并没有
采取极端的态度，甚至极为排斥门户之争，他说："门户之见断非讲道者
所应有。"③这再次体现和彰显了关学"兼容并包"的学派宗旨。

"知行"论同样是《中庸》极为重要的思想。李元春对此亦不惜笔墨，
他说：

知行两事，义甚明也。知在性中为智，行在性中为仁，为礼，
为信。夫子曰："知及之，仁不能守之。虽得之，必失之。"《中庸》
知、仁、勇为三德，勇在知、仁中，知、仁是两事，择善固执亦两
层工夫，博学、审问、慎思、明辨，功之详，凡四皆知，笃行只一。
孟子得力知言养气，亦知行也。夫子言智愚、贤不肖不行由不明，
不明由不行，此知行合一之旨。朱子曰："知先行后，知轻行重。"二
语甚明，故学者读书穷理之功皆为行。知行为终身事，循环互用，
亦知行合一说也。自阳明本孟子标良知为宗旨，以知该行，纯任良
知，大段本象山。诸儒皆以为千古不传之秘，虽遵朱子者不敢以二

---

① （清）李元春：《李元春集》，王海成点校整理，西安，西北大学出版社，2015 年，第
705～706 页。

② （宋）朱熹：《四书章句集注》，北京，中华书局，1983 年，第 34 页。

③ （清）李元春：《李元春集》，王海成点校整理，西安，西北大学出版社，2015 年，第
46 页。

字为非，有辨之者，至今不胜……虽然，陆王固皆重躬行者，与俗学不同，不能不以为道学。阳明之破宸濠，论者以为有用道学。信然，特所见偏耳。良知只是用，言本者又遗本，谓行皆为知，又其自相矛盾者。①

朱子学与阳明心学分歧的焦点之一便是知行论，纷纷扰扰，至今依然为学界所争论。李元春首先区分"知"和"行"，"知"属智，"行"属仁、礼、信，这一区分最大的特色就在于将"行"界定在道德践履上，而非一般意义的行动。他服膺朱子的知行定论：知先行后，知轻行重，但认为这一说法从知行常相须的角度而言，本身也是一种"知行合一"。而阳明以知括行，将行消融在知内，尤其是把本属"用"层面的"良知"当作本体，犯下自相矛盾的错误。可见，李元春对朱子知行观的理解确有其独证独创之处，但以朱子学的观点来裁断阳明，尤其是对阳明"良知"的错解，无疑有察之不精之嫌疑，这一点倒是与关学"集大成者"吕柟的观点有相近之处。②

在四书的关系上，朱子根据四书的不同性质和功能，指出研读的先后次序："先读《大学》，以定其规模；次读《论语》，以立其根本；次读《孟子》，以观其发越；次读《中庸》，以求古人之微妙处。"③李元春并不赞同朱子这一说法，他指出：

> 朱子谓先读《大学》，次读《论语》、《孟子》，然后读《中庸》。予谓当先读朱子《小学》，次读《大学》，次读《中庸》，则功夫道理一一见得纲领条目，然后读《论语》、《孟子》乃有法矣。④

李元春与朱子的不同在于以下几点。一是将"小学"置于第一位，而非朱子所言的《大学》。李元春这一主张并非其独创，实则仍渊源于朱子的"因小学之成功，以著大学之明法"⑤，而朱子之所以没有将"小学"列入进

---

① （清）李元春：《李元春集》，王海成点校整理，西安，西北大学出版社，2015 年，第707～708 页。

② 李敬峰：《吕柟对阳明心学的辩难及其思想史意义》，《中国哲学史》2020 年第 6 期。

③ （宋）黎靖德编：《朱子语类》，王星贤点校，北京，中华书局，1986 年，第 249 页。

④ （清）李元春：《李元春集》，王海成点校整理，西安，西北大学出版社，2015 年，第832 页。

⑤ （宋）朱熹：《四书章句集注》，北京，中华书局，1983 年，第 2 页。

来，是因为"小学却未当得敬。敬已是包得小学"①，也就是说，主敬工夫涵括了小学工夫，故不必再提小学。元春这一主张实际上也没有完全溢出朱子学的范围。二是把《中庸》放在《大学》之后，使其处于四书中的第二位，这就不同于朱子将其置于第四位的做法。李元春的理由是"《中庸》、《大学》书出一手"②，更为重要的是"《大学》言学至为谨密，即似曾子之为人。《中庸》言理至为精博，即似子思之为人。言理者正以见为学之当然，是《中庸》又实因《大学》作也"③，这就是说，《大学》是言学的，而《中庸》是说理的，"理"因"学"而明，故《中庸》是在《大学》基础上所作的，是对《大学》的进一步推明。因此，应该把《大学》与《中庸》并邻，且应置于《中庸》之前。李元春的这一判断在学术史上显然是独一无二的，从《大学》和《中庸》关系的角度重定为学次序，是否恰当，仍可再议，但他的宗朱而不泥朱的态度却是难能可贵的。

小　结

李元春对《中庸》的诠释虽是片段式的，但并不妨碍我们对其诠释宗旨、学术特质的理解和把握。首先，训诂、义理兼采。我们知道，关学的治经传统是脱略训诂，义理治经，少有学者留心于训诂，而李元春则是关学史上少有对训诂给予肯定的学者。他说：

> 先生(王吉相)讲理学不讲汉学，故解理多而解典制名物为少。予谓理学、汉学当一以贯之。④
>
> 读书须是脚踏实地，书中一字一句不可错过，不特要见得是，并要见得非。⑤

从这些引文中可以看出，李元春主张治学必须把义理、训诂贯通起来，不能偏废，尤其是读书必须一字一句地探究，不像张载所说的"不必字字

---

① (宋)黎靖德：《朱子语类》，王星贤点校，北京，中华书局，1986年，第126页。
② (清)李元春：《李元春集》，王海成点校整理，西安，西北大学出版社，2015年，第405页。
③ (清)李元春：《李元春集》，王海成点校整理，西安，西北大学出版社，2015年，第16页。
④ (清)李元春：《李元春集》，王海成点校整理，西安，西北大学出版社，2015年，第121页。
⑤ (清)李元春：《李元春集》，王海成点校整理，西安，西北大学出版社，2015年，第378页。

相较"①，以此可见李元春的治经旨趣，也多少映衬出乾嘉汉学对李元春的影响，一定程度上纠正了关学治经脱略经文的弊端。但这并不是说其就倒向汉学一边，其弟子贺瑞麟对其"至于考据固尝为之，而阐明经学，一衷于理"②之评语，诚为确论。其次，宗朱而不述朱。李元春曾反复表述其学术宗旨道："予学宗朱子。"③但这种宗本并不是信徒式的，而是保持了相当的理性，也就是宗朱而不述朱，他说：

> 吾学宗朱子，见人驳朱子者辄恶之，然于朱子有驳之是者，亦未尝不以为然。不但此也，己所见或与朱子不合亦未尝不辨之，又不但于朱子有然，于己说后之驳前者且不一而足，惟存一公心然后可以论人，亦然后可以使人论己。④

李元春的意思再清楚不过，虽然他宗本朱子，憎恶那种反驳朱子的人，但若是反驳得正确，李元春也诚然接受。尤其是当自己所见与朱子不合时，也不轻易认同朱子，而是给予详细辨析，这从他对《中庸》的诠释更可得到直接的印证。最后，重视礼教。黄宗羲曾指出："关学世有渊源，皆以躬行礼教为本。"⑤曹冷泉亦概括关学的特质在于"崇礼教"⑥，此言指明礼教是关学的标志性符号。李元春同样延承这一学派传统，他不厌其烦地说：

> 张考夫最喜关学，以横渠急于讲礼也。予欲以俭救世，俭只在守礼。⑦
> 张横渠以礼教人，世风之坏亦全由礼教不明，无礼则无度，无

---

① （宋）张载：《张子全书》，林乐昌编校，西安，西北大学出版社，2015 年，第 84 页。

② （清）贺瑞麟：《贺瑞麟集》，王长坤、刘峰点校整理，西安，西北大学出版社，2015 年，第 735 页。

③ （清）李元春：《李元春集》，王海成点校整理，西安，西北大学出版社，2015 年，第 128 页。

④ （清）李元春：《李元春集》，王海成点校整理，西安，西北大学出版社，2015 年，第 406 页。

⑤ （清）黄宗羲：《明儒学案（修订本）》，沈芝盈点校，北京，中华书局，2008 年，第 11 页。

⑥ 曹冷泉：《关学概论》，《西北文化月刊》1941 年第 3 期。

⑦ （清）李元春：《李元春集》，王海成点校整理，西安，西北大学出版社，2015 年，第 417 页。

度则费繁，俗之伪、民之贫皆由是也。①

　　讲礼尤是救衰世之法。②

李元春这些表述旨在表征礼教在移风易俗、救世化人方面的作用。他在诠释《中庸》时亦着意凸显这一点，凸显出其思想的关学底色。要之，从李元春的经典诠释中可见，晚清关学的表现形式仍然是朱子学，同时作为标志性的关学要素也在一定程度上得到发展。

第九节　究心义理，发明朱注：贺瑞麟的《中庸》学

　　贺瑞麟（1824—1893），字角生，号复斋，又因讲学清麓，亦称为"清麓先生"，陕西三原人。自幼跟随父亲研读四书，年十一，入私塾受教，年十七为博士弟子，能"别学术，辨异同"③，年二十中科试第一名，补廪膳生。年二十四拜师李元春，"得闻圣学之大略……取《小学》、《近思录》稍稍读之，始微窥其门庭户牖所在，诸家之说遂屏不事，然尚未离乎科举之业也"④，但并未完全放弃科举之业。后多次参加秋闱不中，至二十八岁时结识薛于瑛（号仁斋），其问仁斋先生："何故不科举？"仁斋曰："科举总是求人。"⑤由此遂绝意科举，"屏去世俗之陋习而一惟程朱是守，不敢有他途之趋"⑥。贺瑞麟一生以收徒讲学、著述立言为务，创办正谊书院，搭建清麓学舍，主讲学古书院、鲁斋书院、宏道书院等，续写《关学编》，刊刻关学学人著作，赓续关学学统，"力绍横渠之统绪"⑦，成为晚清关学复振的中流砥柱，可谓关学之功臣。年五十，因讲究正学，名声显赫，被授予国子监学正衔，得以与薛于瑛、杨树椿并称为"关中三学

---

①　（清）李元春：《李元春集》，王海成点校整理，西安，西北大学出版社，2015 年，第756 页。

②　（清）李元春：《李元春集》，王海成点校整理，西安，西北大学出版社，2015 年，第848 页。

③　（清）贺瑞麟：《贺瑞麟集》，王长坤、刘峰点校整理，西安，西北大学出版社，2015 年，第1067 页。

④　（清）贺瑞麟：《贺瑞麟集》，王长坤、刘峰点校整理，西安，西北大学出版社，2015 年，第219 页。

⑤　（清）贺瑞麟：《贺瑞麟集》，王长坤、刘峰点校整理，西安，西北大学出版社，2015 年，第982 页。

⑥　（清）贺瑞麟：《贺瑞麟集》，王长坤、刘峰点校整理，西安，西北大学出版社，2015 年，第251 页。

⑦　（清）孙永言：《贺清麓先生年谱书后》，（清）贺瑞麟：《贺瑞麟集》，王长坤、刘峰点校整理，西安，西北大学出版社，2015 年，第1170 页。

正"。年八十，获赐五品衔。贺瑞麟略于著述，主要著作有《诲儿编》《读书录要》《养蒙书》《清麓文集》等。贺瑞麟虽无专门的《中庸》学著作，但在其《经说》当中，存有其诠解《中庸》的条目合计有四十余条，基本涵盖《中庸》的全部篇章，虽无形式上的系统，但有实质上的系统，可以称得上是贺瑞麟的《中庸》经解之作，为理解贺瑞麟的《中庸》学思想提供了扎实、丰富的经学资源。

一、总论《中庸》

在《中庸》一书中，辐辏其上的争议主要是作者以及篇章的构成问题。贺瑞麟首先就此问题提出看法，他说："《中庸》是子思亲笔，固不待说。"[1]这就以不辩自明的方式将《中庸》的作者直接定为子思，并反驳了那种否定《中庸》为子思所作的观点：

> 有谓《礼记》多汉儒附会，《中庸》旧在《礼记》，是汉儒中秦人作，非子思之书，引"载华岳而不重"为证。先生曰："卫诗'泾以渭浊'亦秦女乎？"一野老问先生山上何以有水，先生曰："尔头顶不出汗乎？"野老大悟。[2]

在学术史上，多有反对《中庸》为子思所作的观点，主张其是汉朝时期的秦地之人所作，根据就是《中庸》文本中所载的"载华岳而不重"，也就是说华山在秦地，绝不可能为鲁国的子思所作。[3] 贺瑞麟认为这一论证逻辑是行不通的，这无异于将《诗经》中"泾以渭浊"出现的女子，因所言是秦地的泾河、渭河，认其是秦女的逻辑如出一辙，不足为据，也难以服人。平实而论，贺瑞麟的反驳虽不精密，但也站得住脚，因为以下观点确实犯了逻辑错误，即不在秦地不应知秦地之山。[4] 不唯如此，他更进

---

[1] （清）贺瑞麟：《贺瑞麟集》，王长坤、刘峰点校整理，西安，西北大学出版社，2015年，第 942 页。

[2] （清）贺瑞麟：《贺瑞麟集》，王长坤、刘峰点校整理，西安，西北大学出版社，2015年，第 1041 页。

[3] 在学术史上，持这种观点的不在少数，如清代的袁枚、俞樾等。徐复观则提出相异的看法，他认为《中庸》所说的"华岳"并不是指今天的西岳华山，而是指鲁国境内的华山和岳山。因此子思说华岳完全可以理解。（徐复观：《中国人性论史（先秦篇）》，上海，上海三联书店，2001年，第 127～128 页。）

[4] 杨祖汉指出："且即使《中庸》所说的华岳真是陕西华山，亦不足以证明非子思所语，因以山举例，并不是非要举所居地之山不可。"（杨祖汉：《〈中庸〉的作者问题、成书年代及其思想旨衡定》，《鹅湖月刊》1986 年第 4 期。）

一步说：

> 四书一部大概成于子思，《中庸》是子思亲笔，固不待说。朱子谓"《大学》传文则曾子之意，而门人记之"，曾子门人最著，谁如子思？且《大学》一书完备周密，非子思更谁有此手段？是《大学》成于子思无疑。程子谓："《论语》多成于有子、曾子之门人"，有子门人无可纪，曾子门下还是子思。且当时诸贤各记所闻汇辑成书，子思岂有不为整顿之理？是《论语》亦成于子思也。至孟子乃出子思门下，微辞奥义大半有所传授，是七篇之说亦出于子思也。故余谓四书一部，子思之功最大，亦即子思大有功于万世处。①

在贺瑞麟看来，四书全部与子思有直接或间接的关系。就《大学》来说，他援引朱子的"《大学》为曾子门人记之"的观点，认为子思是曾子门下最为卓越之人，唯有子思有能力也有资格完成这一任务。关于《论语》，贺瑞麟援引程颐的《论语》成于有子、曾子门人之手的观点，认为有子门人不可考，曾子门人亦只有子思能够汇编此书。《孟子》一书与子思有关，是因为孟子出于子思门下，其思想多从子思而来，故《孟子》从根本上说亦是子思所作。平实而论，贺瑞麟推重子思，但认为四书皆出于子思的观点缺乏实据，他本人的论证亦多臆测，缺乏扎实的考据工夫，这与其秉承关学一贯的"不事训诂，直究义理"的学术传统不无关系。但无论如何，《中庸》是否为子思所作，仍是一个可以持续探讨的话题，但贺瑞麟在"今人闻道学二字便欲掩耳，且谓道学为世所忌"②的背景下，挺立和卫道正统之心无疑是值得肯定的。

《中庸》的篇章结构同样在学界有不少争议，早在南宋时，王柏就指出《中庸》由两部分构成，分别为《中庸》和《诚明》。后来的冯友兰、武内义雄、徐复观、梁涛等人，大体上也主张《中庸》由两部分构成。③ 而贺瑞麟则秉承朱子之意，坚持《中庸》是一篇独立完整的文献，他说：

---

① （清）贺瑞麟：《贺瑞麟集》，王长坤、刘峰点校整理，西安，西北大学出版社，2015年，第942～943页。

② （清）贺瑞麟：《贺瑞麟集》，王长坤、刘峰点校整理，西安，西北大学出版社，2015年，第1005页。

③ 详参（宋）王柏：《鲁斋集》，北京，中华书局，1985年，第92页；冯友兰：《中国哲学史》上册，上海，华东师范大学出版社，2000年，第273～278页；〔日〕武内义雄：《子思子考》，江侠庵：《先秦经籍考》（中），上海，商务印书馆，1931年，第121～123页；徐复观：《中国人性论史（先秦篇）》，上海，上海三联书店，2001年，第92页；梁涛：《郭店竹简与思孟学派》，北京，中国人民大学出版社，2008年，第265～291页。

《中庸》文字都是枝枝相对，叶叶相当，前后互相发明。熟读之久，自能见得。①

《中庸》上半部是明诚之本，下半部乃明诚之工夫。②

《大学》、《中庸》皆是一篇文字。读《大学》须见到"文理接续，血脉贯通，深浅始终，至为精密处。读《中庸》须见到支分节解，脉络贯通，详略相因，巨细毕举处。然必熟读详味，久自得之，非偶然也。③

贺瑞麟从三个角度来论证《中庸》的一体性。首先，他引用朱子的"《中庸》一书，枝枝相对，叶叶相当"④，认为《中庸》是结构明晰，层次分明的。其次，他从"诚"的角度来强化这一论断，主张《中庸》上半部是论证"诚"的根本，下半部是明晰"诚"的工夫，也就是说，《中庸》全篇的核心要义在于"诚"："'诚'字是《中庸》初见处，是全书的主脑。"⑤最后，他通过与《大学》的对比来继续说明这一问题，他认为《中庸》是节次分明而又有一贯之处。可见，贺瑞麟对《中庸》一体的论证并不是从文本考据上入手的，而是着意从文本内容展开，这一论证略显单薄，有效性也将大打折扣。

而就《中庸》一篇的主旨来讲，贺瑞麟的论述亦颇具关学特色。他说：

"天地万物本吾一体"，朱子此语从《西铭》来，《西铭》大概本之《中庸》。故朱子《章句》又本《西铭》，缘《中庸》、《西铭》只是一个道理。如"天地之塞吾其体，天地之帅吾其性"，此二句是《西铭》紧要处。此云"致中和，天地位，万物育"，后面云"能尽其性，则参天地赞化育"，岂不是一个道理？⑥

① （清）贺瑞麟：《贺瑞麟集》，王长坤、刘峰点校整理，西安，西北大学出版社，2015年，第969页。

② （清）贺瑞麟：《贺瑞麟集》，王长坤、刘峰点校整理，西安，西北大学出版社，2015年，第974页。

③ （清）贺瑞麟：《贺瑞麟集》，王长坤、刘峰点校整理，西安，西北大学出版社，2015年，第999页。

④ （宋）黎靖德编：《朱子语类》，王星贤点校，北京，中华书局，1986年，第1479页。

⑤ （清）贺瑞麟：《贺瑞麟集》，王长坤、刘峰点校整理，西安，西北大学出版社，2015年，第953页。

⑥ （清）贺瑞麟：《贺瑞麟集》，王长坤、刘峰点校整理，西安，西北大学出版社，2015年，第952页。

早在北宋时，二程弟子游酢就已经提出："《西铭》为《中庸》之理。"①但他并未展开详细的论证。在这段引文中，贺瑞麟主要表述的观点是，《西铭》与《中庸》讲述的是一个道理，且《西铭》本于《中庸》，也就是《西铭》之核心要义来自《中庸》，这就从义理上将两者打通。贺瑞麟认为两者有关联，原因在于"范文正公劝横渠读《中庸》，后来横渠作《西铭》，全是《中庸》之理想。其读之久、入之深，故形之笔墨不□□盘托出来"②，这就是说，张载作《西铭》，与他早年受范仲淹引导研读《中庸》不无关联，也正是对《中庸》的默识体会，让他能够自如流畅地写出经典名篇《西铭》。贺瑞麟这一推测虽无实证，但亦可备为一说。当然，贺瑞麟既看到两者的关联，亦注意到两者在圣学工夫体系中的差异，他说：

> 问："志存《西铭》，行准《中庸》，云云。"
>
> （贺瑞麟答）上句是个立规模处，下句是做工夫处。无《西铭》之志，则所谓《中庸》恐流于曲谨。无《中庸》之行，则虽有《西铭》之志，恐亦不免穷大失居之弊。③

这就是说，《西铭》和《中庸》既有区别，亦互相成就。《西铭》如同《大学》一样，为学者为学确立规模气象，而《中庸》则类似《论语》，指明确切的工夫门径。若没有《西铭》，《中庸》则散漫无方向；反之，若无《中庸》，《西铭》则沦为空谈，有体无用。较之游酢，贺瑞麟的论证更为详密，将《中庸》与《西铭》之间的义理关联更加深入地揭示出来，强化了两者之间联系，这背后无疑有张载关学底色的影响。更为深层次的原因在于，他想以此来批驳贬低那种理学，割断它与孔孟原始儒学关系的时风，力证包括关学在内的理学是直接源于孔孟的，切不可诋毁理学，而是要直追孔孟，这从他的"道法《中庸》，仁极《西铭》，关学渊源真孔孟"④的观点中可以得到明确的印证。

要之，从贺瑞麟对《中庸》所关涉的争议的回应来看，他力维正统，坚守朱子，从义理的角度为他所坚守的观点进行辩护，虽可靠性值得怀

① （清）汪绂：《理学逢源》卷一，道光十八年敬业堂刻本，1838 年。

② （清）贺瑞麟：《贺瑞麟集》，王长坤、刘峰点校整理，西安，西北大学出版社，2015年，第 972 页。

③ （清）贺瑞麟：《贺瑞麟集》，王长坤、刘峰点校整理，西安，西北大学出版社，2015年，第 778 页。

④ （清）贺瑞麟：《贺瑞麟集》，王长坤、刘峰点校整理，西安，西北大学出版社，2015年，第 389 页。

疑，但其在新学的强烈冲击之下，挺立程朱理学之志仍有值得肯定之处。

二、发明朱注

贺瑞麟诠解《中庸》多是随文解义，以语录体的形式进行注解，虽基本涉及《中庸》的全部篇章，但并不算全备，故仅择《中庸》重要篇章来一窥贺瑞麟的诠释旨趣和学术取向。首先，在对"中"的解释上，贺瑞麟说：

> 问："'不偏不倚'似无甚分别，得一以训在'中'之，似亦无有欠缺，而朱子兼用之，何也？"曰："固是无甚分别，但'偏'字病痛大，'倚'字病痛小，'不偏'是大段不差，'不倚'则愈密矣。"①

朱子融合程颐和吕大临的思想，将"中"解释为"不偏不倚"，并指出："不偏者，明道体之自然，即无所倚著之意也。不倚则以人而言，乃见其不倚于物耳。"②朱子的意思是，"不偏是指道之本体的自然状态在于中，不倚是指人不靠向任何一物"③，也就是说两者是有明确区别的。当有学者向贺瑞麟质疑朱子之说时，贺瑞麟总体上认为"不偏"与"不倚"差异不大，只不过是在程度上有大小的差别。其次，就中庸所主张的工夫名目"戒慎恐惧"和"慎独"的关系而言，贺瑞麟说：

> "戒慎不睹，恐惧不闻"，工夫已自说完。"慎独"是从中提出，又说"戒慎"、"恐惧"是常用的工夫。"慎独"是示人关要处，既言"戒慎"、"恐惧"，却怕人散漫做去，故特指出"独"字示人把握。如行山路者，步步都要留心，到危险处又要加倍警觉。④

在贺瑞麟看来，"戒慎恐惧"是工夫之全、之常，而"慎独"则是工夫之专、之密，前者可包含后者，后者乃是对前者的巩固和深化。这与朱子所说的"'不睹不闻'是提其大纲说，'慎独'乃审其微细"⑤以及"慎独是从戒慎

---

① （清）贺瑞麟：《贺瑞麟集》，王长坤、刘峰点校整理，西安，西北大学出版社，2015年，第931页。
② （宋）朱熹：《朱子全书》第23册，朱杰人、严佐之、刘永翔主编，上海，上海古籍出版社；合肥，安徽教育出版社，2002年，第3398页。
③ 乐爱国：《朱熹〈中庸〉学研究》，北京，北京师范大学出版社，2016年，第79页。
④ （清）贺瑞麟：《贺瑞麟集》，王长坤、刘峰点校整理，西安，西北大学出版社，2015年，第951～952页。
⑤ （宋）黎靖德编：《朱子语类》，王星贤点校，北京，中华书局，1986年，第1506页。

恐惧处，无时无处不用力，到此处又须慎独。只是一体事，不是两节"①，所要表达的并无不同，都是说两者是一体，也就是一个工夫，这显示出贺瑞麟对朱子的沿袭、发明之意。

在对"致中和"的解释上，贺瑞麟指出：

> "致中和"是两下用工，缺一不可。中要致和，亦要致不能。致中固不能致和，致了中又须要致和。致中是整顿工夫，较致和易为力。致和则件件事都要留心，才照顾不到便差却。稼书云："致和倍难于致中。"盖"中"是主脑处，"中"上工夫重，"和"上工夫多。致中是存心，致和是处事，如曰立心不偏，若五官逐物而移，心中岂有是的？然既能致和，则中亦易致。所谓制于外，所以养其中也。至《章句》云"然必体立而后用有以行"，却是与此相发明处。②

朱子对"致中"和"致和"的关系的处理是以差异一体的方式呈现的。"戒慎恐惧"是"致中"的工夫，它对应于"天地位"，"慎独"是"致和"的工夫，它对应于"万物育"。这就是朱子所言的"天地之位本于致中，万物之育本于致和，各有脉络，潜相灌输，而不可乱耳"③，但两者又不可分开，是体用之关系。贺瑞麟顺着朱子这一思路往下推衍，首先区分"致中"和"致和"，"致中"是心体的不偏不倚，"致和"是接物应事不失中，相较之下，"致中"较之"致和"容易，这是因为无论圣凡皆有"中"这个本体，即"此'中'字人人皆有"④，但是"和"却因个人的资质、工夫的深浅而有不同的效验，故"致和"较难。可见，贺瑞麟的分析与朱熹相比，并非只是单纯的照虎画猫，而是在恪守的基础上，将朱子未尽之义更为清晰地揭示出来。

我们再来看一下贺瑞麟对"尊德性"与"道问学"关系的论述，他首先认为这是《中庸》一书最为精要的段落，将其在《中庸》当中的地位凸显出

---

① (宋)黎靖德编：《朱子语类》，王星贤点校，北京，中华书局，1986年，第1509页。
② (清)贺瑞麟：《贺瑞麟集》，王长坤、刘峰点校整理，西安，西北大学出版社，2015年，第952页。
③ (宋)朱熹：《朱子全书》第23册，朱杰人、严佐之、刘永翔主编，上海，上海古籍出版社；合肥，安徽教育出版社，2002年，第2611页。
④ (清)贺瑞麟：《贺瑞麟集》，王长坤、刘峰点校整理，西安，西北大学出版社，2015年，第872页。

来。他说："'尊德性而道问学'，这五句是《中庸》一书最精要处。"①而就两者的关系来讲，贺瑞麟指出：

> 问："'尊德性而道问学'，是一是二?"曰："玩句中'而'字，即知不可作两截看。"②
>
> 学者先要尊德性，问学方有安顿处。若这里无基址，问学放在何处? 大本不是聪明学问，尽以佐其浮沉之具耳。③
>
> "道问学"正为"尊德性"。不"道问学"而自以为"尊德性"，吾恐有不识真德性者矣!④

囿于先儒黄宗羲的"先生之学，以尊德性为宗……紫阳之学，则以道问学为主"⑤之成见，后世学者多以"尊德性"和"道问学"来判定陆九渊、朱熹的学术属性，这显然是察之不详、失之偏颇的。朱熹绝非只是要"道问学"，他说：

> 某向来自说得尊德性一边轻了，今觉见未是。上面一截便是一个坯子，有这坯子，学问之功方有措处。⑥
>
> 固当以尊德性为主，然于道问学，亦不可不尽其力，要当使之有以交相滋益，互相发明，则自然该贯通达，而于道体之全无欠阙处矣。⑦

从上面的引文可以看出，朱熹既强调以尊德性为主，同时又主张"尊德性"和"道问学"交相互助，缺一不可。这应为朱熹的基本观点。贺瑞麟认同朱子之意，首先强调绝对不能将两者打成两截，它们是相互关联的。

---

① (清)贺瑞麟：《贺瑞麟集》，王长坤、刘峰点校整理，西安，西北大学出版社，2015年，第933页。
② (清)贺瑞麟：《贺瑞麟集》，王长坤、刘峰点校整理，西安，西北大学出版社，2015年，第874页。
③ (清)贺瑞麟：《贺瑞麟集》，王长坤、刘峰点校整理，西安，西北大学出版社，2015年，第933页。
④ (清)贺瑞麟：《贺瑞麟集》，王长坤、刘峰点校整理，西安，西北大学出版社，2015年，第1023页。
⑤ (清)黄宗羲、全祖望：《宋元学案》，陈金生、梁运华点校，北京，中华书局，1986年，第1885页。
⑥ (宋)黎靖德编：《朱子语类》，王星贤点校，北京，中华书局，1986年，第1588页。
⑦ (宋)朱熹：《朱子全书》第24册，朱杰人、严佐之、刘永翔主编，上海，上海古籍出版社；合肥，安徽教育出版社，2002年，第3592页。

"尊德性"作为根基，有基础性作用，唯有根基牢固，"道问学"方有主脑，方有安顿，否则就是无根之浮萍，无本之浮学。要言之，从贺瑞麟对《中庸》篇章的释读中可以看出，贺瑞麟"一言一字无不与朱子相发明"①，尊朱之意跃然纸上。

小　结

贺瑞麟生逢理学衰落，新学日兴的晚清，其借助于诠解经学的形式立论，呈现出鲜明的学术特质。一是卫道朱子，发明朱注。贺瑞麟恪守师训，一尊朱子，与其师李元春相比，有过之而无不及，他说："人生程朱之后，百法皆备，只遵守他规矩做工夫，自不得有差，如吃现成饭。"②又说："朱子之道，孔子之道也；朱子之学，孔子之学也。"③这就将程朱理学作为孔孟正脉来定位，作为思想、言行的不易之则来看待，其在诠释《中庸》时，处处以朱注为是，多有推阐发明之意，强调"四书朱子注，字字宜玩味"④，不敢稍越朱子之轨辙。二是摈弃汉学，究心义理。"乾隆、嘉庆间，汉学之风复炽，皆力攻程朱"⑤，贺瑞麟以捍卫程朱理学自任，对攻击程朱的汉学不屑一顾，给予倾力批判，他说：

> 乾嘉间益以训诂考据为能，名曰"汉学"。甚至掊击程朱言理为非，妒惑诋诬颠倒是非，生心害政，风俗波靡而祸卒中于国家。⑥

可见，贺瑞麟将汉学作为祸乱国家之学术来看待，言辞激烈，不可谓不严。他进一步指出汉学与程朱理学的区别所在：

---

① 牛兆濂：《牛兆濂集》，王美凤、高华夏、牛锐点校整理，西安，西北大学出版社，2015 年，第 241 页。
② （清）贺瑞麟：《贺瑞麟集》，王长坤、刘峰点校整理，西安，西北大学出版社，2015 年，第 884 页。
③ （清）贺瑞麟：《贺瑞麟集》，王长坤、刘峰点校整理，西安，西北大学出版社，2015 年，第 32 页。
④ （清）贺瑞麟：《贺瑞麟集》，王长坤、刘峰点校整理，西安，西北大学出版社，2015 年，第 1038 页。
⑤ （清）贺瑞麟：《贺瑞麟集》，王长坤、刘峰点校整理，西安，西北大学出版社，2015 年，第 373 页。
⑥ （清）贺瑞麟：《贺瑞麟集》，王长坤、刘峰点校整理，西安，西北大学出版社，2015 年，第 37 页。

汉儒专讲训诂，更不十分照管义理，所说实事求是亦自不错，然无朱子即物穷理工夫，又何以得其是耶？程朱亦是依训诂说经，然必以义理通之，所以极为的当。①

在贺瑞麟看来，汉儒重训诂，略义理，虽以"实事求是"相标榜，但缺乏格物穷理的工夫，故只有"是其所是"之名，而无"实事求是"之实。反过来，程朱理学则是训诂、义理并重，所求义理确然无二，故必须摒弃汉学。在其《中庸》注文中，少有字词、名物、制度等的训诂、考证，全是义理的阐发，这实是对关学"义理经学"旨趣的承袭和落实。而就其对关学的弘扬来讲，贺瑞麟在"横渠与程朱无二道"②信念的支撑下，一方面推阐程朱理学即是推崇张载关学，另一方面从整体上强调《中庸》与关学精神文本《西铭》的一体，从另一个角度推阐关学义理，故而有"清麓（贺瑞麟）三续关学"③的赞誉。当然，有必要指出的是，贺瑞麟身处晚清洋务运动、维新运动迭起之时，极力恪守传统理学，有限肯定乾嘉汉学，痛加排斥西学、新学，没有通过经典训解来回应、接纳新的学术思潮，始终与新学保持严格的界限，虽被评价为"一代之纯儒"④，但凸显了其保守的学术风格。

总而言之，清代关学《中庸》学是整个关学《中庸》学史当中最为昌盛的时代，呈现出前期以阳明心学为视域诠释《中庸》，中晚期以朱子学为主导的阶段性特质。总体来看，清代关学《中庸》学的主题主要有二。一是继承冯从吾所确立的关学发展主题——"回应朱王之争"，这一点新加坡学者王昌伟教授的表述极为清晰，他说："冯从吾之后的陕西学者，在处理程朱与陆王的分歧时，态度容或有不同，但他们实际上还是遵循冯从吾的思路，把这个问题当成是关学发展的主调。"⑤二是提升和强化关学学统，推进关学的鼎盛。如果说明代学者在振兴关学的过程中，更多的是把张载当作一个名义的地域学术领袖，而对其颇具特质的思想少有

① （清）贺瑞麟：《贺瑞麟集》，王长坤、刘峰点校整理，西安，西北大学出版社，2015年，第911页。
② （清）贺瑞麟：《贺瑞麟集》，王长坤、刘峰点校整理，西安，西北大学出版社，2015年，第735页。
③ （清）牛兆濂：《牛兆濂集》，王美凤、高华夏、牛锐点校整理，西安，西北大学出版社，2015年，第123页。
④ （清）孙永言：《贺清麓先生年谱书后》，（清）贺瑞麟：《贺瑞麟集》，王长坤、刘峰点校整理，西安，西北大学出版社，2015年，第1170页。
⑤ 〔新加坡〕王昌伟：《〈关学编〉与明清陕西士大夫的集体记忆》，〔马来西亚〕何国忠主编：《文化记忆与华人社会》，吉隆坡，马来亚大学中国研究所，2008年，第177页。

关注的话，那么到清代关学学者这里，他们的地域学术意识、发扬关学学术传统的自觉确实比明代学者更加突出，使得清代成为关学史上人物最盛、成就最多的一代。

第五章　民国：关学《中庸》学的终结

传统关学作为宋明理学的主要流派之一，有始有终，形成了一个完整的学派发展脉络。与之相应，关学《中庸》学亦有其草创、发展和终结的演进历史和学术脉络。而民国则是传统关学《中庸》学的终结期，这一时期以清麓（贺瑞麟）一系孙迺琨、牛兆濂为代表的关学学者在时代转型之际，拒斥新学，继续墨守传统理学，坚持以程朱理学来回应和解决时代问题。尤其是牛兆濂，不仅被称为"关学最后一位大儒"①，亦成为关学在民国终结的典范和标志。

第一节　关学下限辨析

就目前学界对关学的研究而言，分歧和争议主要聚焦在两个方面：一是关学是否有史；二是关学在何处终结。第二个问题实际上是第一个问题的进一步延伸。就前者来讲，否认关学有史的主要以侯外庐学派为代表。侯外庐先生在1959年撰写的《中国思想通史》中指出："北宋亡后，关学就渐归衰熄。"②后又在其于1984年主编的《宋明理学史》中进一步细化这一观点：

> 张载死后，关学出现了分化，一部分人依傍二程，归依洛学……虽然李复、游师雄等仍继续其传，但此后关学再没有出现较有影响的思想家，加之政治上缺少靠山，便逐渐地消亡了。到了南宋，关学作为一个学派，已不复存在。③

这相对于前述说法，虽然基本观点没有变化，但将关学衰落的原因以及衍化情形阐述得更为清楚。后来侯外庐学派主要成员龚杰进一步指出：

---

① 刘学智：《关学思想史（增订本）》，西安，西北大学出版社，2020年，第551页。
② 侯外庐：《中国思想通史》第四卷（上），北京，人民出版社，1959年，第545页。
③ 侯外庐、邱汉生、张岂之主编：《宋明理学史》上卷，北京，人民出版社，1984年，第94页。

"关学上无师承，下无继传，南宋初年即告终结。"①这就将关学史由北宋
灭亡延续至南宋初年。进入 21 世纪以来，方光华教授则开始从区分"关
学"内涵的角度来探讨这一问题：

> 以张载理学为内容的"关学"在张载去世、弟子东归二程之后即
> 已不存在了。但是"关学"一词并没有消失，只是随着学术本身的发
> 展演进，含义有所变化……宋以后元明时期的关学，不仅不是张子
> 学，而且也不是某一家某一派，此时的关学指在关中传播的各种理
> 学，这样，关学的含义被扩大了，不仅仅指张载之学……"关学"就
> 是沿用这一习惯性的名词及含义，不包括佛教、道教，也不包括后
> 来在关中传播的基督教，它主要是指从张横渠一直到刘古愚的关中
> 儒学。②

方光华的分析更为精细，他区分了狭义的关学和广义的关学，认为专指
张载理学的关学在张载去世、弟子东归二程之后就不复存在，这就与侯
外庐先生的观点一致。而作为"关中儒学"的关学则一直存续到晚清刘古
愚那。这种分析一定程度上细化和修正了侯外庐先生的观点，也变相地
承认了关学的存续。后来侯外庐学派的核心成员张岂之先生在 2015 年为
"关学文库"撰写序言时指出：

> 关学，如同其他学术形态一样，也是一个源远流长、不断推陈
> 出新的形态。关学没有中断过，它不断与程朱理学、陆王心学
> 融合。③

张先生的观点直接否认了侯外庐先生等的观点，将关学作为一个连续体
来看待。正如林乐昌先生所说："关学'衰熄不存'论的影响后来就消失
了。"④关学有史已经为多数学者所承认，差别只在于其下限定在何处。
代表性观点主要有六。一是前述的侯外庐、龚杰等主张的北宋亡后即终
结的观点。二是以陈俊民先生为代表的学者主张关学在清初李二曲那里

---

① 龚杰：《张载评传》，南京，南京大学出版社，1996 年，第 206 页。

② 方光华等：《关学及其著述》，西安，西安出版社，2003 年，第 2～3 页。

③ 张岂之：《总序》，刘学智：《关学思想史》，西安，西北大学出版社，2015 年，第 2 页。

④ 林乐昌主编：《关学源流》，西安，陕西师范大学出版社，2020 年，第 10 页。

终结，主张李二曲"致使关学复盛而终"①，这一主张很大程度上有学界颇为流行的明清之际理学形态转型的痕迹。三是主张在晚清刘古愚那里终结。林乐昌先生认为刘古愚"最终完成了关学的近代转型"②。武占江亦主张："刘古愚在实学精神的推动之下，积极研究，宣传新学，从而结束了关学。"③方光华同样认为："关学经过了宋代的开创阶段、金元的延续、明代的兴盛、清代的更新，最终在近代刘古愚那里向近现代学术转化。"④这些观点很大程度上是综合学术特质、理学官方地位不存等因素提出的。四是张岂之、刘学智等主张在民国牛兆濂那里终结。张岂之先生认为"关学文库""所遴选的作品与人物……上起北宋张载，下至晚清的刘光蕡、民国时期的牛兆濂，能够反映关中理学的发展源流及其学术内容的丰富性、深刻性"⑤。这就肯定了牛兆濂在关学史上的地位。刘学智主张："作为传统理学在关中的最后一位守护者，牛兆濂是传统关学在清末民国终结的标志。"⑥这一观点主要是从守护传统理学的角度来判定的。五是张波等主张关学的下限应定在牛兆濂弟子李铭诚、刘古愚弟子张元勋那里。他主张"新中国成立后随着古代学术的现代转型，传统理学范式彻底消解，无疑关学下限当断在此前后……愚以为，当以李铭诚、张元勋同时代关中学人为最后一代关学学者"⑦。这一主张实质上仍是以时代的更替为据提出的。六是曹冷泉先生的观点，他先是认为应当以刘古愚、朱佛光为下限，后又延展至张鸿山、张季鸾、郭希仁等。⑧　就以上六种观点来看，虽各有依据，但从关学的发展史以及思想与时代的关系来看，以依然坚守传统理学的牛兆濂为传统关学终结标志的观点可取性更强。本书亦遵循思想优先，时代为辅的原则，赞同和择取这一取向。下面，我们就以《中庸》学为对象，从内在义理和学术取向的角度来进一步佐证这一观点。

① 陈俊民：《张载哲学思想及其关学学派》，北京，人民出版社，1986年，第10页。
② 林乐昌主编：《关学源流》，西安，陕西师范大学出版社，2020年，第15页。
③ 武占江：《关学与实学》，葛荣晋、赵馥洁、赵吉惠主编：《张载关学与实学》，西安，西安地图出版社，2000年，第431页。
④ 方光华等：《关学及其著述》，西安，西安出版社，2003年，第5页。
⑤ 张岂之：《总序》，刘学智：《关学思想史》，西安，西北大学出版社，2015年，第2页。
⑥ 刘学智：《关学思想史（增订本）》，西安，西北大学出版社，2020年，第565页。
⑦ 张波：《"关学"与"关学史"正名》，《常熟理工学院学报》2018年第3期。
⑧ 曹冷泉：《关学概论》，《西北文化月刊》1941年第3期。

第二节 赓续关学，恪守程朱：
孙迺琨的《中庸全篇讲义》和《中庸集义》

孙迺琨（1861—1940），字仲玉，山东淄博人，晚清关学大儒贺瑞麟的高足，有"贺门曾子"之美誉。因曾主讲灵泉精舍，世人称其为"灵泉先生"。这里需要首先明确的是，与其他关学大儒不同，孙迺琨并非关中人士，按照冯从吾等所确立的关学谱系"以地系人"的原则，孙迺琨似不能列入关学门内，但这一简单粗暴的做法已经受到刘学智、王美凤等人的质疑。① 缘由在于孙迺琨一生六次入陕，在陕时间共计有四十六年，极为自觉地以传播和弘扬关学为己任，成为道接横渠，坚守清麓的异地关学学者，其在晚清民初对关学的坚守与挺立之功绝不在那些关中士人之下。正如其同门挚友牛兆濂所评："门下老成，数年以来凋零殆尽，不敢谓守师说者之必无其人，吾秦不足言，山东孙君不可首屈一指乎！"② 杨虎城亦赞其"阐扬关学，高风雅度"③。孙迺琨年幼家贫，虽难以为继，但仍勤勉课业，不敢有丝毫懈怠，奠定扎实的学术功底。年三十，赴陕求学，拜师贺瑞麟，受到贺瑞麟的勉励和赞赏，后五度入陕，主讲正谊书院，门人弟子不计其数。1940 年于家中谢世。孙迺琨治学恪守其师"以程朱为法"④之训，一尊朱子，无敢有违朱子之言行，成为晚清民国时代激变之际，依然坚守理学，拒斥西学的代表性人物。孙迺琨无心出仕，一生以讲学著述为务，先后著有《灵泉文集》《灵泉著述摘要》《清麓文集约钞》《春秋集义》《大学讲义》《中庸全篇讲义》《贺清麓先生年谱》《笃伦随笔》《太极通书答问》《通书集义并说略》《读易绪论》《周易辑说讲义》等，未刊行的手稿有《论语集义》《孟子集解》《中庸辑说》《易经系辞》《周易问答》《灵泉诗稿》《答门弟子崔芳华问》等。孙迺琨精心研治四书，而在四书

---

① 详参刘学智：《道继横渠，克绍程朱》，政协淄博市委员会编：《一代名儒孙迺琨》，北京，中国文史出版社，2019 年，第 484 页；王美凤：《从"贺门曾子"孙迺琨看清末民初的关学研究》，政协淄博市委员会编：《一代名儒孙迺琨》，北京，中国文史出版社，2019 年，第 501 页。

② 牛兆濂：《牛兆濂集》，王美凤、高华夏、牛锐点校整理，西安，西北大学出版社，2015 年，第 199 页。

③ 转引自政协淄博市委员会编：《一代名儒孙迺琨》，北京，中国文史出版社，2019 年，第 123 页。

④ （清）贺瑞麟：《贺瑞麟集》，王长坤、刘峰点校整理，西安，西北大学出版社，2015 年，第 251 页。

当中，他认为"四书尤以《中庸》为极致"①。在此，以孙迺琨的《中庸全篇讲义》和《中庸集义》②为考察对象，一展其学术旨趣和学术特质。

一、重释《中庸》义理结构

对《中庸》篇章结构的划分是把握《中庸》义理的基础。较早对《中庸》注解的郑玄，对《中庸》并无分章，而后的孔颖达则将《中庸》分为上、下两篇，合计三十三章。而作为典范的朱子的《中庸章句》同样将《中庸》划分为三十三章，但不同于孔颖达的是，朱子将《中庸》看作"本末次第终始总合"③的一篇，并将其划分为五大节。④ 后世学者大体沿袭了朱子三十三章的划分，但对节的划分则与朱子不尽相同，有饶鲁的六大节、王柏的四大节、吴澄的七大节⑤、陈栎的三大节等，这些差异正说明了《中庸》的重要性和复杂性。孙迺琨同样关注此问题并提出自己的理解，他说：

> 首章以下，先儒分为三大支，自"君子中庸"至"唯圣者能之"为第一支，自"君子之道费而隐"至"虽柔必强"为第二支，自"自诚明谓之性"至"苟不固聪明圣智达天德者起，孰能知之"谓第三支。讲家有以开章三句分配三支者，谓"'天命之谓性'为首支总目，'率性之谓道'为次支总目，'修道之谓教'为末支总目。"细按之，甚有道理。⑥

由上可见，孙迺琨实际上赞同将《中庸》首章以下分为三大节：第二章至

---

① 孙迺琨：《朱子五书重刻序》，《灵泉文集》卷三，济南，善成合计印务局，1940 年，第 40 页。

② 《中庸集义》未刊稿，现藏于山东省淄博市淄川博物馆，是书广引先儒之说，并加以按语，体例完备，篇幅甚巨，与其《中庸全篇讲义》简述《中庸》大旨纲要明显不同，两书可互为参读。需要说明的是，因《中庸集义》并未出版，没有标注页码，故文中涉及所引之处，标出章节名称，不标页码。在此，特别向惠赐孙迺琨相关资料的淄川博物馆馆员石峰老师致以谢忱。

③ (宋)黎靖德编：《朱子语类》，王星贤点校，北京，中华书局，1986 年，第 1565 页。

④ 朱熹说："其首章子思推本先圣所传之意以立言，盖一篇之体要。而其下十章，则引先圣之所尝言者，以明之也。至十二章，又子思之言。而其下八章，复以先圣之言明文也。二十一章以下，至于卒章，则又皆子思之言，反复推说，互相发明，以尽所传之意者也。"[(宋)朱熹：《朱子全书》第 24 册，朱杰人、严佐之、刘永翔主编，上海，上海古籍出版社；合肥，安徽教育出版社，2002 年，第 3830 页。]

⑤ 吴澄在其《中庸纲领》中将《中庸》划分为三十四章。他不同意朱子对第二十章的划分，参照孔颖达的《礼记正义》，他将第二十章拆分。

⑥ 孙迺琨：《中庸全篇讲义》，临汾，山西汾城任纯斋刊印，1929 年，第 2 页。

第十一章为第一支，第十二章至第二十章为第二支，第二十一章至第三十二章为第三支。这与朱子的"第一章为第一段，第二章至第十一章为第二段，第十二章至第二十章为第三段，第二十一章至第三十二章为第四段，第三十三章为第五段"①的划分大致是相同的。至于这段引文中未提到的首章与末章（第三十三章）的关系，孙迺琨说："末章是同应首章，为全部总束，又是一篇小《中庸》"②，"《中庸》末章为《中庸》全部总束，正与第一章相应"③。这一界定与朱子的"首章是自里面说出外，盖自天命之性，说到'天地位，万物育'处。末章却自外面一节收敛入一节，直约到里面'无声无臭'处，此与首章实相表里也"④的说法并无不同，皆强调首章与末章的前后呼应，更为重要的是，孙迺琨将末章视为一篇小《中庸》，也就是"举一篇之要而约言之"⑤，虽本于朱子，但较朱子更为明确，羽翼基础上的推阐之意尤为明显。而与朱子略有不同的是，孙迺琨赞同讲家对首章三句与三大节之间关系的处理，即以"天命之谓性"统摄第一支，"率性之谓道"统摄第二支，"修道之谓教"统摄第三支。这种处理对《中庸》义理结构的把握更为细致，强化了对《中庸》整篇的理解和把握，落实了朱子所谓"《中庸》一书，枝枝相对，叶叶相当"⑥的主张。他详细阐述如此划分的缘由：

> 首支是说天命之性，盖不知性不知中庸所自来，所谓中庸之道者，具于心则不偏不倚，见于事则无过不及，乃天命所当然，为精微之极致，本极平常，万世不易，而总不外于"降衷之性"焉。⑦
>
> 次支是说率性之谓道，盖不知道无以知中庸之所在，故章首特提道字，费言道之用广也，隐言道之体微也。⑧
>
> 末节是言修道之谓教，盖不知教无以知中庸所自全，故章首特提教字，自诚明谓之性，承上"诚者，天道"而言，所谓从容中道者也，自明诚谓之教，承上"诚之者，人道"而言，所谓择善固执者也。⑨

① 乐爱国：《朱熹〈中庸〉学阐释》，北京，北京师范大学出版社，2016 年，第 68 页。
② 孙迺琨：《中庸全篇讲义》，临汾，山西汾城任纯斋刊印，1929 年，第 10 页。
③ 孙迺琨：《中庸集义》，未刊稿，引"衣锦尚䌹"章。
④ （宋）黎靖德编：《朱子语类》，王星贤点校，北京，中华书局，1986 年，第 1598 页。
⑤ （宋）朱熹：《四书章句集注》，北京，中华书局，1983 年，第 40 页。
⑥ （宋）黎靖德编：《朱子语类》，王星贤点校，北京，中华书局，1986 年，第 1479 页。
⑦ 孙迺琨：《中庸全篇讲义》，临汾，山西汾城任纯斋刊印，1929 年，第 2 页。
⑧ 孙迺琨：《中庸全篇讲义》，临汾，山西汾城任纯斋刊印，1929 年，第 2 页。
⑨ 孙迺琨：《中庸全篇讲义》，临汾，山西汾城任纯斋刊印，1929 年，第 5 页。

不难看出，孙迺琨借助于陆陇其之义进行发挥，完全是依据"中庸"的面向进行论证的，他认为首节说的是"中庸"的源泉，第二节说的是"中庸"的所在，第三节说的是"中庸"的全体，这就通过"中庸"将三节关联起来，也阐明了何以首章前三句能够统摄三节的依据所在。孙迺琨对三者的关系进一步论道：

> 《中庸》一篇虽以性道教分为三支，其理本是一贯，而"天命之性"一句最重，性是道之原，教是道之委，故首支虽是说性，而道与教在其中矣。次支虽是说道，而性与教在其中。末节虽是说教，而天命之性、率性之道皆在其中。①

徐复观早已有言："'天命之谓性，率性之谓道，修道之谓教'三句话，又是全书的总纲领，也可以说是儒学的总纲领。"②在这段话中，孙迺琨之意概是如此。在他看来，《中庸》虽依据性、道和教分为三个部分，但这三个部分又是互为涵有，连为一体的，且尤以"天命之谓性"最为根本，因为它确立了整个价值体系的基础。孙迺琨对首章前三句关系的界定无疑是卓有见地的，看到了性、道和教之间的统摄和涵有关系，切中《中庸》本旨。要之，孙迺琨对《中庸》义理结构的划分和新诠，既有羽翼朱子之处，亦有其发明之处。

二、确守朱注

晚清民国关中地区是朱子学的研究重镇之一，尤以贺瑞麟一系的清麓学派最为突出。孙迺琨"为学，恪遵贺子之训，笃守程朱"③，对朱子学同样推崇有加，他反复说：

> 程朱为圣贤正脉。④
> 程朱之道即孔孟之道，孔孟之道即尧舜禹汤文武周公之道。⑤

---

① 孙迺琨：《中庸全篇讲义》，临汾，山西汾城任纯斋刊印，1929年，第3页。
② 徐复观：《中国人性论史（先秦篇）》，上海，上海三联书店，2001年，第102页。
③ 赵筠昌：《孙仲玉先生行状》，转引自石峰：《孙迺琨研究》，山东大学硕士学位论文，2014年，第129页。
④ 孙迺琨：《清麓文集约钞》序，《灵泉文集》卷三，济南，善成合计印务局，1940年，第43页。
⑤ 孙迺琨：《复张鸿上书》，《灵泉文集》卷四，济南，善成合计印务局，1940年，第63页。

程朱之学乃所以维持身心，复吾性命，为孔孟以来相传之实学、正学，真如布帛菽粟，不可一日离。①

很显然，孙迺琨推崇程朱理学之意与其师如出一辙，皆将程朱理学视为正学，视为与尧舜禹汤、文武周公以及孔孟一脉相承之学问，这就有力地回应了是时理学衰落的呼声。在对《中庸》的诠释中，孙迺琨同样落实了他的尊朱之意，下面我们就择其《中庸》诠释的重点范畴来一窥这一特质。首先就《中庸》全篇主旨来讲，孙迺琨袭用朱子的"全体大用"来给予解读。我们知道，"全体大用"是朱子在《大学》"格物"补传中提出的概念，是其整个哲学的核心精神，本意指"心具众理而应万事"②。孙迺琨则加以创造性的利用，他说：

朱柏庐称："《大学》一书，三纲领、八条目不外全体大用四字。"《中庸》亦然。天命之谓性，全体也，率性之谓道，大用也。喜怒哀乐未发之中是言全体，发而皆中节是言大用；存养工夫，存养此全体而已，省察工夫，省察此大用而已；存于心为全体，应于事为大用，全体大用总不外乎吾之一心，一部《中庸》无非发明此义。③

杨儒宾曾比较有见地地指出："体用论的思考是理学的核心要义，从朱子后，其作用更大，体用论的语言从心性论扩散到礼乐、政治、诗文各领域上去。可以说凡有事物存在处，即有体用论的思维。"④孙迺琨模仿朱柏庐的表达，主张一篇《中庸》尽在发明和推阐"全体大用"四字。换言之，孙迺琨是用理学惯用的"体用论"思考模式来考量《中庸》，具体到文内，他认为"天命之谓性"是全体，"率性之谓道"是大用；"喜怒哀乐未发之中"是全体，"发而皆中节"是大用；存于心为全体，而接事应物则为大用。可见，孙迺琨明显是用朱熹的观点来发挥《中庸》本旨。

在对"中庸"的释义上，朱子将其解释为"中者，不偏不倚、无过不及之名。庸，平常也"⑤。孙迺琨顺着朱子的思路来解释"中庸"，他说：

---

① 孙迺琨：《与孙复堂书》，《灵泉文集》卷四，济南，善成合计印务局，1940年，第65页。

② 朱人求：《朱子"全体大用"观及其发展演变》，《哲学研究》2015年第11期。

③ 孙迺琨：《中庸集义》，未刊稿，引自"中庸首章"条。

④ 杨儒宾：《〈大学〉与"全体大用"之学》，《杭州师范大学学报（社会科学版）》2012年第5期。

⑤ （宋）朱熹：《四书章句集注》，北京，中华书局，1983年，第17页。

此章特举仲尼之言，见"中庸"名目出自仲尼，非自我始也。古人但言执中、建中，无有及于庸者，恐其理过于高远，不向平常处求，不知最平常处，恰是最神奇处，最神奇处恰是最平常处，盖中之理只是庸，不庸非中也……夫中无定体，随时而在，君子知此理在我，故能戒惧以存养其体，随时以审察，其用故静，则无少偏倚而大本立。①

在这段文字中，孙逎琨对"中"与"庸"的含义以及两者的关系进行了详细的解释。与朱子一样，他同样是用"不偏不倚，无过不及"来解释"中"，用"平常"来解释"庸"，并着重界定"中"与"庸"的关系，即"中"与"庸"是互为限制，互相成就的，没有"庸"则"中"容易走向高远玄虚，没有"中"，则"庸"无有准则，也即"中之理只是庸""不庸非中也"，这一观点并没有溢出朱子的"有中必有庸，有庸必有中，两个少不得"②的观点。

在为学工夫上，《中庸》提出的名目是"戒慎恐惧"和"慎独"，朱子主张两者是不同的工夫，绝不可混而为一，"戒慎恐惧"是未发时的存养工夫，慎独是已发时的省察工夫，且两者分别对应"致中"和"致和"，呈现出明显的架构性。这与阳明将两者打通为一的圆融性有明显的不同。孙逎琨对此的看法是：

至学者做工夫处只是个存养省察，存养省察只是个戒惧慎独。无戒惧工夫，则心之体不存，何以为天下之大本？无慎独工夫则心之用易差，何以为天下之达道？盖戒惧即所以致中，慎独即所以致和。致中则天地位者，吾与天地一体，吾之心正，则天地之心亦正也；致和则万物育者，吾与万物一体，吾之气顺则天地之气亦顺也。③

孙逎琨的意思很清楚，同样是顺着两条并行但又关联的工夫路数来展开，即"戒惧→存养→致中→天地位"和"慎独→省察→致和→万物育"。这与朱子的架构性的工夫路径无有不同，因袭色彩极为浓厚。

在《中庸》的另一重要论域"自诚明"与"自明诚"上，孙逎琨亦着墨甚多，他说：

① 孙逎琨：《中庸集义》，未刊稿，引"君子中庸，小人反中庸"章。
② （宋）黎靖德编：《朱子语类》，王星贤点校，北京，中华书局，1986年，第1484页。
③ 孙逎琨：《中庸集义》，未刊稿，引"天命之谓性三句"章。

自诚明是天生的，诚是自然，明亦是自然，盖德无一不实，故明无不照，所性而有者，此生知安行一流。所谓诚者，天之道也。自明诚者，由学力来，明有工夫，诚亦有工夫。盖先明乎善，而后能实其善，由教而入也。此学知利行一流。所谓诚之者，人之道也。先儒谓"自诚明者，诚即明也"。《章句》则谓是圣人也，则诚与明合而为一。自明诚者，须由明而后至于诚，学则谓贤人之学，则气质有统驳之殊功，则诚与明分而为二，修即不能无安勉之异，然及其成功则一也。①

在孙迺琨看来，"自诚明"是先如此，是性本所有的，属于生知安行，而"自明诚"则是须由学而始，由明尽乎诚，属于学知利行。这一解释与朱子之意并无差别，他尤其引用朱子的注解来为之背书，可见其对朱注的认可和推崇。需要说明的是，他的解释与极为推崇诚明思想的关学宗师不尽相同，张载对其的解释融入了《易传》中的"穷理尽性以至于命"，强调"自诚明者，先尽性以至于穷理也，谓先自其性理会来，以至穷理；自明诚者，先穷理以至于尽性也，谓先从学问理会，以推达至天性也"②。孙迺琨虽然没有承袭张载的解释，但对"自诚明"与"自明诚"进行区分的取向是一致的。从孙迺琨对前述《中庸》的重要范畴的诠释可以看出，孙迺琨的诠解完全是在朱子的轨辙内进行的推阐，映照出鲜明的羽翼朱注之意，虽然确守有余，发越不足，但绝不能因此而否定他的学术价值，而是应该在这样的维度上肯定他的贡献，即在晚清民国理学没落甚至终结的背景下，他坚守和挺立程朱理学的意义不容小觑。

小　结

孙迺琨身处时代激变之际，依然沿袭传统哲学"依经立说"的方式，通过诉诸经典诠释的方式来寄寓其思想关怀，且其清麓嫡传以及横跨晚清、民国的多重身份，使其《中庸》诠释呈现出明显的学术特质。

首先，挺立关学。孙迺琨以道自担，自觉地传承关学，在《中庸》诠释中，他一方面博引关学学人张载、吕柟、孙景烈、冯从吾等的解语，来显示他对关学学人思想的认同，如在诠释"致中和"一节时，他引用和发挥张载《西铭》之语来进行解释：

①　孙迺琨：《中庸集义》，未刊稿，引"自诚明"章。
②　（宋）张载：《张子全书》，林乐昌编校，西安，西北大学出版社，2015年，第267页。

> 盖天地是一大父母，予兹藐焉，中处不啻天地之子，始也；塞吾体，帅吾性，既以健顺五常之德交付于我，继也。①

这段话明显是对《西铭》的援引和发挥。如此事例在其《中庸》注本中并不少见，可见其弘扬关学之意。另一方面，张载关学有两个理论立足点——气学和礼学。孙迺琨着重承继关学重礼的学派传统，在《中庸》"天下有三重"章中，他解释道：

> 试问力行之要有大于守礼者乎？礼本于天，具于心，作于圣，所以使人尽性事也。德性是礼之统会处，礼是性之散见处，即道问学工夫亦不能有外于礼，果能将尊德性、道问学做到透彻地位，则德修而道凝，随在皆天理流行无所往而不利，无所施而不可循，是礼以居上则不骄，循是礼以为下。②

在孙迺琨看来，力行的根本在于守礼，因为礼是"本于天、具于心和作于圣"的，也就是说，无论是礼的来源，还是礼的制作，都具有至高无上性和神圣性，因此必须以守礼为要津。以此可见，孙迺琨对礼的推崇不可谓不高，这恰恰是关学崇礼的体现。

其次，广泛引证。在《中庸集义》中，孙迺琨广引先儒之说，除前述的关学一系的人物之外，还有诸如朱熹、陆陇其、李光地、朱柏庐、薛于瑛等朱子学一系的学者，且尤以朱熹、陆陇其和朱柏庐最多，达数十次。这也恰恰呼应了《中庸集义》这本书的篇名，乃是集众家之说以为之证，并对诸家之说进行述评择取，体现了孙迺琨治经既非闭门造车，亦非肆意解经的学术态度。更为重要的是，亦直接反映了清麓学派排斥异己，"唯程朱是从"的学术旨趣，他说：

> 凡汉学家、辞章家，管商之权谋功利，异端之虚无寂灭，与近代之阳儒阴释，一概廓清而扫除之，斤斤向程朱一路上踏实用工，以求孔孟真脉，庶几异日造就纯粹，足以倡明斯道，绍前哲、启来学，卓为世教之依赖之人。③

---

① 孙迺琨：《中庸集义》，未刊稿，引"致中和"章。
② 孙迺琨：《中庸集义》，未刊稿，引"天下有三重"章。
③ 孙迺琨：《复廖燮堂书》，《灵泉文集》卷四，济南，善成合计印务局，1940年，第52页。

可见，孙迺琨对朱子学之外的任何学术皆抱拒斥的态度，坚持程朱理学是唯一正学，是孔孟的真脉所在。

再次，直究义理。关学宗师张载缔造的"不事训诂，追求义理"的经解诉求为孙迺琨所承继，他批判汉唐训诂之学，指出："汉学训诂及近代文章皆学其所学，非吾之所谓学也。"①这就是说，汉唐训诂之学绝非正学，而正学应该是宋明儒所追求的"义理之学"，他说：

> 吾辈为学总要期于深造，于义理深入一分，于躬行便真确一分，耕田不深无高稼，治学不深无端行。②

可见，孙迺琨在治学上强调的是要以"义理"为根本诉求，义理明备，则有助于躬身实践。在其《中庸》注文中，他全无字词章句的训诂考证，纯是义理的发明和推阐，践行和落实了关学的一贯宗旨。

最后，保守主义色彩浓厚。孙迺琨处在理学衰微，新学日盛的时代，其依然坚守传统理学，拒斥新学、西学，体现了其较为保守的学术立场。他说：

> 试看今日之宇内是何等情形，服夷服，学夷行，效夷言，下乔入幽，普天一律，而于先王之冠裳服物、礼乐典章，一概弃绝，昧于中外之分甚矣。此真堪痛心。③

孙迺琨对西学入侵中国，国学衰微深感不安，这在其《中庸》注本中体现得尤为明显，全书纯是在理学的范围内进行解读，对传统儒家的三纲五常、礼乐典章充满自信和热情，丝毫不涉及是时新文化运动所倡导的平等、自由和民主等思想，凸显出强烈的保守主义立场，体现了传统儒者以道德救世的学术本色，这从其主张"明学术，正人心，固当今之先务"④可见一斑。同时，从其拒绝康有为的拜见一事中亦显示出其不与新学

---

① 孙迺琨：《与孙复堂书》，《灵泉文集》卷四，济南，善成合计印务局，1940 年，第 65 页。
② 孙迺琨：《复张鸿上书》，《灵泉文集》卷四，济南，善成合计印务局，1940 年，第 77 页。
③ 孙迺琨：《复陈桂山书》，《灵泉文集》卷六，济南，善成合计印务局，1940 年，第 24 页。
④ 孙迺琨：《与陈铭斋书》，《灵泉文集》卷四，济南，善成合计印务局，1940 年，第 68 页。

为伍的立场，说明其"始终没有找到自觉冲决固有藩篱的思想和路径"①。

要之，孙迺琨的《中庸》诠释是传统儒学与新文化冲突之下的解经之作，洋溢着精微的理学思想，但也因没有像同时期刘古愚等"放眼看世界"的视域和胸怀，没有积极顺应时代潮流，接纳新学，故无法与时俱进地发展与转换理学，故成为特殊时代条件下极为少有的解经之作。

第三节　墨守朱注、终结关学：牛兆濂的《中庸》学思想

牛兆濂（1867—1937），字梦周，号蓝川，陕西蓝田人，是小说《白鹿原》当中"朱先生"的原型。牛兆濂少有贤名，过目成诵，入关中书院学习，1884 年补廪膳生员，因赡养父母，故无意参加京考，1893 年赴三原拜关学大儒贺瑞麟为师，虽只有五月有余，其师即溘然长逝，但其守师门尊奉朱子之学甚重，先后主讲芸阁书院、清麓书院、白水彭衙书院、鲁斋书院等，1937 年全面抗战爆发不久，即在忧愤中辞世。牛兆濂气节高卓，陕西巡抚升允奏请朝廷授予其内阁中书衔，牛兆濂力辞不受。康有为抵达陕西，陕西督军刘镇华欲邀其赴省陪同康有为，牛兆濂不允，杨虎城欲请其出山做官，婉辞不应。作为关学最后一位大儒，牛兆濂的学行受到学者高赞。同门孙迺琨赞曰："夫蓝川，清麓高第弟子也，始则主讲正谊，继则主讲芸阁，执贽门墙者至数百人。其品格之高、操守之严、学术之纯、存心之虚，同门中罕有其匹……足以楷模后学，干城吾道，不愧关中之伟人。"②又说："近绍清麓之脉，上接横渠之统，非蓝川吾谁与归？"③其弟子李铭诚亦说："蓝川先生养深学富。"④张骥说："高陵白悟斋，蓝田牛梦周，恪守西麓之传，皆关学之晨星硕果。"⑤以此可见牛兆濂学术地位之不俗。牛兆濂一生著述丰富，主要有《吕氏遗书辑略》4卷、《芸阁礼记传》16 卷、《近思录类编》14 卷，以及《音学辨微》《芸阁礼节缘要》《秦观拾遗录》《蓝田新志》等各若干卷；另有《蓝川文钞》12 卷、

---

① 刘学智：《关学思想史（增订本）》，西安，西北大学出版社，2020 年，第 551 页。
② 孙迺琨：《蓝川文钞续》序二，牛兆濂：《牛兆濂集》，王美凤、高华夏、牛锐点校整理，西安，西北大学出版社，2015 年，第 163～164 页。
③ 孙迺琨：《蓝川文钞续》序二，牛兆濂：《牛兆濂集》，王美凤、高华夏、牛锐点校整理，西安，西北大学出版社，2015 年，第 164 页。
④ 李铭诚：《蓝川文钞续》跋，牛兆濂：《牛兆濂集》，王美凤、高华夏、牛锐点校整理，西安，西北大学出版社，2015 年，第 319 页。
⑤ 张骥：《关学宗传》自序，王美凤编校整理：《关学史文献辑校》，西安，西北大学出版社，2015 年，第 146 页。

《蓝川文钞续》6 卷及《蓝川诗稿》等。就《中庸》学著作来讲，牛兆濂虽无系统的注解之作，但在文集中则有部分关于《中庸》的语录和文章，主要有《尊德性章》《庸字说》《存心说》等，这些内容集中体现了牛兆濂的《中庸》学思想。而本书之所以将其列入考察，正是因为牛兆濂的传统关学最后一位大儒的特殊身份。①

一、尊奉朱注

牛兆濂学术转向朱子与其"恪守程朱、绳尺不越"②的老师贺瑞麟的教诲直接相关，牛兆濂说："兆濂赋质昏弱，少失学问，颠冥于举业者且二十年。后乃问学清麓（贺瑞麟），略识圣贤门径，以恪遵程朱为指归。"③牛兆濂曾自述贺瑞麟在拜师之时对自己的教诲："程、朱是孔、孟嫡派，合于程、朱，即合于孔、孟，不合于程、朱，即不合于孔、孟。"④牛兆濂对此训示深加服膺，终生守之不变。他反复申明对朱子的尊崇，他说：

> 世界之学说千途万辙，我止认定一个孔子。讲孔子之学者亦千途万辙，我止认定一个朱子。⑤
>
> 自有生民以来，得天地之心而集群圣之大成者，孔子也；得孔子之心而集诸儒之大成者，朱子也。⑥

可以看出，牛兆濂认为学术史上只有孔子和朱子二人成就最为杰出，孔子是集群圣之大成，而朱子是集诸儒之大成。牛兆濂对朱子的拔擢不可谓不高，这将其推尊朱子之意凸显出来，在晚清民国程朱理学渐趋式微的境遇下是难能可贵的。牛兆濂从以下几个方面落实其尊朱之意。首先是推崇朱子之《四书章句集注》，他说："学者欲求孔子之道，舍朱子之书

---

① 刘学智：《关学思想史（增订本）》，西安，西北大学出版社，2020 年，第 551 页。
② 牛兆濂：《牛兆濂集》，王美凤、高华夏、牛锐点校整理，西安，西北大学出版社，2015 年，第 73 页。
③ 牛兆濂：《牛兆濂集》，王美凤、高华夏、牛锐点校整理，西安，西北大学出版社，2015 年，第 67 页。
④ 牛兆濂：《牛兆濂集》，王美凤、高华夏、牛锐点校整理，西安，西北大学出版社，2015 年，第 100 页。
⑤ 牛兆濂：《牛兆濂集》，王美凤、高华夏、牛锐点校整理，西安，西北大学出版社，2015 年，第 279 页。
⑥ 牛兆濂：《牛兆濂集》，王美凤、高华夏、牛锐点校整理，西安，西北大学出版社，2015 年，第 153 页。

何以哉？"①这就是将朱子著作视为探求孔子的门径和阶梯。他更为具体地指出：

> 六经浩渺，朱子为四书以会其归，使人尊孔子也……盖合六经、四书，兼综而条贯之，与人以所从入者也。故学孔子而不读朱子之书，则学非所学。②

> 三代而下莫如朱子，故欲得孔子之心而学之不差，则朱子之书不可不读，尤不可不熟读也。朱子一生精力在于四书，其字字句句皆垂世立教之大法，非止为解经也。若以训释经文视之，则朱子之苦心不可见矣。故读朱子之书，不可不以此书为第一义，朱子竭毕生之力作之，学朱子者可不竭数年之力以读之乎？……《章句集注》训诂既详，征引尤多，所示为学之方最切至要，洵足发聋振聩。③

牛兆濂高度肯定朱子在四书学上的创辟之功。在他看来，六经内容繁多，朱子拈出四书以会其旨归，使圣人之学条贯秩然，为学之士有径可寻，这是肯定朱子汇集四书之功。更为重要的是，朱子毕生精力尽在四书，字字句句皆是有为而发，训诂精详，旁征博引，义理严正，方法切要，绝非只是简单的经典注解，它浓缩了朱子一生的苦心与精力，因此研读朱子之书必须以其《四书章句集注》为首要。这明显是高赞朱子的《四书章句集注》。至此，牛兆濂从朱子汇集四书，再到朱子注解四书，高度肯定朱子在四书学上的创获。对于朱子四书学的这种重要性，牛兆濂自述道：

> 濂衰病余生，自知无似，惟日夜抱朱子《四书》一编，反复熟读，不遗一字，以为圣人之经存，则圣人之教存，而国亦藉以不亡，此区区今日之意也。否则，名尊孔子而不由朱子入手，几何其不误入歧途而不悟也。④

---

① 牛兆濂：《牛兆濂集》，王美凤、高华夏、牛锐点校整理，西安，西北大学出版社，2015年，第43页。
② 牛兆濂：《牛兆濂集》，王美凤、高华夏、牛锐点校整理，西安，西北大学出版社，2015年，第225页。
③ 牛兆濂：《牛兆濂集》，王美凤、高华夏、牛锐点校整理，西安，西北大学出版社，2015年，第219页。
④ 牛兆濂：《牛兆濂集》，王美凤、高华夏、牛锐点校整理，西安，西北大学出版社，2015年，第195页。

数年以来，日夜抱朱子四书，循环诵习，不遗一字，虽昏耄健忘，人事匆匆，不敢或废……以为不读孔子之经，无以知孔子之教，不读朱子之论，不能得孔子之心。①

濂读朱子四书，今年六十有五矣。②

从这几段回复友人的书信中可见，牛兆濂对朱子《四书》研读的勤勉和用功，已经达到日夜不停，反复诵读的境地，而个中缘由在于他将朱子《四书》学视为通往孔子之道的必由之路。要之，牛兆濂对朱子四书注经之作的推崇与其师贺瑞麟毫无二致，其师贺瑞麟即"信小学、四书如神明，遵横渠熟读成诵之说"③。

二、墨守朱子

牛兆濂对朱子《中庸》经解的推崇不单单是日夜研习、寒暑诵读那样局限在语言和行动上，而是深入文本当中，来透显其尊朱之意，下面就试举几例来管窥其尊朱之意。

例1：经者，常也。《中庸》"大经"注以为"五品之人伦"则所谓常道也。至道之凝在于至德，德所以行，则在乎一。舜之命禹，则曰："惟精惟一。"伊尹告太甲，则曰"德惟一。"又曰："惟和惟一。"又曰："终始惟一，时乃日新。"一之云者，不二之名也。④

牛兆濂在解释"经"之义的时候，借助朱子对《中庸》第三十二章"唯天下至诚"的解释，即"经，常也。大经者，五品之人伦"⑤，来说明"经"为什么要作"常"来理解，他的理由是人伦是最为常见和无所逃于天地之间的，因此才是平常之道。牛兆濂的创新在于借用朱熹在《中庸章句》序中所厘定的儒家道统的内容"人心惟危，道心惟微，惟精惟一，允执厥中"⑥来

---

① 牛兆濂：《牛兆濂集》，王美凤、高华夏、牛锐点校整理，西安，西北大学出版社，2015年，第196页。
② 牛兆濂：《牛兆濂集》，王美凤、高华夏、牛锐点校整理，西安，西北大学出版社，2015年，第212页。
③ 牛兆濂：《牛兆濂集》，王美凤、高华夏、牛锐点校整理，西安，西北大学出版社，2015年，第240页。
④ 牛兆濂：《牛兆濂集》，王美凤、高华夏、牛锐点校整理，西安，西北大学出版社，2015年，第222页。
⑤ （宋）朱熹：《四书章句集注》，北京，中华书局，1983年，第38页。
⑥ （宋）朱熹：《四书章句集注》，北京，中华书局，1983年，第14页。

进行扩充性的解释。以此可见牛兆濂对朱子的服膺。

> 例2：讲《中庸》大本须就性之至善者言之，非圣人不能尽之。若加入众人，则有等级。许多不同处，未可一概论也。故朱子以此言"性情之德"，一句括之，可见非圣人不能尽也。①

《中庸章句》首章主要内容就是讲性情。牛兆濂认为朱子以"性情之德"一句来概括，将其归属于圣人才具备的德性，可谓至精至当，显示出牛兆濂对朱子注解的认同。

> 例3：《说文》："庸，用也，从庚、用。庚，更事也。"《易》曰："先更三日。"此以庚为更事之义，故庸为功也。然与平常之义则不类，且以意说之曰："庚者，续也。"其用之接续可行者，必其至平而可常者也。②

这是牛兆濂对《中庸》篇名的释义。他强烈反对《说文》《周易》对"庸"的解释，因为它们的注解是将"庸"当作功用来对待，这就与朱子以"平常"释"庸"之意不类。很明显，牛兆濂是以朱子之说为据来驳斥其他论断。

> 例4：夫朱子之言性，他无论已，即以《中庸章句》言之，则性道虽同而气禀或异……故朱子之说，确不可易。③

牛兆濂十分赞同朱子用理气关系来言说人性的方式，故而他也就认可朱子《中庸章句》中的"性道虽同，而气禀或异"④的说法，且认为这是不易之论。

> 例5："德性者，吾所受于天之正理。"谨按：此从尊字立说，盖理为正理，则不可不尊。为吾所受之正理，则不能不尊。吾所受于

---

① 牛兆濂：《牛兆濂集》，王美凤、高华夏、牛锐点校整理，西安，西北大学出版社，2015年，第207页。
② 牛兆濂：《牛兆濂集》，王美凤、高华夏、牛锐点校整理，西安，西北大学出版社，2015年，第220页。
③ 牛兆濂：《牛兆濂集》，王美凤、高华夏、牛锐点校整理，西安，西北大学出版社，2015年，第190~191页。
④ (宋)朱熹：《四书章句集注》，北京，中华书局，1983年，第17页。

> 天之正理，则不敢不尊也。天以此理赋之吾，吾受之以为德性，敢
> 不恭敬而奉持之乎！①

牛兆濂诠释的中心在于德性何以要尊。他的理由是，"德性"来源于天，是人所禀受的正理，因此必须"尊"，必须恭敬持守，不可遮蔽、放逸，这就凸显了"德性"的至尊地位。牛兆濂的这一解释与朱子的思想如出一辙：

> 问："'尊德性而道问学'，何谓尊？"（朱子）曰："只是把做一件物事，尊崇抬起它。"②

可见，牛兆濂的"恭敬奉持"与朱子的"尊崇抬起"虽表述不一，但在最终旨趣上并无二致，皆强调对"德性"的重视和持守。

要之，在牛兆濂对《中庸》篇章的注解中，如此事例，不胜枚举，可见其对朱子学的切实推崇。进一步来讲，从牛兆濂对《中庸》的解释中可以看出，牛兆濂在程朱理学已经丧失其官学地位的情形下，翼圣道，扶微学，依然墨守程朱理学，拒绝新学，无疑是与整个时代思潮脱节的。他曾说："近世新学之祸，其源倡之汉学，力与程、朱为敌，因之以排斥孔、孟，皆'新'之一字为之。"③又说："自有新学以来，一切众生都随这轮子转，不惟不辨东西南北，并寻不着上下，可叹也。"④很显然，牛兆濂是将新学视作理学的劲敌，并与孙迺琨一样通过倡导恢复和穿戴儒服来标示和提振理学，他说："存其精神，势不能去其形式。形式者何？服装是也。"⑤又说："圣教自孔、孟以来，至于明末，千有余年，服装未之改也。"⑥故而他们设计并穿戴儒服来宣示程朱理学的不熄，成为特立独行之士。但这实际上也恰恰说明了理学的衰败。这种学术取向显然与融

---

① 牛兆濂：《牛兆濂集》，王美凤、高华夏、牛锐点校整理，西安，西北大学出版社，2015 年，第 268 页。
② （宋）黎靖德编：《朱子语类》，王星贤点校，北京，中华书局，1986 年，第 1588 页。
③ 牛兆濂：《牛兆濂集》，王美凤、高华夏、牛锐点校整理，西安，西北大学出版社，2015 年，第 220～221 页。
④ 牛兆濂：《牛兆濂集》，王美凤、高华夏、牛锐点校整理，西安，西北大学出版社，2015 年，第 278 页。
⑤ 牛兆濂：《牛兆濂集》，王美凤、高华夏、牛锐点校整理，西安，西北大学出版社，2015 年，第 60 页。
⑥ 牛兆濂：《牛兆濂集》，王美凤、高华夏、牛锐点校整理，西安，西北大学出版社，2015 年，第 60 页。

会关学和新学的刘古愚①相差甚大，凸显的是其恪守传统关学的坚守和努力，一定程度上延续了传统关学的学术生命，使其迟至民国才宣告结束。因此，将牛兆濂看作"关学史上没有挣脱传统的最后一位有影响的大儒"②，无疑是卓有见地的，而从《中庸》学的角度亦佐证了这一观察的准确性。

---

① 林乐昌：《论"关学"概念的结构特征与方法意义》，《中国哲学史》2013 年第 1 期。
② 刘学智：《关学思想史(增订本)》，西安，西北大学出版社，2020 年，第 565 页。

结　语：关学《中庸》学的特质、贡献与不足

皮锡瑞说："凡学不考其源流，莫能通古今之变；不别其得失，无以获从入之途。"①关学是宋明理学的代表性学派之一，对宋明理学的形成与建构起到形塑的作用。作为关学的重要构成部分，关学《中庸》学既具有《中庸》学的普遍品格，又独具自身的学术特质、影响和不足。

第一节　关学《中庸》学的学术特质

顾炎武曾说："秦人慕经学，重处士，持清议，实与他省不同。"②这就是说，关学确实是有异于其他地域的学术特色所在。与之相应，作为关学经学的重要展示面相，其《中庸》学的学术特质主要体现在以下几方面。

一、脱略训诂，直求义理

张载有鉴于汉唐经学溺于训诂、空言无当的弊病，有意矫正这一经学流弊，以"义理经学"③的方式一改汉唐习气，不仅抬高《中庸》地位，更开创出全新的解经方式。关学后学承继关学宗师开创的这一治经风气，以"宋学"的方式诠解《中庸》，视汉唐经学如土埂，导致关学后学几无专事训诂之《中庸》学著作，多是义理型《中庸》学解经之作。如晚明张舜典就指出关学《中庸》学史上代表性注本的共性特质："先是吾乡端毅王公则有《四书意见》，文简吕公则有《四书因问》，其书皆直接洙泗心传，不为训诂文辞之解知，学者无不宗而主之，今《疑思录》出，盖称鼎足矣。"④这就是说，王恕的《四书意见》（《石渠意见》）、吕楠的《四书因问》和冯从吾的《疑思录》皆是摒弃训诂，直究义理的典范之作。这个中缘由除了前

① （清）皮锡瑞：《经学历史》，周予同注释，北京，中华书局，2004 年，第 1 页。
② （清）顾炎武：《顾亭林文选》，华忱之校注，成都，四川人民出版社，1998 年，第 377 页。
③ 朱汉民：《张载的义理经学及其关学学统》，《北京大学学报（社会科学版）》2020 年第 3 期。
④ （明）薛敬之、张舜典：《薛敬之张舜典集》，韩星点校整理，西安，西北大学出版社，2015 年，第 149 页。

述的心解《中庸》的传统外，亦与关中地区缺少孕育考据学的土壤息息相关。我们知道，从事考据学需要经济、图书、出版等方方面面的支撑，而关中地区在这些方面是极为欠缺的。一是关中基本上是自耕农的社会，地主很少，① 而江南地区从事考据者的背后往往有强有力的经济支撑。二是图书的匮乏。清代学者张维屏就曾对关中这一窘况感慨道："二百年来，陕西名人如李楷、孙枝蔚、李念慈、王宏撰、李因笃、王又旦、康乃心、全集皆未见，岂道远莫致耶？抑无人刊行耶？"②三是恶劣的地理环境。曹冷泉先生就指出："西北地势高亢，灾祸频仍，实不容学者沉迷理窟而忽视现实生活也。"③这就是说，无论从外在的环境，还是内在的独重义理的学派传统，皆致使关学游离于训诂学之外，始终一尊宋学。

二、推阐工夫，重视践履

熊十力先生曾说："中国哲学有一特别精神，即其为学也，根本注重体认的方法。"④其弟子徐复观更明确地指出："中国的义理，与西方哲学不同者，在其实践底基本性格。故缺少此种实践功夫底，很难信其对'经'的义理有所了解。"⑤关学学者诠释《中庸》的重心不在于形上实体的建构，而是倾心于对工夫的推阐和践履。就《中庸》中的工夫体系而言，关学学者着重发展张载所强调的"自明诚"一系的工夫，也就是主张下学而上达，由工夫的渐次积累，最后达至豁然贯通的境地，这也恰恰是关学的特色所在。正如民国学者王恭所言："夫笃实正确，乃关学之一贯作风。故关学特色，不仅注重研求道理，尤贵笃履实践而力行之。"⑥此诚为不刊之论。即使学术旨趣偏向心学的冯从吾、张舜典、李二曲、王心敬、王吉相等在诠释《中庸》时，依然保持着"下学而上达"的工夫进路，对《中庸》当中的"慎独"工夫尤为重视，如张舜典指出："慎独是存心养性之口诀。"⑦李二曲亦指出《中庸》当以"慎独为要"⑧，王吉相亦主张"戒惧

① 秦辉、苏文：《田园诗与狂想曲——关中模式与前近代社会的再认识》，北京，中央编译出版社，1996年，第53页。
② （清）张维屏编撰：《国朝诗人征略》，陈永正点校，苏展鸿审定，广州，中山大学出版社，2004年，第944页。
③ 曹冷泉：《关学概论》，《西北文化月刊》1941年第3期。
④ 熊十力：《熊十力全集》第四卷，武汉，湖北教育出版社，2001年，第198页。
⑤ 徐复观：《文化与人生》，武汉，湖北人民出版社，2002年，第258页。
⑥ 王恭：《关学宗传（待续）》，《新西北月刊》1943年第8期。
⑦ （明）薛敬之、张舜典：《薛敬之张舜典集》，韩星点校整理，西安，西北大学出版社，2015年，第116页。
⑧ （清）李颙：《李颙集》，张波编校，西安，西北大学出版社，2015年，第401页。

慎独，《中庸》特表之"①。更为重要的是，关学学者亦强调躬身践履的重要性，如杨爵以"躬行实践为先"②，吕楠在答弟子之问"五经四书熟后，再看何书"时指出："行后方能熟，虽不治他书可也。"③冯从吾则直言："能言而行不逮，此正学之所禁也者。"④孙迺琨说："欲道理深入，若不痛切做工夫，安得有效？"⑤如此事例，不胜枚举。从这些学人的论述中，可见关学《中庸》学绝不是纯粹的形而上理论，而是更为强调对学理的落实和践行，这就与关学的整个面向保持一致。

三、不重举业，轻视制艺

包含《中庸》在内的四书经解著作，体例多样，其中制艺体不在少数，原因在于四书称雄科场的地位，学人为应对教条式的科举，遂产生一大批专门服务于举业的解经之作。以另一地域性四书学——山东四书学以"举业制艺"为主作为参照⑥，关学《中庸》学则恰恰相反，几无为举业制艺（又称"制义"）而作的著作。之所以如此，主要与关学的学风紧密相关，这就是关学学人始终以"为天下第一等人，做天下第一等事"⑦为根本追求，而这第一等人、第一等事并不是科举，恰恰就是王阳明所说的"登第恐未为第一等事，或读书学圣贤耳"⑧。也就是说，他们对科举功名并不过分留意，认为那并不是作为一个读书人、士大夫所应放在第一位的事情。如吕楠说："只欲实干举业，亦不是实。必以圣贤之实自体贴，方是实耳。"⑨冯从吾亦指出："今诸君讲学于此，固欲成为圣贤之名：德行必欲为颜、闵，言语必欲为予、赐，政事必欲为由、求、游、夏，非徒仅

① （清）王吉相：《四书心解》，王丕忠整理，西安，三秦出版社，2015年，第30页。
② （明）杨爵：《杨爵集》，陈战峰点校整理，西安，西北大学出版社，2015年，第463页。
③ （明）吕楠：《吕楠集·泾野子内篇》，赵瑞民点校整理，西安，西北大学出版社，2015年，第44页。
④ （明）冯从吾：《冯从吾集》，刘学智、孙学功点校整理，西安，西北大学出版社，2015年，第261页。
⑤ 孙迺琨：《灵泉文集》（上）卷四，济南，善成合计印务局，1940年，第77页。
⑥ 柏秀叶、王芙蓉：《清代山东"四书学"特色综论》，《山东理工大学学报（社会科学版）》2018年第6期。
⑦ （明）冯从吾：《关学编（附续编）》，陈俊民、徐兴海点校，北京，中华书局，1987年，第105页。
⑧ （明）王守仁：《王阳明全集》，吴光、钱明、董平等编校，上海，上海古籍出版社，2012年，第1001页。
⑨ （明）吕楠：《吕楠集·泾野子内篇》，赵瑞民点校整理，西安，西北大学出版社，2015年，第34页。

仅成科第之名也者。"①杨树椿说："一意圣贤之学，谢去场屋。"②贺瑞麟说："当科举盛行之日，从朝邑李元春得闻程、朱之学，屏弃荣利，锐意圣贤。"③如此事例，在关学一脉中不胜枚举，这也造就了关学学者"多以气节著，风土之厚，而又加之学问者也"④的学派气象。在这种风气的直接影响下，关学少有为科举制艺而作的经学之作，成为关学《中庸》学颇具特质的一面。

四、通经致用，不务空谈

意大利哲学家克罗齐曾说："思想作为行动才是积极的。"⑤关学宗师张载注解《中庸》最为强调经学的实用，也即通过在经书中体会实理、实道，并以此来观照人伦日用，这才是治经的根本目的。如张载所说的："吾徒饱食终日，不图义理，则大非也。"⑥张载之后，历代关学学者的《中庸》学皆展现出这一特质，如吕柟说："今人读经书，徒用以取科举，不肯用以治身。即如读医书，尚且用以治身，今读经书反不若也。"⑦又说："开示亲切，不徒为训诂空谈。"⑧这里，吕柟通过反批评来凸显治经的目的在反身躬行，不在于空谈义理。四库馆臣在评价其《四书因问》时就指出："多因四书之义推而证诸躬行，见诸实事。"⑨清代杨树椿则"以真实心地相策勉，不欲以语言文字为长"⑩。如此事例，不胜枚举。以此

---

① （明）冯从吾：《冯从吾集》，刘学智、孙学功点校整理，西安，西北大学出版社，2015年，第276页。

② （清）贺瑞麟：《杨损斋文钞》序，（清）杨树椿：《杨树椿文钞》，《清代诗文集汇编》编纂委员会：《清代诗文集汇编》第676册，上海，上海古籍出版社，2010年，第1页。

③ （清）牛兆濂：《牛兆濂集》，王美凤、高华夏、牛锐点校整理，西安，西北大学出版社，2015年，第151页。

④ （清）黄宗羲：《明儒学案（修订本）》，沈芝盈点校，北京，中华书局，2008年，第158页。

⑤ 〔意〕克罗齐：《作为思想和行动的历史》，田时纲译，北京，商务印书馆，2012年，第25页。

⑥ （宋）张载：《张子全书》，林乐昌编校，西安，西北大学出版社，2015年，第79页。

⑦ （明）吕柟：《吕柟集·泾野子内篇》，赵瑞民点校整理，西安，西北大学出版社，2015年，第55页。

⑧ （清）纪昀总纂：《四库全书总目提要》第1册，石家庄，河北人民出版社，2000年，第951页。

⑨ （清）纪昀总纂：《四库全书总目提要》第1册，石家庄，河北人民出版社，2000年，第950页。

⑩ （清）吴大澂：《杨损斋文钞》序，（清）杨树椿：《杨树椿文钞》，《清代诗文集汇编》编纂委员会：《清代诗文集汇编》第676册，上海，上海古籍出版社，2010年，第1页。

可见关学中人是把经学作为一种生活方式的。① 这就证实了"关中旧多积学力行之士"②的观察的准确性。要之,关学《中庸》学既受关学宗风的陶铸,反过来又助推和强化这一宗风的形成与强大。

五、不拘门户,汇通诸派

钱穆先生指出:"讲理学最忌的是搬弄几个性理上的字面,作训诂条理的工夫,却全不得其人精神之所在。次之则争道统,立门户。"③关学学者既无钱穆所言的"训诂条理的工夫",亦无"争道统,立门户"的弊病,恰恰是曹冷泉先生所言的"关中学者勇于从善,自横渠先生而能降心与年轻后辈二程相商讨,嗣后国内凡有新学派兴起,关学皆能与之融合汇流"④。当然,这里所讲的"门户"主要指的是儒学门内的诸家各派,而非指涉释、老,因为关学对待旨趣相异的释老的态度始终是排斥的,而对待儒门内的各家态度则是兼容并包,少有黄宗羲所谓"同者标为珠玉,异者訾为土炭"⑤的低劣学风。梁启超曾比较有洞见地指出:"关中学者虽克自树立,然受赐于外来学者之奖劝实多。"⑥梁启超此言不虚。张载诠释《中庸》时,便是广泛征引,以释己意,吕大临更是融会关、洛两家,这从他对"中"的解释可以得到直接的印证。再如吕柟虽学宗张载、朱子,但对阳明心学则是以公心待之,甚至当其被恶意诋毁时,不畏权贵,仗义挺之。再如冯从吾亦对门户之说表示担忧,他说:"一开口便落门户,真令人不敢开口矣。"⑦又说:"孔孟而后,诸儒各有得失,不能尽同,是在学者去短集长,毋令瑕瑜相掩可耳。"⑧以此可见关学学者皆是不拘门户、融会贯通的典型。

---

① 王汎森:《晚明清初思想十论(增订版)》,北京,北京师范大学出版社,2020 年,第396 页。
② (清)周长发:《史复斋文集》序言,(清)史调:《史复斋文集》,《四库全书存目丛书》编纂委员会编:《四库全书存目丛书·集部二八一》,济南,齐鲁书社,1997 年,第 1 页。
③ 钱穆:《阳明学述要》,北京,九州出版社,2010 年,第 1 页。
④ 曹冷泉:《关学概论》,《西北文化月刊》1941 年第 3 期。
⑤ (清)黄宗羲:《黄宗羲全集》第 20 册,吴光主编,杭州,浙江古籍出版社,2012 年,第498 页。
⑥ 梁启超:《近代学风之地理的分布》,《清华学报》1924 年第 1 期。
⑦ (明)冯从吾:《冯从吾集》,刘学智、孙学功点校整理,西安,西北大学出版社,2015年,第 162 页。
⑧ (明)冯从吾:《冯从吾集》,刘学智、孙学功点校整理,西安,西北大学出版社,2015年,第 304 页。

now。

六、心解《中庸》，贵在自得

孟子的"以意逆志"之法为张载所继承，开创出"心解"释经之法，意在超越文字章句的限制，注重真心体悟，更为注重诠释者本人的内在理解，而非经文本身，极具主观色彩。这一方法也就是朱子所谓"理在解语内"的路径，而非"理在《经》文内"的方法，① 也即张茂泽教授所谓"主体论诠释学"。② 而后的王恕注释四书时所尊奉的亦是张载这一主张，他说："不可不用传注，亦不可尽信传注，要当以心考之也。"③这里，王恕所确立的释经原则"以心考之"与张载的"心解"之法如出一辙。吕柟同样主张"治经求之于心而放之于行"④，清代的王吉相更是直接将其四书经解命名为《四书心解》，将其标宗张载"心解"之意直白地凸显出来。要之，张载所开创的"心解"之法恰恰是对其所主导的"义理经学"的呼应，前创后因，在门人后学的推波助澜之下，成为关学《中庸》学治经的标志性符号，显示出地域学术的连续性与学术旨趣的"家族相似性"。故而清初学者徐嘉炎就指出："西北崇朴学，东南尚华靡。朴学必朴心，华靡徒为耳。此固地气然，人情亦复尔。"⑤

第二节　关学《中庸》学的学术贡献

钱穆说："大凡一家学术的地位和价值，全恃其在当时学术界上，能不能提出几许有力量的问题，或者予以解答。"⑥发掘和厘定关学《中庸》学的价值，绝对不能"就张载论张载，就关学论关学"⑦，而是要以关学为基点，逐层向外拓展，故而须从以下四个交错并行、渐次递进的视角展开审视和定位。

---

① 朱子说："程先生《经解》，理在解语内。某集注《论语》，只是发明其辞，使人玩味《经》文，理皆在《经》文内。"[（宋）黎靖德编：《朱子语类》，王星贤点校，中华书局，1986年，第438页。]

② 张茂泽：《"心解"：张载的诠释学思想》，葛荣晋、赵馥洁、赵吉惠主编：《张载关学与实学》，西安，西安地图出版社，2000年，第202～209页。

③ （明）王恕：《王恕集》，张建辉、黄芸珠点校整理，西安，西北大学出版社，2015年，第12页。

④ 吕柟：《吕柟集·泾野先生文集》，米文科点校整理，西安，西北大学出版社，2015年，第54页。

⑤ （清）徐嘉炎：《抱经斋诗集》卷四，《四库全书存目丛书》编纂委员会编：《四库全书存目丛书·集部二五〇》，济南，齐鲁书社，1997年，第368页。

⑥ 钱穆：《阳明学述要》，北京，九州出版社，2010年，第1页。

⑦ 陈来：《"关学"的精神》，《陕西师范大学学报（哲学社会科学版）》2016年第3期。

一、深化对关学建构的文本依据与学术渊源的理解

中国哲学与中国经学是一体两面的，一旦经典文本发生变迁和地位发生转移，必孕育着新的学术形态。一直以来，学界对张载之学是定位为四书学还是易学存在着严重的分歧，而之所以众说纷纭是因为这一问题关乎关学建构的文本依据和学术渊源。就学界目前已有的观点来讲，主要有：以龚杰等为代表的学者认为张载是最早将四书并列的学者，他的学术应该是四书学而非易学，他是用四书学来融会易学；① 以王利民等为代表的学者主张张载之学是易学，认为"张载的思想体系实以《易传》的范畴与命题为逻辑起点和理论基础，其学说的主题和范畴的主要环节大都渊源于易学"②。在这两种观点之外，还有一种观点是以朱汉民、廉天娇等为代表的学者超越上述非此即彼的表述方式，主张张载之学会通易学和四书学。③ 无论张载之学属于上述哪一种，都表明了易学和四书学在关学建构当中的重要性。而通过对关学《中庸》学的梳理和研究可以看出，《中庸》所涵具的天道、心性和自明诚等思想，皆为关学的建构提供直接的文本依据和思想资源，故而相比于《周易》，它对关学道体、性体的建构起到的作用更为关键和直接。故而清儒贺瑞麟直以"道法《中庸》"④来说明《中庸》在关学体系中的地位和作用。

二、以个案的形式佐证关学有史

关学是否有一个连绵不绝、传承千年的历史亦为学界所关注和争论。侯外庐先生主张"北宋亡后，关学就渐归衰熄"⑤，龚杰先生则更为激进，主张关学"上无师承，下无继传"⑥，关学在张载以后即中绝不续。张岂之先生主张"关学是由张载创立并于宋元明清时期，一直在关中地区传衍的地域性理学学派"⑦，陈俊民先生则认为"关学是宋明理学思潮中由张

① 龚杰：《张载的"四书学"》，《西北大学学报（哲学社会科学版）》1994 年第 3 期。

② 王利民：《论张载之学是易学——与龚杰先生商榷》，《周易研究》2000 年第 1 期。

③ 朱汉民：《张载的义理经学及其关学学统》，《北京大学学报（哲学社会科学版）》2020 年第 3 期；廉天娇：《论张载对易学和四书学的互摄融通——以道、善、性为中心》，《郑州大学学报（哲学社会科学版）》2020 年第 4 期。

④ （清）贺瑞麟：《贺瑞麟集》，王长坤、刘峰点校整理，西安，西北大学出版社，2015 年，第 389 页。

⑤ 侯外庐主编：《中国思想通史》第四卷（上），北京，人民出版社，1959 年，第 545 页。

⑥ 龚杰：《张载评传》，南京，南京大学出版社，1996 年，第 206 页。

⑦ 张岂之：《总序》，刘学智：《关学思想史》，西安，西北大学出版社，2015 年，第 1 页。

载创立的一个重要独立学派，是宋元明清时代今陕西关中的理学"①，刘学智先生则主张"关学史的发展同整个宋明理学发生、发展和衰落的历史具有同步性……关学史事实上已经延伸到清末民国"②，而林乐昌先生主张"关学只经历了宋、明、清三个时期，其六百年的历史既有断绝也有接续"③。上述争议的核心在于关学的学术断代问题。通过本书的细化研究，可以看出，关学确实存在着一个连续的学术史，不同的是每一时期的发展情形和盛衰不尽相同。更为重要的是，学术的发展并不与朝代的更替即时同步，往往因为思想的惯性而继续存在下去。本书也进一步佐证了关学是有一个连续不绝的传衍史的，这就很大程度上解决了关学的"合法性"问题，打开关学研究的新视界。更为重要的是，通过发掘关学最后一位大儒牛兆濂的《中庸》学思想，可以看出，他的思想仍然蕴含着极为精微的理学内涵，这就佐证了关学的下限应该在民国牛兆濂这里。

三、充实和拓展关学乃至宋明理学的研究

经学虽然不是关学的全部内容，但绝对是其核心架构。以往学术史的研究中只有《周易》有较为系统的研究，④ 包含《中庸》学在内的其他诸经则只有零星的涉及，即使断代的经学研究目前亦少有观照，更遑论系统而整体的关学单经学史研究了。这种研究现状很大程度上限制了我们对关学的理解和把握，本书以关学的重要切面——《中庸》学为研究对象，无疑可以充实关学研究，拓展关学研究的视域和维度，从《中庸》学的角度重探关学的内涵和结构，将关学的传衍方向在尽可能多的维度上撑开。当然，关学作为宋明理学的重要组成部分，尤其是作为宋明理学的共同缔造学派之一，其所具备的"启风气、开规模、定纲维"的作用不容忽视和抹杀，这可从我们常常以"濂洛关闽"来描述宋明理学的传衍和发展得到直接的说明。正是考虑到张载关学的这种开端和奠基性作用，本书的研究在充实和拓展关学的同时，将其学术意义延展和渗透至整个宋明理学，进一步细化和扩充整个宋明理学的研究。换言之，关学与宋明理学类似于个别与一般的关系，在个别得到挖掘和发展的同时，一般层面自

---

① 陈俊民：《张载哲学思想及关学学派》，北京，人民出版社，1986年，第24页。
② 刘学智：《自序》，刘学智：《关学思想史（增订本）》，西安，西北大学出版社，2020年，第7页。
③ 林乐昌主编：《关学源流》，西安，陕西师范大学出版社，2020年，第14页。
④ 邢春华在《关中易学源流考》（《周易研究》2013年第4期）中简要梳理了易学的传衍。其博士学位论文《明中期关中四家易学研究》则主要局限在明代中期，而其主持的国家社科基金项目"关中易学思想史研究"已经于2019年结项，尚未出版，无法睹其全貌。

然能够得到深化和推进。对此，陈来先生卓有见地地指出："道学的宇宙论、心性论、功夫论、境界论都有取于张载的学说，而且不是一般的吸取，是作为重要的核心命题来吸取的，这些证明张载思想对道学具有的发端和奠基的意义。"①洵为确论。

四、丰富和推进《中庸》学史的研究

《中庸》学史与关学《中庸》学史的关系是普遍与特殊、全国与地域的关系。当前学界的研究实际上是两线并进的，既有整体研究《中庸》学的，如解颉理的《〈中庸〉诠释史研究》②，杨少涵的《中庸哲学研究》③等；亦有断代的研究，如王晓薇的《宋代〈中庸〉学研究》④，孙建伟的《清代〈中庸〉学研究》⑤，郑熊的《宋儒对〈中庸〉的研究》⑥，高华夏的《理学视阈下的北宋〈中庸〉学研究》⑦等。关学《中庸》学是《中庸》学史的重要构成部分，是《中庸》学史的丰富性展示，对于在广度和深度上推进《中庸》学史研究具有重要的学术价值和意义，不仅有助于进一步完善《中庸》学史现有的研究格局，亦有补于《中庸》学史普遍品格的提炼和凝聚。

第三节　关学《中庸》学的学术不足

关学《中庸》学在表现出其优势的同时，亦不可避免地存在些许理论短板，主要有以下几点。

一、体裁单调，影响拓展

经学体裁的选择自然会影响学术旨趣的走向以及学术的发展规模。就以往的经学体裁来说，四库馆臣曾将四书学(包含《中庸》学)的诠释体裁划分为考据型和义理型两大类，⑧许家星教授在此基础上又加入科举型和考据、义理并重的综合派两类。⑨就关学《中庸》学的诠释体裁来讲，

---

① 陈来：《"关学"的精神》，《陕西师范大学学报(哲学社会科学版)》2016年第3期。
② 解颉理：《〈中庸〉诠释史研究》，山东大学博士学位论文，2010年。
③ 杨少涵：《中庸哲学研究》，新北：花木兰文化出版社，2013年。
④ 王晓薇：《宋代〈中庸〉学研究》，河北大学博士学位论文，2005年。
⑤ 孙建伟：《清代〈中庸〉学研究》，华中师范大学博士学位论文，2015年。
⑥ 郑熊：《宋儒对〈中庸〉的研究》，西北大学博士学位论文，2007年。
⑦ 高华夏：《理学视阈下的北宋〈中庸〉学研究》，陕西师范大学博士学位论文，2017年。
⑧ (清)纪昀总纂：《四库全书总目提要》第1册，石家庄，河北人民出版社，2000年，第945页。
⑨ 许家星：《朱子〈四书〉学研究之回顾与前瞻》，《中华文化论坛》2013年第2期。

受其治经诉求的影响，义理型占据绝对的主导地位。由前述可知，关学《中庸》学不重考据训诂，故无考据性的著作以及综合义理与考据的著作；不重科举，没有"囿于性理，汩于制义"①，故仅有一本为制艺时文而作的《中庸》学著作。这样一种经学面向虽凸显了关学《中庸》学义理见长的特质，但也在一定程度上限制了关学《中庸》学的多元化发展，并不利于关学《中庸》学乃至关学在广度和深度上的拓展。

二、不拘经文，恣意解经

朱子四书学以"刻意经学、推见实理"②为诉求，注重文本在义理阐发中的根基性和源泉性作用，要求义理阐释不能脱离经文，成为绾和经学和理学的典范。而由张载开创的关学《中庸》学，则以"心解"之法阐释经文，经文只是义理的陪衬，张载说："不必字字相较"③，"若只泥文而不求大体则失之"④。没有朱子"每下一字，直是称等轻重，方敢写出"⑤的慎重和敬畏，故而不拘经文，自抒胸臆成为关学《中庸》学的治经旨趣。这种追求在矫正汉唐经学偏于考据训诂，疏于义理阐发的弊端方面不无成效，但同时在关学后学那里则走向另一个极端，那就是脱离经文的束缚，恣意解经。这里，可以用朱子批评程颐注经的话来作一参照性的解释，朱子说："伊川解经，是据他一时所见道理恁地说，未必便是圣经本旨。"⑥亦可从黄震、黄百家的直接评述中得以见证。南宋学者黄震说："横渠所说经，间与近世诸儒未合，似有思之太远者。"⑦清儒黄百家亦说："其凭心臆度处，亦颇有后学所难安者。"⑧

三、形上理论特色不足

劳思光先生说，《中庸》"混有形上学、宇宙论及心性问题种种成

---

① （清）江藩：《国朝汉学师承记》卷八，江藩、方东树：《汉学师承记（外二种）》，上海，中西书局，2012年，第147页。
② （宋）黎靖德编：《朱子语类》，王星贤点校，北京，中华书局，1986年，第2617页。
③ （宋）张载：《张子全书》，林乐昌编校，西安，西北大学出版社，2015年，第84页。
④ （宋）张载：《张子全书》，林乐昌编校，西安，西北大学出版社，2015年，第84页。
⑤ （宋）黎靖德编：《朱子语类》，王星贤点校，北京，中华书局，1986年，第2626页。
⑥ （宋）黎靖德编：《朱子语类》，王星贤点校，北京，中华书局，1986年，第2625页。
⑦ （清）黄宗羲、全祖望：《宋元学案》，陈金生、梁运华点校，北京，中华书局，1986年，第704页。
⑧ （清）黄宗羲、全祖望：《宋元学案》，陈金生、梁运华点校，北京，中华书局，1986年，第665页。

分"①。《中庸》一书对关学最突出的贡献在于为其提供形上理论建构的资源。这一点我们可从张载那里得到明确的印证。张载借助《中庸》，既注重形上实体的建构，亦关注形下世界的探讨，尤其用心于两者的统合。而后的关学门人、后学则逐渐偏离于这一学术轨道，着重发展了形下世界的心性工夫体系，而对于形上实体部分，或接受张载、朱子之成说，或搁置不论，少有创获。以明代中期的吕柟为例，虽然他在当时与王阳明平分秋色，"东南学者，尽出其门"②，"德业在胜国三百年推第一"③，但其后来的学术影响则远远逊色于王阳明，其中虽有诸多因素，但吕柟本人学术过于强调下学、注重践履，而无足以对阳明心学构成挑战的学术体系和特色，这无疑是最主要的原因。位列"清初三大儒"之一的李二曲，其学同样因为强调"悔过自新"，强调躬行，④ 凸显个体的清修与体证，形上思辨与建构皆难与同时代的王夫之、顾炎武等相提并论，故在20世纪以来的学术史论述中，其和孙奇逢的"清初三大儒"地位被顾炎武、王夫之所取代。对此，曹冷泉先生曾有明确的论述："关学学者率视性理学为实践之伦理。多偏人生问题之讨论，于本体论殊少论及。"⑤更进一步，这种特质也造就了关学《中庸》学经解著作湮没无闻、少有问津的局面。我们可从《四库全书》中几乎不收录关学一系的四书学、《中庸》学著作的现象中得以窥斑见豹。

四、直接延承的是关学宗风而非思想

从关学门人、后学的《中庸》学可以看出，他们对张载的主要继承是"心解"释经之法以及下学而上达的工夫进路。而在继承、发挥关学宗师张载的标志性思想上表现得并不突出，反倒是关中之外的学者如"希横渠之正学"的王船山等，系统推阐张载思想。而关中学者重视张载，更多的是将其"作为一个地方性的思想文化的领袖"⑥，其极具特色的思想并未引起关中学者的过多留意，他们代代延续和发挥的是张载的义理经学、

---

① 劳思光：《新编中国哲学史》第二卷，桂林，广西师范大学出版社，2005年，第56页。
② （明）黄宗羲：《明儒学案（修订本）》，沈芝盈点校，北京，中华书局，2008年，第138页。
③ （明）樊景颜：《重刻记事》，（明）吕柟：《吕柟集·泾野子内篇》，赵瑞民点校整理，西安，西北大学出版社，2015年，第248页。
④ 范鄗鼎说："窃窥先生之学，全在躬行。"（（清）范鄗鼎：《二曲集》序，（清）李颙：《李颙集》，张波编校，西安，西北大学出版社，2015年，第7页。）
⑤ 曹冷泉：《关学概论》，《西北文化月刊》1941年第3期。
⑥ 〔新加坡〕王昌伟：《〈关学编〉与明清陕西士大夫的集体记忆》，〔马来西亚〕何国忠主编：《文化记忆与华人社会》，吉隆坡，马来亚大学中国研究所，2008年，第177页。

心解《中庸》、敦本尚实、躬身践履、勇于造道等关学宗风。对此，吕妙芬曾敏锐地指出："若以直接进入张载思想和话语的讨论而言，这些关中后学的表现其实并不出色，他们更多是在'程朱对陆王'的框架内思索学问。"①吕妙芬所言可谓确论。但也必须警惕另一种看法，那就是以此来否定他们的关学学统，一方面绝对不能说"偏离了气学就是离开了张载的关学"②，另一方面也要看到，张载本人提出的诸多命题实际上被后来的朱子等学者消化和吸收，关学后人虽然较少直接探讨张载的思想，但在根本旨趣上依然与张载保持一致，他们依然具有"家族相似性"，这就是贺瑞麟所言的"横渠与程朱无二道"③。而具体到思想倾向上的差异，"也许是他们所面对的历史条件和要解决的历史任务不同所致"④。

第四节　关学《中庸》学的当代启示

传统关学《中庸》学虽然在民国已经终结，但它绝不是列文森所言的没有围墙的博物馆的陈列品，⑤而是一种活的历史存在，依然具有超越时空的现实价值，仍然能够给予我们从世俗到精神等方面的诸多启示。

首先，关学《中庸》学的释经模式为我们当下的经典诠释指明了可行的路径。冯友兰先生曾说："人之一切意见，仍须于经学中表出之"⑥。这就将经学在传统社会中的地位凸显出来，即经学是儒学乃至传统文化的根本和基础。而随着清朝的覆灭，寄生其上的"王朝经学"⑦亦宣告终结，但"终结"并不意味着消亡，作为学术或者是生活而非制度的经学形态依然存在，仍然是我们推阐义理，引导生活的重要媒介。如此，我们面临的另一问题就是如何对历史上的这些经典进行创新性的发展与创造性的转化，以使其能够因应时代的关切，重新唤起经典的生命和魅力，只有这样，经学才不至于沦为"博物馆的陈列品"，才能有效地进入现代

---

① 吕妙芬：《明清之际的关学与张载思想的复兴——地域与跨地域因素的省思》，刘笑敢主编：《中国哲学与文化》第七辑，桂林，广西师范大学出版社，2010年，第55～56页。

② 刘学智：《关学思想史（增订本）》，西安，西北大学出版社，2020年，第423页。

③ （清）贺瑞麟：《贺瑞麟集》，王长坤、刘峰点校整理，西安，西北大学出版社，2015年，第735页。

④ 刘学智：《关学思想史（增订本）》，西安，西北大学出版社，2020年，第424页。

⑤ 〔美〕约瑟夫·列文森：《儒教中国及其现代命运》，郑大华、任菁译，北京，中国社会科学出版社，2000年，第337～343页。

⑥ 冯友兰：《中国哲学史》（下），上海，华东师范大学出版社，2000年，第324页。

⑦ 李若晖：《"制度经学"的终结——从皮锡瑞〈经学历史〉说起》，《光明日报》2021年12月11日。

人的生活当中。关学历代学者对《中庸》诠释遵循和延续了徐复观所言的"追验"之法，① 一方面并不将经典诠释作单纯的形上之思，另一方面也不对其进行书斋式的解读，而是在融入个人生命体验的基础上，去抉发经典的经世致用之意蕴，这种"追验—经世"的释经之法，既是"儒学是生命的学问"这一主张的精致体现，亦是"经学作为一种生活方式"的直接展示。如"清初三大儒之一"的李二曲，他诠释《中庸》特别强调反身体验，落实到自己的人伦日用当中，重建经典与生活的关联，并将其作为书名《四书反身录》来标示自己的学术取向，无疑为我们当下进行中华优秀传统文化的"两创"（创造性转化、创新性发展）树立了很好的典范。

其次，关学《中庸》学的"不立门户，汇通诸派"为当下治学立言提供赖以遵循的原则。章学诚说："学者不可无宗主，而必不可有门户。"②钱穆亦说："门户之见之无当于治学。"③关学之所以能成为地方学派全国化的典范，是因为它"不仅是对以往关中学术的传承，也是对全国学术思想的吸收、回应和发展，积极参与了各个时代主流思想的建构"④。关学跳出门户，积极吸收其他学派精华而使其能够不断因应时代发展的风格，给我们当下治学贡献有益的智慧和门径。也就是说，从事研究，发展学术，绝不能画地为牢，排斥异己，自我限制，否则必然会因自我封闭，不能回应时代问题而被时代所抛弃。学术史上诸多昙花一现的学术流派无疑是这一情形的最好注脚。黄宗羲亦说："学问之道，以各人自用得著者为真，凡倚门傍户、依样葫芦者，非流俗之士，则经生之业也。"⑤黄宗羲意在说明门户之见对学术发展的消极影响。

最后，关学《中庸》学诠释所透显出的重礼精神亦有补于世道。张载关学有两大标志性符号——气和礼。《宋元学案》称张载思想是"以礼为体"⑥，门人后学渐次将其转化和奠定为关学的内在义涵，这就有了"关中学者，用礼渐成俗"⑦的美誉。历代学者在诠释《中庸》时亦着意凸显了这一点，这一方面当然是对关学主旨的延承，另一方面也通过经典诠释

---

① 徐复观说："读者由人生社会的经验上的反省自觉，以'追验'到立言者当时的体验。"（徐复观：《论文化》（二），北京，九州出版社，2014年，第662页。）

② 章学诚：《文史通义》，上海，上海古籍出版社，2015年，第177页。

③ 钱穆：《两汉经学今古文平议》，北京，九州出版社，2011年，自序第3页。

④ 陈来：《"关学"的精神》，《陕西师范大学学报（哲学社会科学版）》2016年第3期。

⑤ （清）黄宗羲：《明儒学案（修订本）》，沈芝盈点校，北京，中华书局，2008年，第15页。

⑥ （清）黄宗羲、全祖望：《宋元学案》，陈金生、梁运华点校，北京，中华书局，1986年，第663页。

⑦ （宋）程颢、程颐：《二程集》，王孝鱼点校，北京，中华书局，1981年，第114页。

来表达对经世的关怀，并将其落实到人伦日用当中，而不是口耳之谈。如关学集大成者吕柟"一准之以礼。重躬行，不事口耳"①，据载：

> 予在江南时，有一举人师阳明者，过予讲学，因饭。彼说："五经是糟粕，不消看，只去致吾良知便了。"是时予饭未了，而彼已释筯，予说："且不要远比，只《礼记》里说：'主人未辩，客不虚口。'"②

这段引文是说，吕柟与阳明弟子吃饭，作为主人的吕柟还没吃完饭，而阳明弟子即放下筷子，吕柟随即援引《礼记·曲礼》中的"主人未辩，客不虚口"（主人还未吃完饭，客人不能漱口表示不吃）给予点化。由此可见关学学者绝非只是口耳之辈，而是思想的行动者。关学学人的这一诠释导向，不断地塑造着关中人士的人格气象和特殊品格，并进一步突破地域，发挥维系世道，助推治国理政的功能。总之，关学《中庸》学所展示的独特品质依然能够穿越时空的黑暗，烛照当下，为我们治学立论，教化黎民，安邦治国贡献特有的"关学方案""关学智慧"。

　　由上分析可见，源于关学"源流初终，条贯秩然"③的学术性质，作为其重要侧面的《中庸》学在演进历程上与关学同步同调，皆经历了北宋开创、金元低迷、明代中兴、清代鼎盛和民国终结的阶段性变化；在学术属性上，亦保持了关学以"义理"见长的学派特色，成为地域学派《中庸》学的典范。可以这么说，关学《中庸》学与关学是局部与整体的关系，既涵具关学的一般性品格，也独具自己的特色，即为关学的道体、性体的建构提供直接的文献依据，这是关学对其他经书的研究所不具备的，故关学《中庸》学能够以"道法《中庸》"的形式来直接规范关学的学术主旨和取向。要之，本书的研究是对关学单经学史研究的一个尝试和丰富，希望有助于加深对关学生成与建构的理解和把握。

---

① （明）冯从吾：《关学编（附续编）》，陈俊民、徐海兴点校，北京，中华书局，1987年，第46页。
② （明）吕柟：《吕柟集·泾野子内篇》，赵瑞民点校整理，西安，西北大学出版社，2015年，第158页。
③ （清）王心敬：《关学续编》序，（明）冯从吾：《关学编（附续编）》，陈俊民、徐海兴点校，北京，中华书局，1987年，第65页。

参考文献

一、古籍类

[1]《荀子》，杨倞注，耿芸标校，上海，上海古籍出版社，2014 年。

[2]（汉）赵岐、（宋）孙奭：《孟子注疏》，上海，上海古籍出版社，1990 年。

[3]（汉）司马迁：《史记》，北京，中华书局，1982 年。

[4]（五代）刘昫等：《旧唐书》，陈焕良、文华点校，长沙，岳麓书社，1997 年。

[5]（宋）晁公武：《郡斋读书志校证》，孙猛校证，上海，上海古籍出版社，1990 年。

[6]（宋）陈淳：《北溪先生大全》，北京，线装书局，2004 年。

[7]（宋）陈淳：《北溪字义》，熊国祯、高流水点校，北京，中华书局，1983 年。

[8]（宋）陈亮：《陈亮集》，邓广铭点校，北京，中华书局，1987 年。

[9]（宋）程颢、程颐：《二程集》，王孝鱼点校，北京，中华书局，1981 年。

[10]（宋）欧阳修：《欧阳修全集》，李逸安点校，北京，中华书局，2001 年。

[11]（宋）黎靖德编：《朱子语类》，北京，中华书局，1986 年。

[12]（宋）吕大临等：《蓝田吕氏集》，曹树明点校整理，西安，西北大学出版社，2015 年。

[13]（宋）司马光：《司马文正公集》，南京，江苏古籍出版社，1996 年。

[14]（宋）王应麟：《困学纪闻》，栾保群、田松青校点，上海，上海古籍出版社，2015 年。

[15]（宋）张载：《张子全书》，林乐昌编校，西安，西北大学出版社，2015 年。

[16]（宋）朱熹：《四书章句集注》，北京，中华书局，1983 年。

[17]（宋）朱熹：《朱子全书》，朱杰人等编，上海，上海古籍出版社；合肥，安徽教育出版社，2002 年。

[18]（宋）王柏：《鲁斋集》，北京，中华书局，1985 年。

[19]《中庸古本（及其他三种）》，北京，中华书局，1991 年。

[20]（元）郝经：《郝文忠公陵川文集》，太原，山西古籍出版社，2006 年。

[21]（金）王寂：《拙轩集》，北京，中华书局，1985 年。

[22]（元）脱脱等：《宋史》，北京，中华书局，1985 年。

[23]（元）欧阳玄：《欧阳玄集》，陈书良、刘娟校点，长沙，岳麓书社，2010 年。

[24]（元）萧㪺、同恕、杨奂：《元代关学三家集》，孙学功点校整理，西安，西北大学出版社，2015 年。

[25]（元）虞集：《道园学古录》，上海，商务印书馆，1937 年。

[26]（元）苏天爵：《滋溪文稿》，陈高华、孟繁清点校，北京，中华书局，1997 年。

［27］（明）冯从吾：《冯从吾集》，刘学智、孙学功点校整理，西安，西北大学出版社，
　　　2015年。

［28］（明）冯从吾：《关学编（附续编）》，陈俊民、陈兴海点校，北京，中华书局，1987年。

［29］（明）冯从吾：《元儒考略》，顺德龙氏知服斋刊本，1896年。

［30］（清）高廷珍等：《东林书院志》，台北，广文书局，1968年。

［31］（明）刘宗周：《刘宗周全集》，吴光主编，杭州，浙江古籍出版社，2012年。

［32］（明）吕柟：《吕柟集·泾野经学文集》，刘学智点校整理，西安，西北大学出版
　　　社，2015年。

［33］（明）吕柟：《吕柟集·泾野先生文集》，米文科点校整理，西安，西北大学出版
　　　社，2015年。

［34］（明）吕柟：《吕柟集·泾野子内篇》，赵瑞民点校整理，西安，西北大学出版社，
　　　2015年。

［35］（明）杨爵：《杨爵集》，陈战峰点校整理，西安，西北大学出版社，2015年。

［36］（明）顾炎武：《日知录集释（全校本）》，（清）黄汝成集释，栾保群、吕宗力校点，
　　　上海，上海古籍出版社，2013年。

［37］（明）寇慎：《四书酌言》，《四库全书存目丛书》编纂委员会编：《四库全书存目丛
　　　书·经部一六四》，济南，齐鲁书社，1997年。

［38］（明）王阳明：《传习录注疏》，邓艾民注，上海，上海古籍出版社，2012年。

［39］（明）王守仁：《王阳明全集》，吴光、钱明、董平等编校，上海，上海古籍出版
　　　社，2012年。

［40］（明）王阳明：《传习录集评》，梁启超点校，北京，九州出版社，2015年。

［41］（明）王阳明：《传习录全译》，于民雄注，顾文译，贵阳，贵州人民出版社，
　　　1998年。

［42］（明）王恕：《王恕集》，张建辉、黄芸珠点校整理，西安，西北大学出版社，
　　　2015年。

［43］（明）王廷相：《王廷相集》，王孝鱼点校，北京，中华书局，1989年。

［44］（明）王徵：《王徵集》，林乐昌编校，西安，西北大学出版社，2015年。

［45］（明）王畿：《王畿集》，吴震编校整理，南京，凤凰出版社，2007年。

［46］（明）杨慎：《升庵集》，上海，商务印书馆，1937年。

［47］（明）薛敬之、张舜典：《薛敬之张舜典集》，韩星点校整理，西安，西北大学出
　　　版社，2015年。

［48］（明）廖纪：《中庸管窥》，明嘉靖六年刻本，1527年。

［49］（清）白遇道：《白遇道集》，白金刚等点校整理，西安，西北大学出版社，
　　　2017年。

［50］（清）毕沅：《续资治通鉴》，呼和浩特，内蒙古人民出版社，2008年。

［51］（清）孙景烈：《关中书院课艺》，光绪戊子年刻本，1888年。

［52］（清）查继佐：《明书》，《二十五别史》第24册，倪志云、刘天路点校，济南，齐

鲁书社，2000 年。

[53]（清）程嗣章：《明儒讲学考》，《四库全书存目丛书·子部二九》，济南，齐鲁书社，1995 年。

[54]（清）顾炎武：《顾亭林文选》，华忱之校注，成都，四川人民出版社，1998 年。

[55]（清）贺瑞麟：《贺瑞麟集》，王长坤、刘峰点校整理，西安，西北大学出版社，2015 年。

[56]（清）黄宗羲：《黄宗羲全集》，吴光主编，杭州，浙江古籍出版社，2012 年。

[57]（清）黄宗羲、全祖望：《宋元学案》，陈金生、梁运华点校，北京，中华书局，1986 年。

[58]（清）黄宗羲：《明儒学案（修订本）》，沈芝盈点校，北京，中华书局，2008 年。

[59]（清）永瑢、纪昀等：《〈中庸辑略〉提要》，《影印文渊阁四库全书》经部第 198 册，台北，台湾商务印书馆，1986 年。

[60]（清）张金吾编纂：《金文最》，北京，中华书局，1990 年。

[61]（清）焦循：《雕菰集》，《续修四库全书》编纂委员会编：《续修四库全书》第 1489 册，上海，上海古籍出版社，2002 年。

[62]（清）戴震：《戴震全书》（八），合肥，黄山书社，1994 年。

[63]（清）康有为：《康有为集》，郑力民编，广州，广东人民出版社，2018 年。

[64]（清）康有为：《康有为学术著作选》，楼宇烈整理，北京，中华书局，1988 年。

[65]（清）李颙：《李颙集》，张波编校，西安，西北大学出版社，2015 年。

[66]（清）李元春：《李元春集》，王海成点校整理，西安，西北大学出版社，2015 年。

[67]（清）刘宝楠：《论语正义》，北京，中华书局，1990 年。

[68]（清）刘光蕡：《刘光蕡集》，武占江点校整理，西安，西北大学出版社，2015 年。

[69]（清）刘绍攽：《九畹续集》，乾隆刘传经堂藏版。

[70]（清）刘绍攽：《四书凝道录》，光绪甲午泾阳刘文在堂刊，1894 年。

[71]（清）陆陇其：《陆陇其全集》，张天杰主编，北京，中华书局，2021 年。

[72]牛兆濂：《牛兆濂集》，王美凤、高华夏、牛锐点校整理，西安，西北大学出版社，2015 年。

[73]（清）赵翼：《廿二史札记校正》，王树民校正，北京，中华书局，2013 年。

[74]（清）皮锡瑞：《经学历史》，周予同注释，北京，中华书局，2004 年。

[75]（清）潘世恩：《正学编》，《续修四库全书》编纂委员会编：《续修四库全书》子部第 951 册，上海，上海古籍出版社，2002 年。

[76]（清）周骏富：《清代传记丛刊》，台北，明文书局，1985 年。

[77]（清）钱仪吉：《碑传集》，靳斯校点，北京，中华书局，1993 年。

[78]（清）全祖望：《全祖望集汇校集注》，朱铸禹汇校集注，上海，上海古籍出版社，2000 年。

[79] （清）史调：《史复斋文集》，《四库全书存目丛书》编纂委员会编：《四库全书存目丛书·集部二八一》，济南，齐鲁书社，1997 年。

[80] （清）孙景烈：《四书讲义》，滋树堂藏版，乾隆己丑年刻本，1769 年。

[81] （清）孙景烈：《关中书院课解》，滋树堂藏版，乾隆己丑年刻本，1761 年。

[82] （清）孙景烈：《四书讲义补》，滋树堂藏版，乾隆戊戌年刻本，1778 年。

[83] （清）孙景烈：《滋树堂文集》，滋树堂藏版，乾隆戊戌年刻本，1778 年。

[84] （清）唐鉴：《唐鉴集》，李健美校点，长沙，岳麓书社，2010 年。

[85] （清）崔述：《洙泗考信余录》，上海，商务印书馆，1937 年。

[86] （清）汪中：《新编汪中集》，田汉云点校，扬州，广陵书社，2005 年。

[87] （清）王夫之：《张子正蒙注》，北京，中华书局，1975 年。

[88] （清）王吉相：《四书心解》，王丕忠整理，西安，三秦出版社，2015 年。

[89] （清）王建常：《王建常集》，李明点校整理，西安，西北大学出版社，2014 年。

[90] （清）王心敬：《丰川续集》，《四库全书存目丛书》编纂委员会编：《四库全书存目丛书·集部二七九》，济南，齐鲁书社，1997 年。

[91] （清）王心敬：《王心敬集》，刘宗镐、苏鹏点校整理，西安，西北大学出版社，2015 年。

[92] （清）王梓材、冯云濠：《宋元学案补遗》，沈芝盈、梁运华点校，北京，中华书局，2012 年。

[93] （清）王鸣盛：《蛾术编》，北京，商务印书馆，1958 年。

[94] （清）王巡泰：《四书札记》，来鹿堂藏版，道光乙未年刻本，1835 年。

[95] （清）吴怀清：《关中三李年谱》，西安，陕西师范大学出版社，1992 年。

[96] （清）杨树椿：《损斋全书》，清光绪九年柏经正堂刻本，1883 年。

[97] 《清史列传》，王钟翰点校，北京，中华书局，1987 年。

[98] （清）纪昀总纂：《四库全书总目提要》，石家庄，河北人民出版社，2000 年。

[99] 四库全书出版工作委员会编：《文津阁四库全书提要汇编》，北京，商务印书馆，2006 年。

[100] （清）张秉直：《开知录》，清光绪元年三原刘传经堂刻本，1875 年。

[101] （清）张秉直：《论语绪言》，刘传经堂藏书，同治十二年刻本，1873 年。

[102] （清）张秉直：《萝谷文集》，道光二十三年贫劳堂刻本，1843 年。

[103] （清）张秉直：《四书集疏附证》，同治十二年刻本，1873 年。

[104] （清）张廷玉等：《明史》，北京，中华书局，1974 年。

[105] （清）熊赐履：《学统》，徐公喜、郭翠丽点校，南京，凤凰出版社，2011 年。

[106] （清）朱彝尊、翁方纲、罗振玉：《经义考·补正·校记》，北京，中国书店，2009 年。

[107] 孙迺琨：《灵泉文集》，济南，善成合记印务局，1940 年。

[108] 孙迺琨：《中庸全篇讲义》，临汾，山西汾城任纯斋刊印，1929 年。

[109] 《清代诗文集汇编》编纂委员会：《清代诗文集汇编》，上海，上海古籍出版社，

2010 年。

［110］王美凤整理编校：《关学史文献辑校》，西安，西北大学出版社，2015 年。

［111］徐世昌等编纂：《清儒学案》，沈芝盈、梁运华点校，北京，中华书局，2008 年。

［112］张舜徽：《清人文集别录》，武汉，华中师范大学出版社，2004 年。

［113］赵尔巽等：《清史稿》，北京，中华书局，1976 年。

［114］周骏富编：《清代传记丛刊》，台北，明文书局，1985 年。

二、专著类

［1］〔美〕艾尔曼：《从理学到朴学——中华帝国晚期思想与社会变化面面观》，赵刚译，南京，江苏人民出版社，2012 年。

［2］〔日〕冈田武彦：《王阳明与明末儒学》，吴光、钱明、屠承先译，上海，上海古籍出版社，2000 年。

［3］〔日〕佐野公治：《四书学史的研究》，张文朝、庄兵译，台北，万卷楼图书出版股份有限公司，2014 年。

［4］〔新加坡〕王昌伟：《中国历史上的关中士人（907—1911）》，刘晨译，杭州，浙江大学出版社，2017 年。

［5］〔马来西亚〕何国忠编：《文化记忆与华人社会》，吉隆坡，马来亚大学中国研究所，2008 年。

［6］〔美〕安乐哲、郝大维：《切中伦常——〈中庸〉的新诠与新译》，彭国翔译，北京，中国社会科学出版社，2011 年。

［7］陈壁生：《经学的瓦解》，上海，华东师范大学出版社，2014 年。

［8］陈俊民：《张载哲学思想及关学学派》，北京，人民出版社，1986 年。

［9］陈来：《仁学本体论》，北京，生活·读书·新知三联书店，2014 年。

［10］陈来：《宋明理学》，上海，华东师范大学出版社，2004 年。

［11］陈来：《有无之境——王阳明的哲学精神》，北京，人民出版社，1991 年。

［12］陈来：《朱子哲学研究》，上海，华东师范大学出版社，2000 年。

［13］陈来主编：《早期道学话语的形成与演变》，合肥，安徽教育出版社，2007 年。

［14］陈立胜：《入圣之机——王阳明致良知工夫论研究》，北京，生活·读书·新知三联书店，2019 年。

［15］陈荣捷：《王阳明〈传习录〉详注集评》，重庆，重庆出版社，2017 年。

［16］陈赟：《中庸的思想》，杭州：浙江大学出版社，2017 年。

［17］〔美〕杜维明：《〈中庸〉洞见》，段德智译，北京，人民出版社，2008 年。

［18］〔美〕杜维明：《论儒学的宗教性——对〈中庸〉的现代诠释》，武汉，武汉大学出版社，1999 年。

［19］方豪：《李之藻研究》，台北，台湾商务印书馆，1966 年。

［20］方光华等：《关学及其著述》，西安，西安出版社，2003 年。

［21］复旦大学哲学系中国哲学教研室编：《中国古代哲学史》，上海，上海古籍出版

社，2011 年。

[22] 冯友兰：《中国哲学史》，上海，华东师范大学出版社，2000 年。

[23] 郭沂：《郭店竹简与先秦学术思想》，上海，上海教育出版社，2001 年。

[24] 龚杰：《张载评传》，南京，南京大学出版社，1996 年。

[25] 何睿洁：《冯从吾评传》，西安，西北大学出版社，2015 年。

[26] 黄忠天：《中庸释疑》，台北，万卷楼图书股份有限公司，2015 年。

[27] 侯外庐：《中国思想通史》，北京，人民出版社，1959 年。

[28] 黄开国主撰：《清代今文经学新论》，北京，人民出版社，2017 年。

[29] 姜广辉：《中国经学思想史》，北京，中国社会科学出版社，2010 年。

[30] 乐爱国：《朱熹〈中庸〉学阐释》，北京，北京师范大学出版社，2016 年。

[31] 李景林：《教化的哲学——儒家思想的一种新诠释》，哈尔滨，黑龙江人民出版
社，2006 年。

[32] 李祥俊：《道通于一——北宋哲学思潮研究》，北京，北京师范大学出版社，
2006 年。

[33] 李昌年：《〈中庸〉与周张二程思想之关系》，新北，花木兰文化出版社，
2011 年。

[34] 梁涛：《郭店竹简与思孟学派》，北京，中国人民大学出版社，2008 年。

[35] 梁启超：《梁启超全集》，北京，北京出版社，1999 年。

[36] 梁启超：《清代学术概论》，北京，中华书局，2011 年。

[37] 梁启超：《中国近三百年学术史》，南京，江苏人民出版社，2015 年。

[38] 林乐昌：《关学源流》，西安，陕西师范大学出版社，2020 年。

[39] 刘咸炘：《道教征略》，上海，上海科学技术文献出版社，2010 年。

[40] 刘学智：《关学思想史（增订本）》，西安，西北大学出版社，2020 年。

[41] 〔美〕约瑟夫·列文森：《儒教中国及其现代命运》，郑大华、任菁译，北京，中
国社会科学出版社，2000 年。

[42] 牟宗三：《牟宗三先生全集》，长春，吉林出版集团有限责任公司，2012 年。

[43] 牟宗三：《心体与性体》，上海，上海古籍出版社，1999 年。

[44] 马宗霍：《中国经学史·文字学发凡》，王婧之、蔡梦麒点校，长沙，湖南师范
大学出版社，2018 年。

[45] 钱穆：《钱宾四先生全集》第 21 册，台北，联经出版事业股份有限公司，
1998 年。

[46] 钱穆：《宋代理学三书随劄》，北京，生活·读书·新知三联书店，2002 年。

[47] 钱穆：《阳明学述要》，北京，九州出版社，2010 年。

[48] 钱穆：《中国近三百年学术史》，北京，商务印书馆，1997 年。

[49] 钱穆：《中国学术思想史论丛》，合肥，安徽教育出版社，2004 年。

[50] 钱穆：《朱子新学案》，北京，九州出版社，2011 年。

[51] 钱穆：《宋明理学概述》，北京，九州出版社，2010 年。

[52] 钱穆：《朱子学提纲》，北京，生活·读书·新知三联书店，2002 年。

[53] 钱穆等：《论孟论文集》，台北，黎明文化事业股份有限公司，1981 年。

[54] 钱穆：《两汉经学今古文平议》，北京，九州出版社，2011 年。

[55] 秦晖、苏文：《田园诗与狂想曲——关中模式与前近代社会的再认识》，北京，中央编译出版社，1996 年。

[56] 武之璋：《中庸研究论著集》，台北，文史哲出版社，2011 年。

[57] 王健：《观念与历史的际会——朱熹中庸思想研究》，上海，华东师范大学出版社，2016 年。

[58] 谭宇权：《中庸哲学研究》，台北，文津出版社，2001 年。

[59] 王国维：《王国维遗书》，上海，上海古籍书店，1983 年。

[60] 吴震：《阳明后学研究》，上海，上海人民出版社，2003 年。

[61] 向世陵：《"克己复礼为仁"研究与争鸣》，北京，新星出版社，2018 年。

[62] 文碧方：《关洛之间——以吕大临思想为中心》，北京，中华书局，2011 年。

[63] 熊十力：《熊十力全集》，萧萐父主编，武汉，湖北教育出版社，2001 年。

[64] 徐复观：《学术与政治之间》，上海，华东师范大学出版社，2009 年。

[65] 徐复观：《徐复观全集：青年与教育》，北京，九州出版社，2014 年。

[66] 徐复观：《中国人性论史（先秦篇）》，上海，上海三联书店，2001 年。

[67] 徐复观：《论文化》，北京，九州出版社，2014 年。

[68] 杨峰、张伟：《清代经学学术编年》，南京，凤凰出版社，2015 年。

[69] 杨少涵：《中庸哲学研究》，新北，花木兰文化出版社，2013 年。

[70] 张舜徽：《文献学论著辑要》，西安，陕西人民出版社，1985 年。

[71] 张学智：《明代哲学史》，北京，北京大学出版社，2000 年。

[72] 周天庆：《明代闽南四书学研究——以宗朱学派为中心》，北京，东方出版社，2010 年。

[73] 朱修春：《四书学史研究》，北京，中国文史出版社，2005 年。

[74] 张卉：《朱熹〈中庸〉学研究》，成都，四川大学出版社，2018 年。

[75] 朱汉民、肖永明：《宋代〈四书〉学与理学（修订本）》，北京，中华书局，2021 年。

[76] 许家星：《经学与实理——朱子四书学研究》，北京，中国社会科学出版社，2021 年。

[77] 政协淄博市委员会编：《一代名儒孙迺琨》，北京，中国文史出版社，2019 年。

[78] 章学诚：《文史通义》，上海，上海古籍出版社，2015 年。

三、论文类

[1] 曹冷泉：《关学概论》，《西北文化月刊》1941 年第 3 期。

[2] 柏秀叶、王芙蓉：《清代山东"四书学"特色综论》，《山东理工大学学报（社会科学版）》2018 年第 6 期。

［3］蔡家和：《东南三贤对〈知言·尽心成性章〉的不同解读》，《中共宁波市委党校学报》2020 年第 1 期。

［4］蔡家和：《朱子四书的理学建构》，《集美大学学报(哲学社会科学版)》2017 年第 1 期。

［5］曹树明：《吕大临的〈大学〉诠释——兼论其与张载、二程思想的关联》，《哲学动态》2018 年第 7 期。

［6］陈来：《"关学"的精神》，《陕西师范大学学报(哲学社会科学版)》2016 年第 3 期。

［7］陈来：《朱熹〈中庸章句〉及其儒学思想》，《中国文化研究》2007 年第 2 期。

［8］陈来：《〈中庸〉的地位、影响与历史诠释》，《东岳论丛》2018 年第 11 期。

［9］丁为祥：《〈大学〉今古本辨正》，《陕西师范大学学报(哲学社会科学版)》2011 年第 4 期。

［10］龚杰：《张载的"四书学"》，《西北大学学报(哲学社会科学版)》1994 年第 3 期。

［11］浩小艳：《刘绍攽〈四书凝道录〉之审美研究》，西安建筑科技大学硕士学位论文，2019 年。

［12］乐爱国：《"孝弟"："仁之本"还是"为仁之本"——以朱熹对〈论语〉"孝弟也者，其为仁之本与"的诠释为中心》，《安徽大学学报(哲学社会科学版)》2019 年第 1 期。

［13］李春青：《论"敬"的历史含义及其多向价值》，《辽宁大学学报(哲学社会科学版)》1997 年第 2 期。

［14］李若晖：《"制度经学"的终结——从皮锡瑞〈经学历史〉说起》，《光明日报》2021 年 12 月 11 日。

［15］李敬峰：《吕柟对阳明心学的辩难及其思想史意义》，《中国哲学史》2020 年第 6 期。

［16］李敬峰：《寻求道德秩序的重建——晚明大儒冯从吾的"讲学"情结》，《哲学与文化》2020 年第 4 期。

［17］廉天娇：《论张载对易学和四书学的互摄融通——以道、善、性为中心》，《郑州大学学报(哲学社会科学版)》2020 年第 4 期。

［18］林乐昌：《关学大儒王徵"畏天爱人"之学研究》，《地方文化研究》2013 年第 6 期。

［19］林乐昌：《论"关学"概念的结构特征与方法意义》，《中国哲学史》2013 年第 1 期。

［20］林乐昌：《论〈中庸〉对张载理学建构的特别影响》，《哲学与文化》2018 年第 9 期。

［21］林乐昌：《张载的学术历程及其关学思想》，《地方文化研究》2015 年第 1 期。

［22］林乐昌：《张载佚书〈孟子说〉辑考》，《中国哲学史》2003 年第 4 期。

［23］刘宝才：《清末关中今文经学家刘古愚》，《管子学刊》1997 年第 2 期。

［24］刘学智：《朱熹"中和新说"与关学关系探微》，《哲学研究》2015 年第 12 期。

［25］吕妙芬：《明清之际的关学与张载思想的复兴——地域与跨地域因素的省思》，

刘笑敢主编：《中国哲学与文化》第七辑，桂林，广西师范大学出版社，2010年，第 25～58 页。

[26] 廖晓炜、朱燕玲：《从〈中庸〉诠释看当代儒学的多元展开》，《鹅湖月刊》2013年第 6 期。

[27] 邱忠堂：《张载〈论语〉学研究》，陕西师范大学硕士学位论文，2010 年。

[28] 田智忠、胡东东：《论"故者以利为本"——以孟子心性论为参照》，《福建师范大学学报(哲学社会科学版)》2007 年第 5 期。

[29] 潘斌：《清儒对〈中庸〉的遵从、辨疑及应用》，《哲学与文化》2019 年第 8 期。

[30] 石峰：《孙邌琨研究》，山东大学硕士学位论文，2014 年。

[31] 王恭：《关学宗传(待续)》，《新西北月刊》1943 年第 8 期。

[32] 王昌伟：《李二曲调和朱子与陆王的方法》，《孔子研究》2000 年第 6 期。

[33] 王利民：《论张载之学是易学——与龚杰先生商榷》，《周易研究》2000 年第 1 期。

[34] 王丕忠：《李二曲与王吉相》，《西安晚报》1986 年 6 月 16 日。

[35] 伍振勋：《先秦〈中庸〉文本的形成及解读问题》，《台大中文学报》2016 年第 52 期。

[36] 吴震：《论朱子仁学思想》，《中山大学学报(社会科学版)》2017 年第 1 期。

[37] 吴震：《略论朱熹"敬论"》，《湖南大学学报(社会科学版)》2011 年第 1 期。

[38] 向世陵：《宋代理学的心性小大之辨》，《中国人民大学学报》2012 年第 6 期。

[39] 邢春华：《关中易学源流考》，《周易研究》2013 年第 4 期。

[40] 许家星：《朱子四书学研究之回顾与前瞻》，《中华文化论坛》2013 年第 2 期。

[41] 张茂泽：《心解——张载的诠释学思想》，《"张载关学与实学"国际研讨会论文集》，西安，西安地图出版社，2000 年，第 202～209 页。

[42] 张波：《"关学"与"关学史"正名》，《常熟理工学院学报》2018 年第 3 期。

[43] 杨少涵：《〈中庸〉升格的三个标志》，《中国社会科学报》2017 年 4 月 18 日。

[44] 杨儒宾：《〈大学〉与"全体大用"之学》，《杭州师范大学学报(社会科学版)》2012 年第 5 期。

[45] 杨儒宾：《〈中庸〉〈大学〉变成经典的历程》，《台大历史学报》1999 年第 24 期。

[46] 杨祖汉：《〈中庸〉的作者问题、成书年代及其思想之衡定》，《鹅湖月刊》1986 年第 4 期。

[47] 郑国岱：《晚清民国四书学研究》，广西师范大学博士学位论文，2015 年。

[48] 王晓薇：《北宋〈中庸〉学研究》，河北大学博士学位论文，2005 年。

[49] 王楷：《时中与求中——吕大临中和学说新探》，《朱子学刊》编委会：《朱子学刊》第 23 辑，合肥，黄山书社，2014 年，第 184～198 页。

[50] 朱汉民、洪银香：《宋儒的义理解经与书院讲义》，《中国哲学史》2014 年第 4 期。

[51] 朱汉民：《朱熹〈中庸〉学对中庸之道的拓展》，《哲学与文化》2019 年第 7 期。

［52］朱汉民：《张载的义理经学及其关学学统》，《北京大学学报（哲学社会科学版）》2020 年第 3 期。

［53］许家星：《阳明〈中庸〉首章诠释及其意义》，《复旦学报（社会科学版）》2021 年第 1 期。

［54］解颉理：《〈中庸〉诠释史研究》，山东大学博士学位论文，2010 年。

［55］孙建伟：《清代〈中庸〉学研究》，华中师范大学博士学位论文，2015 年。

［56］〔日〕佐藤将之：《"建构体系"与文献解构之间——近代日本学者〈中庸〉思想研究》，《政大中文学报》2011 年第 16 期。

［57］郑熊：《宋儒对〈中庸〉的研究》，西北大学博士学位论文，2007 年。

［58］高华夏：《理学视阈下的北宋〈中庸〉学研究》，陕西师范大学博士学位论文，2017 年。

［59］张莉：《明代关学三原学派研究》，陕西师范大学博士学位论文，2021 年。

［60］朱人求：《朱子"全体大用"观及其发展演变》，《哲学研究》2015 年第 11 期。

［61］周春健：《〈学〉〈庸〉类目设置与清初学风》，安平秋主编：《中国典籍与文化论丛》第 24 辑，南京，凤凰出版社，2021 年。

后　记

　　呈现在各位前辈、同人面前的这部专著是国家社科基金后期资助项目的结项成果，也是我在出版《关学四书学研究》之后，关于"四书"当中单经的专门之作。这里，我想着重交代一下何以在出版《关学四书学研究》之后，另作《关学〈中庸〉学研究》。个中缘由是我在研究关学四书学的过程中，意识到《大学》《中庸》《论语》和《孟子》这四本书在张载关学建构中的地位和作用是极不平衡的，如张载本人就对《大学》不甚措意，对此，《宋史》就指出张载之学乃是"以《易》为宗，以《中庸》为体"的；钱穆先生同样认为张载思想还是"得力于《易》和《中庸》"；晚清关学大儒贺瑞麟较为具体地说"张子得力于《中庸》"；林乐昌先生更进一步指出，相比于《周易》，《中庸》则"为张载理学纲领的确立提供直接证据"，也是"张载建构理学体系所依据的关键文本"。不难看出，这些不同时期学者的论述当中完全没有《大学》《论语》和《孟子》的影子。相反，对《中庸》的重要性则进行了着重的揭示。而这一揭示更可以借用贺瑞麟对关学旨趣的概括，即"道法《中庸》"来进行表征。有鉴于此，《关学四书学研究》作为一本系统研究关学四书学的著作，其所涉及的《中庸》学是相当零碎的，显然无法对《中庸》学在关学中的地位和价值进行全面而精深的研究和分析，这就直接构成我撰写这本书的动机和缘由，意在从更加专门和细微的角度来揭示《中庸》在关学生成与建构中的肯綮作用，进一步细化和深化关学的研究。以此为诉求，我深究关学《中庸》学史上的历代注本，力求在个案研究的基础上来提炼和总结关学《中庸》学的学术旨趣和价值关怀，努力将《中庸》学在关学建构的过程中的作用凸显出来，从而彰显《中庸》之于关学的特别作用和价值。这一方法虽然谈不上新奇，甚至略显笨拙，但的确是推进这一研究最不坏的方法。

　　本书的撰写历时六年有余。首先要感谢国家社科基金匿名评审专家的翔实意见，点出拙著需要修改和完善的地方；其次要感谢北京师范大学出版社的刘溪博士，拙著从申报国家社科基金后期资助项目，到结项，再到出版，刘溪博士皆给予耐心、详明的指导，使得拙著在各个环节都能够顺利进行。另特别需要感谢的是山东省淄博市淄川博物馆馆员石峰老师，她不畏辛苦，为我拍照、惠赐孙迺琨繁多的文献史料，为拙稿的顺利完成提供了极大便利。博士生王金驰，硕士生徐海清、张雨晨和张智浩为拙著核对引文，编辑体例，付出艰辛的努力，也一并致谢。要之，拙著仍有许多未尽人意之处，希望能够在学界方家的指正下，进一步修改和完善。

李敬峰

2023 年 5 月 15 日